dtv
premium

W0332889

Paul Barz

# Heinrich der Löwe
## und seine Zeit

Mit farbigen Abbildungen

Deutscher Taschenbuch Verlag

FSC
Mix
Produktgruppe aus vorbildlich bewirtschafteten Wäldern und anderen kontrollierten Herkünften

Zert.-Nr. GFA-COC-1298
www.fsc.org
© 1996 Forest Stewardship Council

Der Inhalt dieses Buches wurde auf einem nach den Richtlinien des Forest Stewardship Council zertifizierten Papier der Papierfabrik Munkedal gedruckt.

Originalausgabe
Juni 2008
Deutscher Taschenbuch Verlag GmbH & Co. KG,
München
www.dtv.de
Dieses Werk wurde vermittelt durch die
Literarische Agentur Thomas Schlück GmbH, 30827 Garbsen
Das Werk ist urheberrechtlich geschützt.
Sämtliche, auch auszugsweise Verwertungen bleiben vorbehalten.
Umschlagkonzept: Balk & Brumshagen
Umschlagfoto: Fresko aus dem Rittersaal des
Herzog-Anton-Ulrich-Museum Braunschweig,
Kunstmuseum des Landes Niedersachsen/Claus Cordes
Satz: Greiner & Reichel, Köln
Gesetzt aus der Trump Mediäval 9,4/12,1
Druck und Bindung: Kösel, Krugzell
Gedruckt auf säurefreiem, chlorfrei gebleichtem Papier
Printed in Germany · ISBN 978-3-423-24676-7

# Inhalt

# Begegnung mit dem Löwen

»Herzog Heinrich errichtete auf einem Sockel die Gestalt eines Löwen und umgab die Stadt mit Wall und Graben. Und weil er mächtig und reich war, erhob er sich gegen das Reich. Deshalb wollte ihn der Kaiser demütigen ...«

*Aus den ›Annales Stadenses‹,*
*13. Jahrhundert*

Schatten breiten sich aus, die Konturen verschwimmen: Die Löwenstadt Braunschweig liegt im Dämmerlicht. Man geht durch die Altstadt, vorbei an Spuren großer Vergangenheit, kommt zum Burgplatz, zum Dom, zum Löwen davor – nur eine Kopie noch, die dort auf dem Sockel steht. Das Original ist längst vor den Giften dieser Zeit in Sicherheit gebracht worden.

Im Dom scheint noch Licht, und man könnte jetzt hineingehen, zum Imervard-Kreuz und siebenarmigen Leuchter, zum Grabmal Heinrichs des Löwen und seiner Frau Mathilde. Doch zunächst der Löwe hier, das erste freistehende Standbild überhaupt. 1166 hatte es Herzog Heinrich aufstellen lassen.

Es ist mehr als nur ein Kunstwerk. Braunschweigs Löwe ist zugleich ein Stück in Bronze gegossene Psychologie. Der Schädel hochgereckt. Die Zähne gefletscht. Verhaltensforscher nennen das wohl eine »Drohgebärde«, die Warnung an alle, nicht zu nahe zu kommen. Dahinter wird aber ein Mensch sichtbar, robust wie dieser Löwe und »auf dem Sprung« wie er. Das Grabmal im Innern des Doms zeigt wiederum einen anderen Heinrich.

Der Bronzelöwe entstand, als der Herzog Mitte dreißig war. Dagegen wurde sein Grabmal über der Gruft im Dom erst einige Jahre, wenn nicht Jahrzehnte nach seinem Tod geschaffen, und der Künstler hat Heinrich den Löwen sicherlich nicht mehr gekannt.

Doch selbst wenn er sich Heinrichs Aussehen von anderen hätte schildern lassen, wäre es ihm auf Porträt-Ähnlichkeit nicht angekommen. Er wollte ein Idealbild schaffen, harmonisch, entspannt, die nicht zu große, doch wohlproportionierte Gestalt von einem Prunkgewand umwallt. Im Arm hält dieser steinerne Heinrich Symbole seiner Macht und seines Reichtums, das herzogliche Schwert und ein Modell des Doms. Ganz scheint er dabei eins zu sein mit sich und seiner Welt, die er fast ein halbes Jahrhundert lang mitgeprägt hat: Heinrich der Löwe, viel gelobt und viel gescholten.

Der Welfenherzog hat Geschichte gemacht. Er ist zugleich aber auch von der Geschichte gemacht worden und gehört zu seiner Zeit wie diese Zeit zu ihm, eine der merkwürdigsten, folgenreichsten Epochen in der gesamten europäischen Geschichte, als den Kontinent noch keine klaren Grenzen durchschnitten und noch nicht in Nationen gedacht wurde. Es gab keine »Staaten« im heutigen Sinn. Jedoch gab es »das Reich«, das sich quer über Europa erstreckte, vom Norden bis tief in die Apenninhalbinsel hinein. Und hier gab es den Kaiser. Einmalig, einzigartig beide.

Königreiche gab es viele und Könige auch, in Polen, Dänemark, Frankreich, England, auf Sizilien. Auch der deutsche Herrscher hieß zunächst nur König, bevor ihn der Papst zu Rom gesalbt hatte. Dann jedoch war er mehr als eine nur politische Größe. Er war weltliches Oberhaupt der *ecclesia*, der Christengemeinde, die ihr geistliches Oberhaupt im Papst fand, ein »Bund zwischen Thron und Altar«. Im 12. Jahrhundert, zu Zeiten Heinrichs des Löwen, war dieser Bund allerdings längst in die Brüche gegangen.

Schon im Jahrhundert zuvor, in der Zeit der Salierkaiser, hatte sich das Papsttum emanzipiert, mehr noch: Päpste wie der »heilige Satan« Gregor VII. meldeten ihrerseits politische Führungsansprüche an. Das war das eine große Problem des Kaisertums. Ein anderes zeichnete sich vorerst mehr am Rand ab: Das Reich war Schöpfung eines deutschen Königs gewesen, und deutsche Könige stellten die Kaiser. Zweihundert Jahre lang war das selbstverständlich gewesen. Dann jedoch zog die Zeit der Nationalstaaten herauf, und ihre Herren waren nicht gewillt, sich länger als »Nebenkönige« abtun zu lassen. Diese Entwicklung machte an den engeren Reichsgrenzen nicht halt. Schon lange war innerhalb Italiens Sizilien selbstständig. Auch Deutschland zeigte sich für diese große Strömung anfällig.

Dort fanden sich als Relikte früherer Zeiten die »klassischen« Herzogtümer Bayern, Sachsen, Schwaben, Franken, Lothringen. Waren sie aber wirklich nur Relikte? Boten sie sich nicht geradezu als Keimzellen künftiger Nationalstaaten auf deutschem Boden an?

Noch war die Zeit der Nationen nicht gekommen, und nirgends sollte der Weg dorthin ein so verschlungener Prozess wie in Deutschland werden, das schwer an der Hypothek seiner Anfangsphase trug, am Erbe des Frankenkaisers Karl.

Karls Reich zwischen Elbe und Pyrenäen war schon bald nach seinem Tod zerfallen. Es blieb der Anspruch des großen Karl, Erster Herr der Christenheit zu sein. Diesen Anspruch griff der nach seinem Sieg auf dem Lechfeld als »der Große« bewunderte Sachse Otto auf. Mit seinem deutsch-römischen Reich schuf er im 10. Jahrhundert eine Neuauflage des karolingischen Imperiums in verkleinerter Ausgabe. Zugleich dürfte Otto der Große der Erste gewesen sein, der klar das eine große Übel erkannt hatte, den mangelnden Verwaltungsapparat. Daran war letztlich das Karolingerreich gescheitert, und auch Otto hatte es nicht überwinden können.

Immerhin gelang ihm ein Übergang, als er die kaiserliche Macht auf die einzige überregional funktionierende Institution stützte, auf die Kirche. Ihre Äbte und Bischöfe wurden nun große Herren, reich, mächtig, den weltlichen Fürsten gleichgestellt. Die »Reichskirche« war geboren, zugleich jedoch die Frage, welche Bedeutung der oberste aller Bischöfe, der Papst in Rom, hatte. Konnte auch über ihn der Kaiser bestimmen wie über die anderen Bischöfe? Oder war vielmehr nicht er es, der über die Kaiser bestimmte?

Kurz: Wer stand an der Spitze der *ecclesia*?

Noch galten die Spielregeln des »Bundes zwischen Thron

und Altar«. Als Repräsentant des *sacerdotiums*, der geistlichen Macht, stellte sich der Papst freiwillig in den Schutz des *imperiums*, der weltlichen Macht, gelobte dem Kaiser Treue und bestätigte ihn durch seinen Segen. Erst das 11. Jahrhundert brachte den Wechsel. Zwar zogen immer noch deutsche Könige nach Rom, um sich vom Papst zum Kaiser salben zu lassen. Doch vorbei waren die Zeiten, als diese Könige den Papst nach Belieben ein- und absetzen konnten. Noch Salierkaiser Heinrich III. tauschte Anfang des 11. Jahrhunderts mit leichter Hand nicht weniger als dreimal den Papst nach eigenem Gutdünken aus. Doch schon sein Sohn Heinrich IV. durfte seinerseits froh sein, nicht gleichermaßen leichthändig vom Papst ausgetauscht zu werden.

Das 12. Jahrhundert kam. Eine »Reichskirche« ottonischer Prägung gab es nicht mehr, dafür nun den großen Konflikt zwischen geistlicher und weltlicher Macht. Als Lösung schien sich die Trennung des deutschen Königtums von der so problematisch gewordenen Kaiserwürde anzubieten, also Herrschaft in Deutschland ohne Rücksicht auf Papst und Kirche. Aber auch hier rächte sich die große Uneinheitlichkeit im damaligen Deutschland, seine Aufsplitterung in ähnlich große Herzogtümer.

Im Kreis ihrer Herren, der Herzöge, war der König nur ein Erster unter Gleichen. Erst das Kaisertum, dieses »gerechte, friedbringende Gottesreich auf Erden«, diese »Vorstufe zum Himmel«, verlieh ihm die Autorität, sich gegenüber den anderen Fürsten als moralisch übergeordnete Macht zu behaupten. Diese anderen Fürsten waren die eigentliche Macht im Reich. Denn sie besaßen als Basis realer politischer Macht eigenen Grund und Boden. Das konnte persönliches Eigentum sein, sogenannter Allodialbesitz. Oder es war Besitz, den sie als »Lehen« übernommen, also eigentlich nur »geliehen« hatten.

Bereits im 8. und 9. Jahrhundert banden die Mächtigen Vasallen an sich, indem sie ihnen ein Stück ihres eigenen Landes zur persönlichen Nutzung überließen und dafür Gefolgschaftstreue erwarteten. Ein sehr praktisches System und ein riesiger Fortschritt zugleich. Löste es doch starre Besitzverhältnisse auf und gab jedem Einzelnen die Chance, Land zu erwerben, ganz nach dem Prinzip: freie Bahn dem Tüchtigen! So war denn zunächst »Lehen« das soziale Zauberwort schlechthin. Doch spätestens mit der Erblichkeit der Lehen erstarrten die Besitzverhältnisse von Neuem. Und zugleich ergaben sich ganz neue Fragen.

Denn wo zum Beispiel begann die Treue zum Lehnsherrn, wo hörte sie auf? War sie gleichbedeutend mit unbedingtem Gehorsam? Doch wie konnte sie das sein, wenn ein jeder in der Regel Lehen verschiedener Herren besaß? Nein, das Lehenssystem hatte sich nicht als der gesellschaftliche große Wurf erwiesen, an dessen Ende eine gerechtere soziale Ordnung stand. Vielmehr hatte es einige große Familien nach oben gespült, die nun zur eigentlichen ersten Macht im Reich wurden.

Diese Familien gingen nach Belieben mit dem Lehensbesitz um, tauschten, verkauften, vererbten ihn oder gaben Teile davon als »Afterlehen« an zuverlässige Dienstmannen weiter. Längst war darüber dem obersten Lehensherrn, dem König, die Kontrolle entwunden. Er hatte es nun mit lauter kleinen Dynastien zu tun, und zwei Sippen standen dabei im Vordergrund: die Welfen und die Staufer. In ihren Kämpfen sollte schließlich die große Auseinandersetzung zwischen den Lehensgeschlechtern gipfeln.

So stand es also um den Ersten Herrn der Christenheit, so um sein Reich. Und so stand es um dieses 12. Jahrhundert, das diese vielen Hypotheken und Traditionen vergangener Zeiten mit sich schleppte, zugleich aber voll neuer Möglichkeiten steckte.

Noch bedeckte Wald den größten Teil des deutschen Bodens. Doch immer mehr fiel er Rodungen zum Opfer. Denn schon im Jahrhundert zuvor war die Bevölkerung sprunghaft angewachsen, und bald reichte der kultivierte Boden nicht mehr für alle, die sich von ihm ernähren wollten. Also brachen die Menschen auf und zogen zu den Grenzen des Reichs, in die »Marken«. Daheim im Reich verschwand der »klassische« Stand des freien Bauerntums immer mehr. Der Grundbesitz gehörte den Lehensherren, die Bauern waren als Leibeigene praktisch Teil dieses Besitzes. Dafür bildete sich in den Städten das Bürgertum als Stand der Zukunft heraus, und mit dem Bürgertum kam jene neue Weltmacht auf, die Grund und Boden als Maßstab für Besitz und Macht ablöste: das Geld.

Abgelöst als bestimmende gesellschaftliche Schicht wurde aber auch jener Stand, der im 12. Jahrhundert seine letzte große Blüte erlebte: das Rittertum. Im 8./9. Jahrhundert, gleichsam parallel zur Entwicklung des Lehenswesens, mit dem es eng zusammenhing, war dieses Rittertum aus den Panzerreitern des frühen Mittelalters entstanden, die jedem ihre Dienste anboten, der dafür zahlen konnte, am besten in Form von Grund und Boden, den »Lehen« eben. Keine allzu feine Herkunft also. Umso bemühter zeigte sich dieser neue Stand, seine niedrige Abstammung zu verschleiern und eine Noblesse vorzutäuschen, die ihm zutiefst wesensfremd war.

So haftete dem Rittertum immer auch ein leiser Hauch Künstlichkeit an. Man gab sich edler, »maßvoller«, als man je in dieser rauen Zeit wirklich sein konnte. Man strebte als höchstes Ziel die »saelde« an, die tiefinnere Gelassenheit der Seele. Kurz: Das Rittertum propagierte Ideale, die mit der Wirklichkeit des 12. Jahrhunderts nicht viel gemein hatten. Umso energischer übernahm der Ritter die Pose des Edelmannes ohne Furcht und Tadel.

In dieser Zeit trat aber mit den Staufern eine Familie in den Vordergrund, deren Männer die typischen Ritter zu repräsentieren schienen, und typischer Staufer wiederum war der Mann, der sich als Erster seiner Sippe zum Kaiser aufschwingen konnte, Friedrich Barbarossa.

Wie aus lauter schönen Bildern wirkt seine Welt zusammengesetzt: Wahl zum König, Krönung zum Kaiser, Triumph als »Vater des Vaterlandes«, am Ende seines Lebens dann Ausritt zum Kreuzzug. Noch Dichter späterer Jahrhunderte singen vom Kaiser Rotbart lobesam, und in seinem Bild scheint sich in klassischer Vollendung das ritterliche 12. Jahrhundert zu spiegeln.

Jedoch legt sich über dieses Bild ein Schatten. Es ist der Schatten jenes Mannes, der so ganz anders ist als dieser Kaiser und doch für sein Jahrhundert ebenso typisch. Bei seinen Tugenden darf man nicht im Katalog der Ritterlichkeit nachschlagen.

Heinrich der Löwe war unheimlich fleißig, unheimlich tüchtig. Was immer er anpackte, schien ihm zu gelingen. Darüber wurde er zum Erfolgsmenschen schlechthin – bis sich sein Erfolg gegen ihn stellte. Vor allem war er unheimlich egozentrisch. Er war sein eigenes Gesetz. Darin lagen seine Chancen und auch seine Grenzen.

Heinrich der Löwe war in jeder Hinsicht unheimlich, und der glatte Reim, den man sich schon auf Barbarossas Welt gemacht hatte, wird durch diesen Mann gleich wieder zerstört. Die Kategorien des ritterlichen 12. Jahrhunderts treffen auf ihn nicht mehr zu, verkehren sich nahezu ins Gegenteil. Das macht aber Heinrich in dieser Zeit zum großen Stein des Anstoßes, und wer dieses wirre, bunte 12. Jahrhundert begreifen will, muss nicht nur Barbarossa, sondern auch den anderen, den Löwen, verstehen.

Wo kann dieses Verständnis einsetzen? Soll man den Heinrich seines Grabmals im Braunschweiger Dom nehmen oder den anderen, wie er sich dort draußen vor dem Dom im Standbild seines Löwen spiegelt? Was ist sein Bild, was sein Zerrbild? Wer ist Heinrich der Löwe?

Zunächst einmal ist er ein Welfe. Und als Welfe, ganz und gar, betritt er denn auch die historische Szene.

# Vor dem Sprung

»Es gab im Römischen Reich im Gebiet von Gallien und Germanien bisher zwei berühmte Familien; die eine war die der Heinriche von Waiblingen, die andere die der Welfen von Altdorf, die eine pflegte Kaiser, die andere große Herzöge hervorzubringen ...«

*Aus den ›Gesta Friderici‹ Ottos von Freising*

*Was es heißt, ein Welfe zu sein*

Die Geburt muss schwer gewesen sein. Jedenfalls wird sich die viel zu junge Mutter davon nie mehr so recht erholen, und dieser Junge, der irgendwann zwischen 1129 und 1135 geboren wird, bleibt ihr einziges Kind. Sein Geburtsjahr ist ungewiss. Bei seinem Tod im Jahr 1195 wird von einem 66-Jährigen die Rede sein. Das lässt auf das Jahr 1129 schließen. Doch noch 1159 weist ihn ein Dokument als »iuvenis« aus – mit diesem Ausdruck wurden damals nur Männer unter 28 bezeichnet. Danach kann er zu diesem Zeitpunkt höchstens 28 Jahre alt gewesen sein. Eine dritte Möglichkeit: das Jahr seiner Taufe, 1135. Dieses Ereignis ist schriftlich überliefert. Und dieses Jahr ist wohl das wahrscheinlichste, denn 1147 erhebt der Junge erstmals Anspruch auf das bayerische Herzogtum. Dafür muss er »lehensfähig« gewesen sein; das wurde man aber mit frühestens zwölf Jahren.

Unbekannt auch der Geburtsort. Vielleicht ist es das schwäbische Ravensburg in der Nähe des Bodensees gewesen, Stammsitz der väterlichen Familie, der nach den »Raven«, den Reben, seiner Weinberge benannt wird. Hier könnte Heinrich herangewachsen sein, frei und ungebärdig wie ein »Welp«, ein kleiner Löwe, der stämmige, untersetzte Bursche mit dunklem Haar und auffallend dunklen Augen, bald schon ein guter Reiter und geschickter Bogenschütze, gewandt beim Umgang mit Armbrust und Schwert. Denn das sind die Tugenden, in denen ein Junge seiner Zeit und Herkunft vor allem unterwiesen wird. Alles andere ist weniger wichtig.

Lesen und Schreiben dürfte er gelernt haben, vielleicht ein wenig Himmelskunde, vielleicht ein paar Brocken Latein und ganz bestimmt die Grundlehren der Religion. Dafür sorgten schon die Geistlichen, in deren Händen die Erziehung lag.

Vom Vater sieht das Kind vermutlich wenig. In diesen Jahren ist Heinrich der Stolze, Herzog von Bayern, später auch von Sachsen und Tuszien, vollauf damit beschäftigt, seine Position gegen den Zugriff der großen Rivalen aus dem Haus der Staufer zu verteidigen. Im Übrigen ist Erziehung die Sache des Klerus und der Frauen.

Die Mutter ist Gertrud aus dem Haus der Supplinburger, Tochter Kaiser Lothars III.: gerade elf, als sie mit dem Bayernherzog Heinrich verheiratet wird, früh schon Witwe, früh stirbt sie selbst, eine eher schwache, zarte Frau. Anders ihre Mutter Richenza aus dem Haus der mächtigen und reichen Grafen von Northeim. Noch zu Lebzeiten ihres Mannes, des Kaisers Lothar III., greift sie mehrfach ins politische Geschehen ein, übernimmt nach seinem Tod die Regierungsgeschäfte und wird schließlich in den großen Kämpfen um das sächsische Herzogtum eine zentrale Rolle spielen. Eine solche Frau dürfte auch dem einzigen Enkel rechtzeitig klargemacht haben, was es heißt, ein Welfe zu sein. Denn dieses Kind soll einmal die Sache seines Hauses weiterführen.

Doch ist es bis dahin noch weit.

Zunächst findet sich ein erstes präzises Datum für den Lebensweg des Kindes, jene Taufe zu Pfingsten 1135. Der Junge heißt nun Heinrich, was so viel wie »Herr eines kleinen Besitzes« bedeutet. Darin liegt eine gewisse Ironie. Denn der »kleine Besitz«, dessen Herr der Täufling einmal werden soll, ist der vermutlich größte in ganz Europa. Güter in Sachsen, Schwaben, Bayern, ein zwar nicht zusammenhängender, doch unübersehbar breiter Gürtel persönlichen Eigentums, der sich von Norden nach Süden zieht. Das ist schon mal das Hausgut der Welfen. Es endet nicht an der Alpenkette, führt noch weit nach Italien hinein bis an die Ostküste der Apenninhalbinsel, so dass es um diese Zeit »von Meer zu Meer«, von der Nordsee bis an die Adria reicht.

Die Welfen sind aber nicht nur reich. Sie haben auch Macht. Schon seit drei Generationen stellen sie die Herzöge von Bayern. Heinrich der Stolze wird zudem noch Markgraf im mittelitalienischen Tuszien. Hinzu kommen Rang und Reichtum seiner Schwiegereltern: Richenzas riesige Besitzungen um Braunschweig und Northeim sowie Kaisertitel und sächsische Herzogwürde Lothars III. Jetzt fehlt nur noch die Kaiserkrone für einen geborenen Welfen. Und auch dieses letzte, höchste Ziel scheint um 1135 greifbar nahe gerückt.

Die Entwicklung kommt nicht von ungefähr. Vielmehr zeichnet sie sich schon um 800 ab, als man die ersten Welfen bei Altdorf am Bodensee antrifft. In Schwaben haben sie das Grafenamt inne. Unter Karl dem Großen dienen sie bereits als Heerführer, dürfen sich also schon Herzöge nennen. Daneben treiben sie gezielte Heiratspolitik, und eine Welfin, die schöne und ehrgeizige Judith, heiratet den Sohn Karls des Großen, Ludwig den Frommen, worauf ihre Schwester Hemma die Ehefrau Ludwigs des Deutschen wird, eines Enkels des Frankenkaisers. Der eigentliche Aufstieg setzt aber erst um 900 ein, als sich ein Welfe, »Heinrich mit dem goldenen Wagen«, auf die Regeln des noch jungen Lehenssystems einlässt und fremdes Eigentum übernimmt. Das ist für die Welfen der Anfang ihrer politischen Karriere.

Um 1055 stirbt Herzog Welf III. ohne männlichen Nachkommen. Das könnte das Ende sein. Jedoch tritt nun aus dem Hintergrund Irmentrut hervor, Mutter des Verstorbenen. Ihr Hilferuf geht nach Italien, wo ihre Tochter Kunigunde mit dem Markgrafen Azzo aus dem Haus der Este verheiratet ist und einen gleichfalls »Welf« geheißenen Sohn hat. Diesen Welf lässt die Großmutter fragen, ob er bereit sei, das deutsche Erbe anzutreten. Welf ist grundsätzlich zu allem bereit, was Erfolg verspricht. Als Welf IV. kommt er über die Alpen, klug, tüchtig, skrupellos, der rechte Mann für diese Zeit. Er heiratet eine bayerische Prinzessin und verstößt sie wieder. Er schwört Freunden die Treue und verrät sie bei nächster Gelegenheit. Den eigenen Schwiegervater bringt er um das bayerische Herzogtum, um sich an seine Stelle zu setzen – ein Schuft, aber erfolgreich. Und ein ganz neuer Typ im Hause Welf.

Davor hatte man sich diese Sippe als nicht eben bescheidene, doch redliche Verfechter ihrer wohl begründeten Rechte vorstellen können. Mit Welf IV. mischen sich neue Farben in ihr Bild, Züge des Hasardeurs und Machtmenschen ohne Skrupel und Moral. Sie werden vor allem bei Welfs Sohn Heinrich deutlich.

Man nennt ihn »den Schwarzen« nach seinem dunkellockigen Bart. Doch einmal, gegen Ende seines Lebens, gewinnt sein Beiname tiefere Bedeutung. Da bekommt er die Chance, im ganz großen Stil beim Spiel um die Macht mitzumischen, und wäre nicht ein Sohn Welfs IV., wenn er sich das entgehen lassen würde. Es handelt sich um die Königswahl des Jahres 1125.

In Utrecht stirbt Kaiser Heinrich V., letzter Vertreter des Salierhauses, das ein rundes Jahrhundert lang mit wechselndem Glück über das deutsch-römische Reich geherrscht hatte. Erben sind zur Stelle, das ebenso ehrgeizige wie begabte Geschlecht der Staufer. All die Jahre haben sie treu zu den Saliern gestanden, wurden Schwabens Herzöge und sind dem Herrscherhaus durch Verwandtschaft und gemeinsamen Besitz eng verbunden. Lieber noch als Staufer nennen sie sich »Waiblinger« nach dem Stammsitz der Salier, als deren legitime Erben sie sich fühlen. Guten Mutes stellt sich denn auch Herzog Friedrich II. von Schwaben zur Wahl. Man schreibt den August 1125.

Aus allen Teilen Deutschlands sind rund sechzigtausend Edle zur Königswahl nach Mainz gekommen, darunter der Favorit Friedrich und als weiterer Königskandidat der sächsische Herzog Lothar von Supplinburg, den sich allerdings niemand so recht als Kaiser vorstellen kann, am wenigsten sein Rivale aus dem Haus der Staufer. Überhaupt sieht sich Friedrich schon als gewählter König und sagt das jedem, der es hören will.

Einer hört es gar nicht gern, der Wahlleiter Bischof Adalbert von Mainz. Er gehört zu den rigorosen Vertretern einer mächtigen, unabhängigen Kirche, voll Misstrauen gegen die Staufer, die eine ebenso kirchenfeindliche Politik betreiben würden wie zuvor die Salier. Dagegen ist der Supplinburger Lothar ein ganz anderer Mann. Der verspricht stets fromm und kirchentreu zu sein, und im Hintergrund setzt das Getuschel ein, finden geheime Beratungen statt, nicken sich Männer vielsagend zu. Dennoch scheint Lothars Wahl zunächst aussichtslos. Die Position des Staufers ist einfach zu stark. Eigentlich alle scheinen auf seiner Seite zu sein, besonders der Welfenherzog Heinrich der Schwarze, Freund und Schwiegervater Friedrichs. Aber dann kommt es ganz anders. Zur grenzenlosen Überraschung der Versammlung wurde nicht der Schwabenherzog, sondern sein sächsischer Kollege zum König gewählt, und den Ausschlag gab kein anderer als eben Heinrich der Schwarze.

Das Rätsel löst sich, als der älteste Sohn des Welfenherzogs, Heinrich der Stolze, sich im nächsten Jahr mit Gertrud verlobt, der einzigen Tochter Lothars. Jetzt weiß man, was der schwarze Heinrich mit seiner radikalen Kehrtwendung gewollt hat. Als Ehemann der Kaisertochter Gertrud ist sein Sohn einziger männlicher Erbe des frisch gewählten Lothar. Damit hat Heinrich der Schwarze mit kühnem Zugriff das Kaisertum aus der salisch-staufischen Bahn heraus- und den Sachsen und Welfen zugeführt.

Heinrichs Hinwendung nach Sachsen kommt nicht zufällig. Noch unter Welf IV. war die welfische Hauspolitik nach Süden ausgerichtet gewesen. Aber dabei hatte er beträchtliche Fehlschläge einstecken müssen. Seine Ansprüche auf das Erbe der Este hatte er gegenüber seinen Stiefbrüdern Folko und Uggo aus der zweiten Ehe des Vaters nicht durchsetzen können. Die Ehe seines ältesten Sohnes mit der Markgräfin Mathilde von Tuszien war in die Brüche gegangen, als die ebenso kirchentreue wie machtbewusste Mathilde dem über zwanzig Jahre jüngeren Gatten ihr Erbe zugunsten des Papstes verweigert hatte. Welfs italienische Träume waren vorerst ausgeträumt. Doch konnte das diesen Machtmenschen von Geblüt nicht beirren. Sollte es nicht der Süden sein, so eben der Norden. Sachsen zum Beispiel, wo gerade die Ära der Herzöge aus dem Haus der Billunger zu Ende ging. Schon strickte Welf IV. an einem neuen Netz. Seinen Sohn Heinrich den Schwarzen verheiratete er mit der Tochter des letzten Billungerherzogs. Den nächsten Schritt tat dann mit der Entscheidung von 1125 bereits Heinrich der Schwarze selbst. Ein Sachse würde nun König sein und ein Welfe dessen nächster Gefolgsmann und möglicher Erbe.

Die Staufer fühlen sich aber zu Recht betrogen. Schon bald kommt es zum offenen Streit mit Lothar III., den sie zunächst noch zähneknirschend anerkennen mussten. Schließlich streift Friedrichs jüngerer Bruder Konrad jede Vorsicht ab. Er lässt sich als Gegenkönig aufstellen. Der Kampf beginnt. Und da Heinrich der Stolze natürlich auf der Seite seines Schwiegervaters steht, ist es der erste jener Kämpfe zwischen Staufern und Welfen, die von nun an die deutsche Geschichte bestimmen werden. Viele Jahre ziehen sich diese Kämpfe hin. Für die eine wie die andere Seite bringen sie Siege und Niederlagen. Schließlich müssen die Staufer aufgeben.

1135 findet eine vorläufige Versöhnung statt. In Bamberg bittet Friedrich von Schwaben Kaiser Lothar kniefällig um Gnade, und ein halbes Jahr später verzichtet sein Bruder Konrad auf das Gegenkönigtum. Ihre Hoffnungen haben sie aber noch lange nicht begraben.

Sieger bleibt zunächst Heinrich der Stolze. Er kassiert den Preis, die Markgrafenschaft Tuszien sowie das Hausgut seiner inzwischen verstorbenen Tante Mathilde. Das ist die Zeit, da ihm sein Sohn Heinrich geboren wird, der spätere Heinrich der Löwe, und der Vater mag den kleinen Jungen mit grimmiger Freude betrachten. Dieser schwarzlockige Knabe also wird einmal Kaiser sein, wie er sich selbst bereits als nächsten Kaiser sieht. Die Welfen haben eine kühne Höhe erreicht.

Heinrich der Stolze ist nicht ganz der Mann, der solch eine Höhe verträgt. Nahezu jeden Fürsten kränkt er in irgendeiner Weise, bis selbst der welfenfreundliche Papst Überlegungen anstellt, ob sich gerade dieser Mann wirklich als Kaiser eignet. Bei den Staufern scheint sich hingegen ein Wandel zu vollziehen. Alles Bisherige scheint vergessen. Als Konrad Lothar III. auf einer Romfahrt begleitet, kann sich der Herrscher keinen loyaleren, liebenswürdigeren Gefolgsmann wünschen. Denn was den Welfen so gänzlich abgeht, diese Gabe, sich blitzschnell einer Situation anzupassen, besitzen die Staufer in Vollendung.

Im Winter 1137 kehrt Kaiser Lothar von einer Italienfahrt zurück. Sein Ziel ist Sachsen. Doch schafft er die Strecke nicht mehr und stirbt in Tirol am Wegrand in einer Bauernhütte. Einige Große umstehen sein Lager und hören, was der Sterbende sagt. Schwiegersohn Heinrich, so Lothars letzter Wunsch, soll Sachsen als Lehen erhalten, und nächster König, natürlich, wird er auch sein. Der Welfe sieht also der kommenden Wahl mit der gleichen Gelassenheit entgegen wie zwölf Jahre zuvor der Staufer. Im Haus der Staufer wittert man aber die große Chance.

Zu Pfingsten 1138 soll Königswahl sein. Doch schon im März findet sich eine kleine Gruppe von Fürsten zusammen, darunter Konrad und auch ein gewisser Albero, Erzbischof von Trier. Diesmal spielt Albero die Rolle, die 1125 Adalbert von Mainz innehatte. Nur ist jetzt ein Staufer Favorit der Kirche. Zugegen ist ferner Dietwin, Legat des Papstes. Auch er hat seine Rolle im Spiel. Denn kaum ist Konrad von dieser kleinen Clique zum König gewählt, geht es auch schon in jagendem Ritt nach Aachen, wo Dietwin die Krönung vornimmt. Die deutschen Fürsten werden aber mit der Nachricht überrascht, dass sie einen neuen Herrscher haben, den Staufer Konrad III.

Eigentlich müssten sie gegen diese »Wahl im Winkel« protestieren. Doch einer nach dem anderen erkennt die Wahl an, und beim großen Reichstag zu Bamberg im Mai dieses Jahres fehlt kaum ein deutscher Fürst, um dem neuen König zu huldigen.

Heinrich der Stolze kommt nicht nach Bamberg. Er scheint nicht zu fassen, dass seinem Haus das Gleiche widerfahren ist wie seinerzeit den Staufern. So war es auch 1125 gewesen; da hatte sich der abgeschlagene Kandidat ebenfalls zunächst in sein Schicksal gefügt. Doch hatte jeder gewusst, dass es nur die Stille vor dem Sturm war. So ist es auch diesmal. Niemand weiß das besser als Konrad III., gegen den manches einzuwenden ist. Doch Mut und Energie können ihm auch seine Feinde nicht absprechen, und sein Ehrgeiz reicht weit. Er will nicht nur den Staufern die Königswürde sichern. Diese Würde soll endlich unantastbar werden. Wie könnte sie das aber sein, solange es neben dem Herrscher eine Macht wie die der Welfen gibt, gestützt auf zwei Herzogtümer?

Der Staufer geht systematisch vor. Zuerst verlangt er die Herausgabe der Reichsinsignien, die Lothar bereits dem Schwiegersohn überlassen hatte. Hierzu zeigt sich der Welfe bereit. Allerdings will er sich bei dieser Gelegenheit gleich auch in seiner sächsischen und bayerischen Herzogswürde bestätigen lassen. Genau das möchte Konrad vermeiden.

Im Juni 1139 kommen Kaiser und Herzog zusammen. Das heißt: Sie kommen keineswegs zusammen. Als Heinrich in Regensburg eintrifft, wo sich Konrad aufhält, treten ihm lediglich zwei Abgesandte des Königs entgegen, die ihm die Insignien abnehmen und ihm im Übrigen ausrichten, er möge sich gedulden. Für den Juli sei eigens ein Reichstag in Augsburg angesetzt. Dort würde alles Weitere geklärt werden. Heinrich weiß, was das bedeutet. Nach Augsburg lässt er sich von einem waffenstarrenden Heer begleiten. Unten am Lechufer schlägt er sein Lager auf und zeigt sich kampfbereit. Doch vorerst wird noch verhandelt, drei Tage lang und ohne Ergebnis.

Am vierten Tag ist Konrad verschwunden. Abends zuvor hatte er noch im Kreis seiner Getreuen gesessen und sich dann früh zurückgezogen. Doch das ist nur eine Finte. In der Dunkelheit hatten gesattelte Pferde gewartet, und noch in dieser Nacht war der König ins sichere Würzburg galoppiert. Von dort aus lässt er verkünden, dass zwei Herzogtümer in der Hand eines Fürsten unbillig seien. Der Welfe soll auf das eine verzichten. Über das andere würde man sich dann, vielleicht, einig werden. Das nimmt natürlich niemand ernst. Es ist lediglich Auftakt für den zweiten Schritt. Der deutsche König verhängt gegen Heinrich die Reichsacht. Krieg gegen ihn ist nun erlaubt, wenn nicht geboten. Zugleich mustert der König den Machtbereich des theoretisch schon gestürzten Rivalen. Wie lässt sich dieser so aufsplittern, dass er künftig keine Gefahr mehr für die Staufer bedeutet?

Heinrich hat Feinde: Albrecht den Bären – Markgraf von Brandenburg, der Lausitz und der Nordmark sowie Graf von Ballenstedt – und Leopold von Babenberg – bislang Markgraf von Österreich und Halbbruder Konrads. Unter ihnen wird das Reich der Welfen aufgeteilt, Sachsen für den Bären, Bayern für den Babenberger. Beide sind streitlustige und machthungrige Naturen, mit deren Hilfe sich der König gegen den allzu stolzen Heinrich durchzusetzen hofft.

Konrads Rechnung geht nur zur Hälfte auf. In Bayern akzeptiert man achselzuckend den neuen Herrn. Bei den sächsischen Großen weckt aber diese Entscheidung einen Entrüstungssturm. Vielleicht hat man nicht allzu viel für den Welfen Heinrich übrig. Noch weniger hält man jedoch von einem König, der so leichtfertig die sächsische Herzogswürde vergibt. Heinrich kann mit seinen Sachsen zufrieden sein. Noch zufriedener ist seine Schwiegermutter Richenza. Ihr Blick geht von einem sächsischen Großen zum anderen. Wollen diese Herren wirklich Albrecht den Bären als neuen Herzog? Da nützt es wenig, dass Albrecht der Bär in einem ersten Sturm Lüneburg, Lübeck und Bardowick erobert. Ein Fehlschlag wird auch Konrads höchsteigener Besuch in Sachsen. Er begreift, dass er dieses Land nur in offenem Kampf wird erobern können.

Konrad erklärt den Reichskrieg. Doch noch wird verhandelt. Und wieder ist der emsige Albero von Trier zur Stelle, diesmal als Friedensstifter. Seine Überredungskunst führt zu einem Kompromiss. Bis Pfingsten 1140 soll Waffenruhe herrschen. Dann soll die Entscheidung fallen. Heinrich der Stolze ist einverstanden.

Sachsen ist ihm sicher. Nur Bayern scheint verloren. Wirklich? Kann er nicht auch dort erreichen, was ihm in Sachsen gelang? Der Waffenstillstand ist noch nicht abgelaufen, als Heinrich gegen den Babenberger ins Feld zu ziehen beschließt. In Quedlinburg versammelt der Herzog die sächsischen Großen, um letzte Anweisungen für die Zeit seiner Abwesenheit zu geben. Da stirbt Heinrich plötzlich.

Jubel im Lager der Staufer, im Übrigen allgemeine Fassungslosigkeit. Bald gehen Gerüchte um, Heinrich sei ermordet worden, wahrscheinlich vergiftet. Wem würde aber die Tat nützen? Natürlich Konrad. Die Gerüchte finden keinen Widerhall. Es bleibt bei der Version von der »unheilbaren Krankheit der Schwermut«, an der Heinrich der Stolze zugrunde gegangen sein soll. Unheilbar schwermütig könnten nun aber auch seine Anhänger werden. Denn jetzt steht es um die Lage der Welfen so schlimm wie noch nie. Der Mann, der sie zum Sieg hätte führen können, ruht im Dom von Königslutter. Derjenige aber, der seinen Kampf fortsetzen muss, ist sein zehnjähriger Sohn Heinrich, den noch niemand den Löwen nennt.

### *Kampf um Sachsen*

Bis zu diesem Jahr 1139 ist Heinrich immer nur »das Kind« gewesen. Jetzt wird – für Freund wie Feind – dieses Kind ungeheuer wichtig. Setzen die einen alle Hoffnung auf den Jungen, erwarten die anderen, mit ihm leichtes Spiel zu haben. Der Kampf um Sachsen setzt wieder ein. Konrad selbst hält sich zurück. Umso nachdrücklicher tritt dafür Albrecht der Bär auf den Plan. In Quedlinburg steht er an der Bahre des Verstorbenen, doch im Hof stampfen schon die gesattelten Rosse. Albrecht hält sich nicht lange mit der Klage um den teuren Toten auf. Er prescht davon. Sein Ziel ist Bremen.

Unten in Bayern hatte der neue Herzog Leopold gleich nach der Ächtung Heinrichs des Stolzen die Herzogstadt Regensburg im Handstreich genommen. Nach gleichem Muster will nun Bär Albrecht in Bremen verfahren, einen Landtag einberufen, zu Gericht sitzen und sich als neuem Herzog huldigen lassen, bevor sich die Welfen vom ersten Schock erholt haben. Doch Bremen ist nicht Regensburg. Immer schon hat die Stadt an der Weser eine Sonderstellung eingenommen. Die Macht lag dort in den Händen des Erzbischofs, und Sachsens Herzöge hatten das respektiert. Nie hätten sie gerade dort einen Landtag abgehalten oder sich das Richteramt angemaßt. Weiß Albrecht das alles nicht? Er muss es wissen. Aber er will es wohl darauf ankommen lassen.

Am 1. November 1139, zu Allerheiligen, trifft Albrecht in Bremen ein. Dort ist wie in jedem Jahr um diese Zeit gerade Markt, als die Reiter des Bären herangaloppieren. Würde Albrechts Rechnung aufgehen, müssten ihm jetzt die Bremer zujauchzen. Doch denken sie gar nicht daran. Im Gegenteil:

plötzlich sehen sich die Eindringlinge von einer Schar schwer bewaffneter Welfenfreunde umringt, und Albrecht wird gerade noch von seinen Begleitern aus der Mitte der tobenden Menge herausgehauen. Zutiefst gedemütigt jagt er davon. Wer aber ist nun dieser Mann, der später der große Feind Heinrichs des Löwen werden soll?

Er ist kein Dummkopf und kein Schwächling, dieser Albrecht von Ballenstedt aus dem Haus der Askanier, das beim sächsischen Anhalt seinen Stammsitz hat. Schon 1134 hat ihm Lothar III. das Land zwischen Salzwedel, Stendal und Tangermünde als »Nordmark« überlassen, und in dieser späteren »Mark Brandenburg« leistet Albrecht als Markgraf und Kolonisator eindrucksvolle, viel bewunderte Arbeit. Doch zugleich klingt in seinem Beinamen leise Ironie an. Zwar nennt man ihn den »Bären«. Aber der Löwe, das stärkere, edlere Tier, bleibt den Welfen vorbehalten. Nie wird Albrecht wirklich Sachsens Herzog sein.

Nach dem peinlich missglückten Auftritt in Bremen hat auf Sachsens Burgen allgemeines Kopfschütteln eingesetzt. Erstaunt sahen sich Männer wie Pfalzgraf Friedrich von Sommerschenburg, Erzbischof Konrad von Magdeburg oder Graf Rudolf von Stade an. War es etwa diesem Bären ernst mit seiner Absicht, sich Sachsen im Handstreich zu unterwerfen? So erhoben sie sich mit schwerfälliger Wucht und riefen nach ihren Rittern: Pferde gesattelt, Schwerter gezückt! Jetzt wird man dem Askanier zeigen, was man von seinem Ehrgeiz hält.

Im Frühjahr 1140 setzt der große Sturm ein. Am Ende sind die wichtigsten Festungen des Bären zerstört, er selbst ist in den Süden zum König geflohen. Aber welches Interesse verfolgen eigentlich diese sächsischen Herren, wenn sie sich so nachdrücklich für die Welfen einsetzen? Was kann ihnen schon dieses Kind bedeuten, das einmal sächsischer Herzog werden soll?

Noch ist die Erinnerung an Lothar III. nicht ausgelöscht. Noch gilt das Treuegelöbnis, das sie dem sterbenden Heinrich dem Stolzen gegeben haben. Jedoch sind so nüchterne und gewalttätige Naturen wie der Graf von Stade und der Erzbischof von Magdeburg nicht Männer, die aus purer Sentimentalität zur Waffe greifen. Mit ihrem Kampf für die Welfen bleiben sie mehr sich selber als dem Herzog treu. Sie sehen in ihm nicht ihren Herrn. Für sie ist er – höchstens – ein Erster unter Gleichen, Repräsentant der einzelnen Stämme vor dem Thron des Königs. Albrecht hat aber gleich zweierlei gewollt, nicht nur für sich die Herzogswürde, sondern auch ein Herzogtum, in dem er Herr über die Übrigen sein wollte. Das erst hat den Widerstand der anderen geweckt. Wobei dieser Widerstand ironischerweise im Namen eines Kindes geleistet wird, das sich dann als erwachsener Mann selbstherrlicher gebärden sollte, als Albrecht es jemals tat. Doch zunächst sieht man sich die Sachsen guten Glaubens um das Welfenhaus scharen, angefeuert von der unermüdlichen Richenza. Zugleich kündigt sich auch für Bayern ein Umschwung an.

Dort tritt mit Welf VI. ein Mann nach vorn, der bisher im Schatten seines älteren Bruders Heinrich des Stolzen gestanden hatte. Jetzt erklärt er zornig, dass mit Heinrichs Tod auch dessen Ächtung erloschen ist und die Welfen nach wie vor die einzigen Herren Bayerns sind. Das sind große Worte. Denn eigentlich ist Welfs Sache schon verloren, und ganz Bayern befindet sich in den Händen Leopolds. Gerade belagert er die Burg zweier Freiherren, die noch als Einzige zu den Welfen halten. Da erscheint mit einem kleinen Heer Welf VI. auf dem Plan. Am Ende einer kurzen, heftigen Schlacht ist der Welfe Sieger geblieben.

Konrad III. begreift, dass er diesen Gegner unterschätzt hat. Jetzt rückt er eilends in Bayern ein, wo er zunächst das welfentreue Weinsberg belagert. Welf VI. hat aber schon einmal den Gegner überrumpeln können. Nun zieht er im raschen Galopp nach Weinsberg hinüber. Diesmal sind die Feinde jedoch vorbereitet. Rechtzeitig hat der König das Lager verlassen und steht unverhofft dem verdutzten Welfen gegenüber, der am Neckarufer eine Niederlage erleidet, die vorerst all seine Hoffnungen zunichtemacht. Ganz Bayern ist nun in Konrads Hand.

Ist es das wirklich? Bringt nicht die nächste Schlacht auch schon wieder die nächste Wende? Konrad wird zunehmend kriegsmüde. 1141 nutzt er eine unverhoffte Chance.

Im Juni stirbt Richenza, dieses Symbol sächsischer Hoffnung auf die Kaisermacht. Im Oktober folgt ihr Bayernherzog Leopold in den Tod, und eigentlich müsste nun seinem jüngeren Bruder Heinrich die Herzogswürde zugesprochen werden. Doch Konrad zögert. Zunächst belässt er es dabei, Heinrich nur als österreichischen Markgrafen zu bestätigen. Denn um diese Zeit ist er bereits zum Frieden mit den Welfen entschlossen.

Dabei zeigt sich das andere Gesicht der Staufer: Sie können bis zur Selbstaufgabe kämpfen, sind hervorragende Militärs, aber eben auch hervorragende Politiker. Sie wissen, dass man in der Diplomatie gelegentlich auch zwei Schritte zurück gehen muss, um einen vorwärtszukommen, und dass es manchmal nicht ausbleibt, von ursprünglichen Träumen Abschied zu nehmen. Jetzt beispielsweise vom Traum der Vernichtung des Hauses Welf.

Konrad überlegt: Wenn man den Welfen das ohnehin verlorene Sachsen belässt ... wenn man dafür Bayern dem staufischen Einfluss endgültig sichern könnte ... wenn sich dies alles erreichen lässt, ohne dass jemand darüber das Gesicht verliert... wenn man ...

Konrad braucht einen Ansatzpunkt. Er sucht in der Phalanx der Welfen die Person, die sich seinen Überlegungen am leichtesten zugänglich zeigen könnte. Er findet sie schließlich in Heinrichs des Stolzen Witwe Gertrud. Die ist nun eine andere Frau als ihre Mutter Richenza, ohne deren steinernen Welfenstolz. Der Stauferkönig hat es mit ihr nicht allzu schwer. Sehr beiläufig nimmt er die Verhandlungen auf. Zug um Zug erfüllen sich seine Pläne. Und als im Mai 1142 die sächsischen und bayerischen Großen zu einem Reichstag nach Frankfurt gerufen werden, kann der König einen Kompromiss vorlegen, der fast alle zufriedenstellt.

Albrecht der Bär muss jetzt vergessen, dass er je den Titel eines sächsischen Herzogs geführt hat. Er begnügt sich mit seiner angestammten Nordmark, die allerdings – ein Trost! – von Sachsen unabhängig wird. Heinrich wiederum, der Sohn Heinrichs des Stolzen, wird ganz offiziell mit Sachsen belehnt. Dafür verzichtet er ebenso offiziell auf Bayern. Bayern kann nun also dem österreichischen Markgrafen zugesprochen werden, und das ist Konrads eigentliches Bravourstück: Gertrud, vom König liebenswürdig als »totius Saxoniae ducissa«, als des gesamten Sachsens Herzogin, tituliert, erklärt sich bereit, den eben noch verhassten Rivalen aus Österreich, den ärgsten Welfenfeind, den Bruder Leopolds von Babenberg, zu heiraten.

Niemand kann jetzt noch dem König Willkür vorwerfen. Denn nun ist nicht so sehr er es, der herzogliche Rechte verleiht. Nun bringt den Anspruch auf diese Rechte die Witwe Heinrichs des Stolzen als Mitgift in die Ehe mit dem Österreicher ein. Als Herzog von Bayern darf sich der Babenberger wiederum als legitimer Nachfolger der Welfen ausgeben. Konrad gelang ein großes, rundes Spiel. Doch warum, bleibt als Frage, hat Gertrud dabei so willig mitgewirkt und sich zum Spielball der Staufer machen lassen?

Sie selbst mag das ein wenig anders gesehen haben. Nein, sie hat nicht klein beigegeben, sich eigener Rechte leichtfertig entledigt. Eher schon, in ihrer Sicht, hat sie zum ersten Mal in ihrem Leben wirklich gehandelt und ein erstes Mal dabei auch an sich und an ihr künftiges Schicksal gedacht.

Im übermächtigen Schatten der Mutter aufgewachsen, als Kind mit einem um vieles älteren Mann verkuppelt, dessen Witwe sie nun ist, erwartet sie, bestenfalls, eine Existenz im Schatten ihres heranwachsenden Sohnes. Und nicht mehr lange wird es dauern, dann hält als Frau ihres Sohnes eine andere, die eigentliche Herzogin von Sachsen, ihren Einzug.

In diesem Augenblick bietet sich ihr die Möglichkeit einer zweiten Ehe. Heinrich von Babenberg, später nach seiner Teilnahme am Zweiten Kreuzzug mit dem verballhornten arabischen Beinamen »Jasomirgott« belegt (und nicht etwa, wie der Volksmund wissen will, weil er angeblich jeder Bemerkung den Zusatz »Ja, so mir Gott helfe« hinzufügt), gehört zwar zu den Welfenfeinden. Aber er ist ein stattlicher junger Mann, und vor allem: Er ist Herzog, ein Erster Fürst des Reichs. An seiner Seite wird Gertrud das Leben führen können, das sie bisher versäumt hat.

Also Frieden in Deutschland, Aussöhnung zwischen Welfen und Staufern. In Frankfurt wird mit großem Prunk Hochzeit gefeiert, und so glücklich ist der König über diesen Bund, dass er selbst die Festlichkeiten ausrichtet und dafür, damals eine enorme Summe, volle dreihundert Mark aufwendet. An der Tafel hebt man die goldenen Humpen, trinkt auf das glückliche Paar Gertrud und Jasomirgott, und im Schatten allen Glanzes steht ein kleiner Junge von zwölf, dreizehn Jahren. Da hat er immer gelernt, dass die Rechte eines Welfen unantastbar sind. Und nun soll plötzlich alles Bisherige nicht mehr gelten. Der Vater vergessen, der böse König ein guter Onkel, die Mutter Frau des Todfeindes. Hamlet also: »Wirtschaft, Horatio! Wirtschaft! Das Gebackene vom Leichenschmaus gab kalte Hochzeitsschüsseln …«

Heinrich wird zwar nie ein Hamlet sein. Er taugt nicht zum großen Zauderer. Aber wenn er aus dieser Zeit etwas mitnimmt, dann die gehörige Portion Zynismus beim Umgang mit der Macht, die wir noch oft bei ihm werden beobachten können.

Inzwischen bereitet sich Gertrud darauf vor, nach Wien überzusiedeln, wohin Jasomirgott die Babenberger Residenz verlegt hatte. Eigentlich spricht alles gegen eine so strapaziöse Fahrt, denn Gertrud ist schwanger. Doch sie lässt sich nicht zurückhalten. Endlich soll ihr neues, wahres Leben beginnen. Dieses Leben endet schon in Klosterneuburg an der Donau, wo die Babenberger bisher residiert hatten: Sie stirbt dort an einer Fehlgeburt. Im Wiener Wald, im Kloster Heiligenkreuz, wird sie beigesetzt, und die Babenberger nehmen sie postum in ihre Sippe auf, sodass auch sie im »Babenberger Stammbaum« zu Klosterneuburg zwischen allen anderen Babenbergern erscheint, ein blasses, ausdrucksloses Gesicht, wie erdrückt von den herzoglichen Insignien, die für die kleine Gertrud entschieden zu schwer gewesen waren.

Erst dreißig Jahre nach Gertruds Tod, auf seiner Reise ins Heilige Land, wird ihr Sohn erstmals an ihrem Grab stehen. Bei ihrem Tod hält er sich jedoch in Sachsen auf, wo er nun Herzog ohne mütterliche Vormundschaft sein kann. So ist 1142 sein eigentliches Schicksalsjahr, viel wichtiger als 1139. Damals war er nur eine Puppe im Spiel der anderen. Nun aber muss sich zeigen, ob sich dieser Junge oder, wie man jetzt schon sagen muss, dieser junge Mann mit dem Erreichten als treuer

Fürst des Königs zufriedengibt oder ob er früher oder später den alten Kampf der Welfen wieder aufnimmt.

In Bayern sind die Kämpfe wieder aufgeflammt. Dort verkündet lauthals Welf VI., der Frankfurter Verzicht auf das bayerische Herzogtum sei Sache seines Neffen gewesen und nun würde eben er, der Bruder Heinrichs des Stolzen, sein Nachfolger sein. Welf kann sich diesen Ton erlauben. Er hat mächtige Verbündete gefunden. Sowohl in Ungarn wie auf Sizilien, wo man sich von kaiserlicher Vormundschaft befreit hat, hasst man den Staufer als Herrn des Reiches und unterstützt großzügig seinen Gegner Welf VI. Damit gewinnt die alte Fehde dieser beiden Häuser erstmals eine sozusagen internationale Dimension.

Mit alledem hat der junge Herzog Heinrich nichts zu tun. In diesen Jahren ist er ganz der brave Fürst, der lauter manierlichen Beschäftigungen nachgeht. Im September 1143 bestätigt Heinrich die Schenkung eines Waldes an das Kloster Homburg bei Langensalza. Im Juni 1144 gleicht Heinrich einen Streit über die Einkünfte des Klosters Hamersleben aus. 1146 schenkt er einem gerade gegründeten Kloster das Dorf Riddagshausen bei Braunschweig.

Dieser letzte Vorgang verdient allerdings nähere Beachtung. Denn hierbei unterzeichnet Heinrich eine Urkunde. Diese Urkunde trägt ein Siegel. Auf diesem Siegel liest man aber: Heinrich von Sachsen und Bayern. Also hat der junge Herzog keineswegs seine Ansprüche aufgegeben, und die Vision der beiden größten Herzogtümer in einer, in welfischer Hand ist keineswegs erloschen. In Heinrich lebt sie weiter. Und um diese Zeit hatte er auch schon bewiesen, dass er eine Sache durchsetzt, wenn er sie durchsetzen will. Das zeigt er erstmals 1145 am Beispiel Stade.

## *Zum Beispiel Stade*

Oben im höchsten Norden, im Dithmarscher Land, stirbt ein Mann. Genauer: Er wird umgebracht. Und das ist nicht weiter verwunderlich. Denn bei dem Toten handelt es sich um den Grafen von Stade, und nur wenige dieser Grafen werden von ihren Dithmarscher Untertanen *nicht* umgebracht. Außerdem war dieser Rudolf II. aus dem Haus der Udonen ein besonders unangenehmer Geselle, brutal, verschlagen, skrupellos.

So war es denn im Herbst 1144 zu jenen Ereignissen gekommen, von denen der dithmarsische Chronist Neokorus in schauerlicher Ausführlichkeit berichtet: Auf Rudolfs Burg beim heutigen Meldorf war es gewesen. Dorthin rumpelten die Karren der Bauern, hoch mit Säcken beladen, in denen sich der wieder einmal fällige Tribut an Roggen, Hafer und Weizen befand. Ungehindert hatten sie das Burgtor passiert und waren in den Hof eingefahren, wo sie der Graf bereits erwartete. Allerdings hatte er weniger für die Bauern als für das hübsche Mädchen in ihrer Begleitung Augen gehabt. Und da ertönte plötzlich der furchtbare Ruf: »Röhret de Hände, sniedet de Sackbände!« Die Säcke wurden aufgeschlitzt, bewaffnete Dithmarscher Bauern sprangen heraus. Oben am Fenster stand die Gräfin. In panischer Angst stürzte sie sich in den Burggraben. Der Graf selbst konnte fürs Erste noch einmal entkommen und sich in den hintersten Winkel seiner Burg flüchten. Aber dort sollte ihn sein bester Freund verraten, eine zahme Dohle, die so lange erbärmlich krächzte, bis die Dithmarscher ihren Herrn in seiner Ecke aufgespürt hatten. Unter ihren Knüppeln, Messern und Fäusten fand er den Tod.

So weit die Bluttat. Sie lässt die Welfen ebenso aufhorchen wie den Erzbischof von Bremen, den Lehensherrn der Stader Grafschaft. Schließlich gehörten die Udonen zu den reichsten Herren in ganz Norddeutschland mit Dithmarschen sowie ausgedehnten Ländereien an Elbe und Weser als persönlichem Besitz. Vor allem aber hatten sie die Grafschaft unter sich und damit Hafen und Stadt Stade, damals das große Tor zum Norden. Wer Stade besaß, hatte eine Schlüsselstellung in der Hand. Wer aber wird jetzt, nach Rudolfs Tod im Jahr 1144, diese

Schlüsselstellung einnehmen? Denn der Graf hinterlässt keine männlichen Nachkommen.

Allerdings hat er einen jüngeren Bruder, Hartwig, der Geistlicher und unter Bremens Erzbischof Adalbero Bremer Dompropst geworden war. Kein Berserker wie sein Bruder, doch ehrgeizig auch er. Und dieser Ehrgeiz zielt darauf, einmal selbst Erzbischof von Bremen zu sein. Adalbero hat dagegen nichts einzuwenden. So zeigt er sich sehr aufgeschlossen, als ihm nach Rudolfs Tod Hartwig mit einem Vorschlag kommt. Zwar kann er als Geistlicher eigentlich nicht Graf von Stade werden. Dennoch soll ihn Adalbero mit der Grafschaft belehnen. Dafür würde er den gesamten Familienbesitz der Udonen dem Erzbistum überlassen.

Im Haus der Welfen wird man unruhig. Schon Rudolfs Tod war ein böser Verlust gewesen, da der Graf als geschworener Feind Albrechts des Bären immer ein Kämpfer für die Sache der Welfen gewesen war. Erzbischof Adalbero hasst hingegen die Welfen, und Hartwig, der künftige Erzbischof, hat diesen Hass übernommen. Ein solcher Mann als Graf von Stade und Erzbischof zugleich wäre ein mächtiger Feind und außerdem noch Verbündeter Albrechts des Bären. Eine bedrohliche Allianz zeichnet sich ab. Das können die Welfen eigentlich nicht dulden, aber zugleich wenig dagegen tun. Sie tun dennoch etwas. Ende 1144 meldet der junge Herzog Heinrich seinerseits Ansprüche auf die Stader Grafschaft an. Die Begründung klingt einigermaßen grotesk.

Angeblich soll Adalbero Gertrud versprochen haben, nach Rudolfs Tod ihren Sohn mit der Grafschaft zu belehnen. Warum das der welfenfeindliche Bischof hätte tun sollen, wird nicht recht deutlich, und es gehört wohl schon welfisches Selbstverständnis dazu, von irgendjemandem zu verlangen, diesen absurden Anspruch ernst zu nehmen. Adalbero nimmt ihn jedenfalls nicht ernst. Mit Hartwigs Vorschlag ist er sehr einverstanden, soll nur sein Nachfolger seine Position gegenüber den Welfen so stark wie möglich ausbauen. Damit ist der Fall für ihn geklärt.

Für die Welfen ist noch gar nichts klar. Zunächst einmal werden sie beim König vorstellig, der gerade in Magdeburg Hoftag hält. Eben hat er Hartwig als Grafen bestätigt und ist damit zufrieden. Warum sollte er seinen Feinden von gestern eine derart wichtige Schlüsselposition zuspielen? Die Welfen werden also abgewiesen. Doch sie bleiben hartnäckig. Als im August 1145 Konrad einen sächsischen Landtag in Corvey einberuft, erscheinen sie von Neuem mit ihrer Forderung.

Konrad hätte allen Grund, diese Belästigung barsch zurückzuweisen. Seltsamerweise tut er das nicht. Vielmehr wird er unsicher und sieht sich Hilfe suchend um. Adalbero fehlt, der die Sache richtigstellen könnte. Der Erzbischof ist nicht in Corvey erschienen, und manche wollen wissen, dass er auf halber Strecke umgekehrt sei, weil ihn – kein so ganz unbegründeter Verdacht! – die Welfen in Corvey gefangen setzen wollten. Konrad zögert also. Noch glaubt er wohl, Zeit gewinnen zu können. So widerruft er zwar nicht seine Entscheidung, lässt aber doch zu, dass sie infrage gestellt wird, als er sich wieder einmal in einen Kompromiss flüchtet. Die Herren, so Konrad, sollen doch diese Sache unter sich ausmachen und selber klären, wie verblieben wird.

Im Lager der Welfen lächelt man dazu fein. Eine Sache unter sich auszumachen ist ganz nach ihrem Geschmack. Es findet ein Gerichtstag statt. Der Gerichtsort heißt Ramelsloh und liegt unweit von Lüneburg, also mitten in welfischem Gebiet. Dort sitzen sie sich gegenüber, Erzbischof Adalbero und sein Stellvertreter auf der einen Seite, auf der anderen aber neben seinem Vormund Friedrich von Sommerschenburg der Welfe Heinrich. Noch ist er ein halbes Kind und doch schon der Mann, der seine Interessen kennt und sie durchzusetzen versteht. Zunächst wird die Form gewahrt. Aber allmählich mischt sich ein anderer Ton in das Gespräch, böser, aggressiver. Dann fallen die ersten hitzigen Worte, die Welfen springen auf, greifen zu den Waffen und dringen auf ihre Gegner ein.

Das geht eigentlich ein wenig schnell. Das könnte einen auf den Gedanken bringen, hier sei von Anfang an nichts anderes als pure Gewalt geplant gewesen. Hartwig durchschaut das schneller als Adalbero. Er flieht. Zwar führt ihn diese Flucht zunächst nur in die Hände eines gewissen Hermann von Lüchow, eines ergebenen Gefolgsmannes von Heinrich. Hermann lässt jedoch mit sich reden. Gegen ein angemessen hohes Lösegeld findet er sich bereit, Hartwig nicht dem Herzog auszuliefern, sondern ihn in die Nordmark zu seinem Freund Albrecht entkommen zu lassen.

Adalbero ist aber gefangen, man bringt ihn ins nahe Lüneburg. Dort wird nun richtig verhandelt. Die Türen sind fest verschlossen, dahinter sitzt dieser alte, erfahrene Kirchenfürst, sieht zunächst noch verwundert, dann immer ängstlicher auf diesen jungen Mann mit den heftigen Gebärden und der lauten Stimme. Er muss jetzt begreifen, wie ernst dieser große, ungehobelte Junge zu nehmen ist. Und schließlich kann er nur noch benommen zu allem nicken.

Was dabei im Einzelnen vorfällt, wird man nie erfahren. Vielleicht hat der Herzog dem Bischof wirklich mit dem Tod gedroht. Vielleicht beschränkte er sich nur auf den diskreten Hinweis, dass man Adalbero so lange gefangen halten würde, bis er den welfischen Vorstellungen gegenüber gefügig sei. Am Ende darf sich jedenfalls Herzog Heinrich »Graf von Stade« nennen. Dabei übernimmt er auch gleich noch das persönliche Eigentum der Udonen in seinen eigenen Besitz.

Das alles hat nichts mehr mit einem der üblichen Machtkämpfe zu tun. Das ist fast schon ein Verbrechen. Niemand müsste darüber aber empörter sein als der König. Doch hält er resignierend stille und der Welfe ist auf ganzer Linie Sieger. Zum ersten Mal hat Heinrich erfahren, was einer alles durchsetzen kann, wenn er auf sich und die Macht purer Gewalt vertraut. Das macht die Stader Episode so wichtig. Denn hier erlebt Heinrich ein erstes Mal die »Machbarkeit« einer jeden Politik. Bisher mag sie ihm als ein kaum durchschaubares Gespinst aus rätselhaften Kehrtwendungen und unberechenbaren Umschwüngen erschienen sein. Im Fall von Stade darf er erkennen, dass es nur an ihm selbst liegen kann, welchen Verlauf die politische Entwicklung nehmen soll.

Wieder und wieder wird man Heinrich bei ähnlichen Manövern erleben, und immer folgen sie dem gleichen Muster: Immer stehen am Anfang irgendwelche unklaren, jedoch mit allem Nachdruck verfochtenen Ansprüche. Immer wird Heinrich erleben, dass der König oder Kaiser, hier noch Konrad, später Barbarossa, keinen Widerspruch wagt, ja, ihn sogar deckt. Und am Ende wird Heinrichs Macht wieder um ein stattliches Stück gewachsen sein.

Es ist eine ungemein einträgliche Vorgehensweise, die Heinrich bei Stade zum ersten Mal erprobt. Den geringsten Nachteil haben dabei die Bewohner der Stadt. Denn Heinrichs Rolle bei der Übernahme der gräflichen Würde mag zwar fragwürdig sein, in der Folge erweist er sich jedoch im Vergleich zu seinen udonischen Vorgängern als der ungleich tüchtigere Graf.

Heinrich tut viel für seine erste Erwerbung. Er wird Stade das Stadt-, Zoll- und Münzrecht zusprechen und damit seine Bewohner erstmals zu wirklichen »Bürgern« machen. Er wird den alten Stadtkern mit einigen neuen Siedlungen zusammenfassen, diesen Komplex mit einer neuen Mauer umgeben und ihn zu einer starken Festung ausbauen. In der Mitte dieser Festung erhebt sich aber die Burg, die Heinrich zwar nicht bauen, aber doch so glanzvoll ausstatten lässt, dass später der Chronist Helmold von »nobile illud castrum Stadhen« schwärmt, von »jener prächtigen Burg Stade«. Unter Heinrich dem Löwen hat Stade seine größte Zeit.

Das ist das andere Gesicht dieses Mannes. Er ist ein Machtmensch, der rücksichtslos an sich reißt, was er gerade zum Ausbau dieser Macht gebrauchen kann. Doch zugleich weiß er etwas mit seiner Beute anzufangen und schafft Dinge, die den Tag und ihn selbst überdauern. Hierfür bietet Stade eine erste Lektion.

Zugleich ist aber auch Heinrichs größte Schwäche zu erkennen, dieses ihm so gänzlich abgehende Gespür für Menschen, seine große Ahnungslosigkeit gegenüber der menschlichen Natur. Nie wird er ruhen, bevor er den Gegner nicht so tief gedemütigt hat, dass der von nun an nur noch sein Todfeind sein kann. Die große Kunst, dem anderen die Chance zu lassen, als Feind von heute vielleicht der Verbündete von morgen zu sein, wird Heinrich nie beherrschen. So ist dieser erste Erfolg nicht nur ein Signal für den kommenden Aufstieg. An seinem Rande flackern auch, kaum wahrnehmbar, Symptome seines späteren Niedergangs auf.

Stade ist in jeder Hinsicht ein Beispiel.

*Wenn man einen Kreuzzug wagt*

»Bei uns herrscht jetzt überall die schrecklichste Verwirrung ...«, wird man später beim Bischof Otto von Freising lesen, dem Halbbruder König Konrads und einem der großen Geschichtsschreiber dieser Zeit. Gemeint sind die Vierzigerjahre des 12. Jahrhunderts, und in der Tat herrscht um 1147 »die schrecklichste Verwirrung«.

Immer mehr ist das Reich zu einem einzigen großen Schlachtfeld geworden. Überall kämpfen die großen Sippen miteinander, und die Kleinen folgen dem Beispiel der Großen. Im ganzen Reich klirren Waffen, wird gegen Festungen angestürmt, holt sich jeder mit der Faust sein Recht. Furchtsam ducken sich die Menschen unter den vorüberbrausenden Stürmen, und wie Schatten des Todes ziehen graue Mönche vorbei, mahnen zu Einkehr und Buße. Dann aber galoppieren wieder Ritter heran, Städte werden an allen vier Ecken angezündet, Dörfer und Burgen dem Erdboden gleichgemacht. Und Konrad III. ist nicht der Mann, dieser wirren Zeit auch nur halbwegs beizukommen.

Mit diesem ersten Herrscher aus dem Haus der Staufer steht es seltsam. Schließlich ist er ein kluger, tüchtiger Mann, kultiviert und gebildet, Prototyp des brillanten Hofmannes, ein gescheiter Taktiker und liebenswürdig-zäher Diplomat. Und doch bekommt er die Probleme der Zeit nicht in den Griff. Krieg im Innern, Krieg an den Grenzen. So sieht es in Deutschland aus. Nur in Sachsen herrscht Ruhe. Dort regiert nun Heinrich ganz unangefochten und gilt bereits als Erster Fürst des Reichs. Immer lauter aber, immer herausfordernder nennt er sich jetzt Herzog von Sachsen und Bayern, und schon ist abzusehen, wann er diesen Anspruch auf Bayern offiziell anmelden wird, eine Sorge mehr für den an Sorgen auch so schon nicht armen König.

Rund zehn Jahre hat es in seinem Reich nun schon Krieg gegeben. Diese zehn Jahre haben die Menschen ausgelaugt. Sie sind anfällig für Exzesse und Extreme. Schuldige müssen her, und natürlich werden sie nicht dort gesucht, wo sie einzig zu finden sind, nämlich im Lager der Mächtigen.

Der Mensch des Mittelalters glaubt an die Obrigkeit. Und er glaubt an Gott. Hat sich aber Gott von dieser Welt abgewandt, muss irgendwo ein Teufel sein. Nun fehlen nur noch die, die mit dem Finger auf ihn zeigen, und bald schon kreischt es in allen Straßen: Die Juden sind an allem schuld! Die Hatz beginnt. Bethäuser brennen nieder, Menschen werden gequält, Hunderte finden einen grausigen Tod. Konrad erschrickt zutiefst. Schleunigst gibt er Anweisung, den verfolgten Juden auf seinen Burgen Zuflucht zu gewähren. Und allmählich klingen die schlimmsten Ausschreitungen wieder ab. Doch haben sie gezeigt, wie krank dieses Land ist.

Um diese Zeit, im Herbst 1146, überschreitet ein wunderlicher alter Herr die Reichsgrenze. Ein großer Ruf geht ihm voraus. Er soll Kranke geheilt, Sterbende wieder zum Leben erweckt haben. So sieht man denn voll frommer Bewunderung auf ihn. Dabei wirkt er nicht einmal besonders anziehend, sein Fanatismus stößt eher ab. Doch wer ihn hört, muss zugeben: Dieser Mann kann reden. Und er weiß, was er will. Was aber will nun dieser Bernhard, Gründer und Abt des Klosters Clairvaux, der später heiliggesprochene Freund und Lehrer des Papstes?

Er will den Kreuzzug. Das Grab Christi soll vor den Heiden geschützt, Jerusalem aus den Händen der Ungläubigen gerettet werden. Denn schlimm steht es wieder einmal um die Christen im Heiligen Land. Jungfrauen werden dort geschändet, Greise niedergemetzelt, Kinder abgestochen. Das alles hört man nicht zum ersten Mal. Schon 1095 war Papst Urban II. vor einer Schar begeisterter Ritter und Fürsten in den Ruf ausgebrochen: »Deus lo volt« – »Gott will es«. Das Zeitalter der Kreuzzüge hatte begonnen.

Später wird man diese Kreuzzüge als rein kommerzielle Unternehmen deuten, aus Neid und Habgier geboren. Denn der Orient ist reich. Es gibt dort seltene Gewürze, kostbare Seidenstoffe, lauter schöne, teure Dinge, die in Europa durch die Gewinnspannen ihrer orientalischen Exporteure nicht billiger werden. Manchen mag es reizen, diese Märkte unter eigene Kontrolle zu bringen. Andere machen wiederum mit dem Transport der Kreuzfahrer das Geschäft ihres Lebens. Doch ist es wohl falsch, die Kreuzzugbewegung allein auf ihren ökonomischen Nenner zurückzuführen.

Man darf nicht die ganz echte, tiefe Gläubigkeit der Kreuzfahrer übersehen. Wer für den Glauben kämpfte und starb, so das Weltbild des von Höllenfurcht getriebenen Mittelalters, stieg ohne Umweg durchs Fegefeuer in die höchste himmlische Seligkeit hinauf. Das war schon einmal die große Verlockung der Kreuzzüge. Und schließlich spielten jenseits aller kommerziellen Interessen, auch jenseits allen missionarischen Eifers, der die Bekehrung eines Heiden zum Christentum mit der Rettung einer Seele vor der Hölle gleichsetzte, handfeste machtpolitische Interessen mit.

Nicht zufällig fallen die Anfänge der Kreuzzugbewegung mit jener Zeit zusammen, in der das Bündnis zwischen Thron und Altar in die Brüche ging und sich das Papsttum als selbstständige politische Macht zu profilieren suchte. Hierfür boten die Kreuzzüge die ganz große Chance. Als der Papst sein »Gott will es!« ausrief, hatte er sich von der Vormundschaft des Kaisers befreit und direkt an die Fürsten und Ritter gewandt. Er wurde ihr »dux et pontifex«, ihr weltlicher und geistlicher Führer zugleich. Nun sollte zwar nie ein Papst einen Kreuzzug anführen. Doch fanden diese Unternehmungen in seinem Namen und mit seinem Segen statt. Kreuzzüge waren der große Trumpf, der gegen den Kaiser in Deutschland ausgespielt werden konnte.

Der allererste Kreuzzug im Jahre 1096 wurde dann eine solche Blamage, dass ihn die Geschichtsschreibung schamhaft unterschlug. Ihre Zählung setzte erst beim nächsten ein, und dieser erste, eigentlich zweite Kreuzzug bringt immerhin einigen Erfolg. Jerusalem wird erobert. Einige kleine Lehensstaaten entstehen im Vorderen Orient. Nicht zufällig herrschen dort vor allem Franzosen. Frankreich, stets in Rivalität zum »Reich« und dessen Kaiser, ist eigentlicher Nährboden der Kreuzzugidee. Die Kaiser hingegen wollen wenig davon wissen, sind doch diese Unternehmen letztlich gegen sie und ihre Vorrangstellung gerichtet. So erschüttert 1144 zunächst keinen im Reich die Nachricht, die Kreuzritter-Grafschaft Edessa sei vom Emir von Mossul erobert worden und das Heilige

Grab wieder einmal bedroht. Konrad III. hat wahrlich andere Sorgen.

Bernhard von Clairvaux weiß das, als er 1146 nach Deutschland kommt. In seiner Heimat Frankreich hat er leichtes Spiel gehabt. Dort hatten sich so viel Freiwillige herbeigedrängt, dass sich schließlich nicht mehr genügend Kreuze fanden, und Bernhard hatte seine weißen Gewänder zerrissen, sie zu Kreuzen zerschnitten und sie den Rittern an die Schultern geheftet, allen voran dem französischen König Ludwig VII. selbst.

In Deutschland sieht es anders aus. Hier toben noch die Judenverfolgungen. Die sieht nun Bernhard gar nicht gern. In seinen Augen genügt es völlig, die Juden über alle Länder zu zerstreuen. Sie brauchen nicht auch noch vernichtet zu werden, was nur Kräfte verschleißt, die für den Kreuzzug dringlicher gebraucht werden. Schon von Frankreich aus wendet er sich gegen die Pogrome und kann sie tatsächlich eindämmen. Dies zeugt von seiner Autorität. Hinzu kommt persönlicher Mut. In Mainz wird der kränkelnde alte Mann von einer rasenden Menge fast gelyncht, als er ihren Anführer, einen Mönch namens Rudolf, mit knapper, herrischer Geste in sein Kloster zurückschickt. Doch Bernhard hält stand und setzt sich schließlich durch. Mit diesem ersten Beweis seiner Macht tritt er dem zögernden Konrad gegenüber.

Der König, der Hitze und Qualen einer Orientfahrt von einer eigenen Pilgerreise her kennt, will zunächst von einer Teilnahme am Kreuzzug nichts wissen. Der kluge Abt merkt das sofort und ist wendig genug, bei seiner ersten Begegnung mit Konrad das leidige Thema gar nicht erst anzurühren. Bernhard kann warten. Das Weihnachtsfest 1146 kommt. Der König feiert es in Speyer, wo auch viele seiner Fürsten anwesend sind, und schon die Höflichkeit verlangt, dass man den Gast aus Frankreich um die Predigt beim Gottesdienst bittet. Das ist genau die Chance, die Bernhard braucht.

Über der Versammlung im Dom von Speyer liegt schon Spannung, als der zierliche alte Mann mit der brüchigen Greisenstimme zu seiner Predigt ansetzt. Und er beherrscht sein Handwerk. Die gesamte Skala seiner Ausdrucksmöglichkeiten spielt er durch, schmeichelt, fleht, droht, bis das Gotteshaus vom Geschrei der Menge widerhallt: »Gib uns Kreuze!« Auf dem Höhepunkt wendet sich aber Bernhard direkt an den König. Seine Worte sind ein einziger Appell an den guten Christen, der da vor ihm sitzt, und Konrad springt schließlich auf, mit Tränen in Augen und Stimme: »Ich erkenne Gottes Gnadengeschenke. Ich bin bereit, Ihm zu dienen, wann immer Er mich ruft!«

Ist dieser kluge, kühle Mann wirklich von der allgemeinen Stimmung so hingerissen? Andere Gedankengänge Konrads sind leichter vorstellbar: Für die Zeit des Kreuzzugs wird in Deutschland Frieden herrschen. Die Fehden müssen dann ein Ende finden. Konrad wird zum Führer seiner Fürsten. Und vor allem: wenn dieser Kreuzzug ein Erfolg wird – was für ein Prestigegewinn für den Thron, welch neue Autorität für den König! So lässt nun auch er sich das weiße Stoffkreuz an die Schulter heften und nimmt das Banner entgegen. Der Mann aus Clairvaux kann zufrieden sein, Konrad aber befindet sich in Hochstimmung.

Was zu erwarten war, tritt ein. Das eben noch so erbärmlich zerrissene Deutschland eint sich in jubelnder Begeisterung für den Kreuzzuggedanken. Alte Feinde versöhnen sich. Voll gläubiger Bewunderung wird wieder auf den König geblickt, und kaum einer seiner Reichstage ist so gut besucht wie der vom Anfang 1147 in Frankfurt.

Auch Heinrich stellt sich dort ein. Ihm geht es aber nicht um den Kreuzzug, über den beraten werden soll. Er ist nun mündig und fordert vom König das bayerische Herzogtum. Konrad könnte diesen Störenfried zurückweisen. Jedoch ist er nicht der Mann harter, barscher Gesten. Außerdem will er hier in Frankfurt seinen ältesten Sohn zu seinem Nachfolger wählen lassen, damit die Erbfolge gesichert ist. Und Heinrich kennt sich inzwischen in den politischen Spielregeln hinreichend aus, um unverhohlen anzudeuten, dass seine Stimme bei dieser Wahl entscheidend davon abhängt, ob man nun seine Forderungen erfüllt oder nicht.

Wieder einmal flüchtet sich der König in einen Kompromiss. Heinrich möchte sich gedulden, jetzt sei nun einmal der Kreuzzug das Wichtigste. Danach könne man sich ja in Ruhe über alles unterhalten. Mit dieser flauen Ausflucht hat bereits der König sein eigenes Wort, die Ächtung Heinrichs des Stolzen, in Frage gestellt. Alles Weitere wird sich ergeben. Konrad fühlt sich ganz als Herr der Stunde. Und als dann sein Sohn tatsächlich gewählt wird, zieht er im Hochgefühl dieser Scheinerfolge jenem Unternehmen entgegen, das als Höhepunkt seiner Laufbahn gedacht ist.

Der zweite Kreuzzug beginnt. Viele folgen Konrad: Otto von Freising, sein Neffe Friedrich von Schwaben, um diese Zeit noch kein »Barbarossa«, auch Welf VI., Seite an Seite mit Heinrich Jasomirgott von Babenberg, die Feinde von einst. Alles Gewesene scheint vergessen, alte Rivalität im Sog der großen Stunde untergegangen zu sein: Gott will es ...

Heinrich ist nicht dabei. Und nicht nur er fehlt im Zug der Kreuzritter, der die Donau entlang der Grenze entgegenreitet. Mit dem Herzog sind auch die anderen sächsischen Großen Konrads Kreuzzug ferngeblieben. Um die gleiche Zeit starten sie ihr eigenes Unternehmen, das als »Wendenkreuzzug« in die Geschichte eingeht.

Dieser »Wendenkreuzzug« im Jahre 1147 erklärt sich wohl nur aus der tiefen Abneigung norddeutscher Querköpfe gegenüber jeglichem missionarischen Fanatismus. Allerdings verstehen sie zu rechnen, und Bernhard von Clairvaux hat nicht nur große Worte anzubieten. Er nennt auch Privilegien, die der Papst allen Kreuzrittern zusichern lässt. Diese Privilegien hätten Sachsens Große ganz gern gehabt. Sie müssen sich also etwas einfallen lassen. Dieser Einfall ist der Wendenkreuzzug.

Plötzlich kommt der Gedanke auf, dass man gar nicht erst bis nach Asien ziehen muss, um Heiden zu bekämpfen. Davon gibt es schließlich in nächster Nähe genug, gleich hinter der Elbe, wo die Wenden hausen. Diese Wenden beten nicht zum Kreuz, sie glauben nicht einmal an die unsterbliche Seele. Sie brauchen also zu ihrem Heil dringend die christliche Bekehrung. Bernhard ist über diese überraschende Entwicklung keineswegs glücklich. Doch mit aller Schläue des geborenen Taktikers tritt er die Flucht nach vorn an und verkündet schäumend, die Sachsen hätten völlig recht, natürlich müssten diese heidnischen Wenden bekehrt werden, entweder getauft oder ausgerottet.

Im Juni 1147 versammeln sie sich in Germelsleben an der Bode, der Welfe Heinrich und der Ballenstedter Albrecht, Heinrichs künftiger Schwiegervater Konrad von Zähringen, viele weitere Große, darunter fast alle sächsischen Bischöfe. Sie beraten über diesen Krieg, der von Anfang an zutiefst absurd ist. Gerade in den letzten Jahren hatte an der Elbgrenze ein tiefer und für alle Beteiligten höchst einträglicher Friede geherrscht. Das lag vor allem an Niklot, dem Fürsten der Obotriten. Dieser im heutigen Mecklenburg beheimatete Stamm ist das angesehenste unter allen Wendenvölkern. Sie werden »die Tüchtigen« genannt.

Fürst Niklot ist aber besonders tüchtig. Seinen Gegnern mag er als ein typischer slawischer Tyrann erscheinen, grausam und unberechenbar. Doch ist das nur die eine Seite seines Wesens. Niklot kann auch ein Mann des Ausgleichs sein, und besonders herzlich fühlt er sich dem Grafen von Holstein verbunden. Adolf von Schauenburg erwidert diese Sympathie. Schließlich können beide Seiten von ihrer Freundschaft nur profitieren.

Niklot hört von dem Gewitter, das sich jenseits der Elbe zusammenbraut. Bestürzt fragt er beim Grafen an, ob er notfalls mit seiner Unterstützung rechnen könne. Der windet sich. Natürlich habe er nichts gegen die Wenden, könne aber im Ernstfall nicht gegen die eigenen Glaubensbrüder kämpfen.

Der Fürst der Obotriten begreift. Er handelt. Zunächst lässt er Dobin, seine wichtigste Burg an der Nordostseite des Schweriner Sees, befestigen. Dann geht er zum Angriff über. Lübeck, Adolfs Ostseehafen, wird sein erstes Ziel. Die Lübecker sind ahnungslos. Unterhalb ihrer Burg feiern sie gerade Mariä Lichtmess, als plötzlich die kleinen Schiffe der Wenden an der Travemündung erscheinen. Schon stürzen sich Niklots Krieger auf die völlig überraschten Bürger. Einige Hundert werden an diesem Tag den Schwertern und Äxten der Obotriten zum Opfer fallen. In Richtung Segeberg, dem Sitz des Grafen, galoppiert aber ein einsamer Bote mit Niklots Kriegserklärung an den einstigen Freund. Denn zwischen beiden war abgemacht, dass es ohne eine solche Erklärung keinen Krieg geben sollte, und Niklot hält sich daran. Nur hat er dafür gesorgt, dass sie den Grafen erst erreicht, als es für sein Lübeck schon zu spät ist.

Auf ihren kleinen, zottigen Pferden ziehen die Wenden quer durch Holstein, berennen Eutin, belagern Segeberg. Vor allem die Dörfer der von Adolf aus dem Westen geholten Siedler sind ihr Ziel, während des Schauenburgers persönliche Besitzungen so auffällig geschont werden, dass es später heißt, insgeheim sei der Graf bei diesem Überfall auf Holstein mit Niklot im Bund gewesen. Das ist natürlich nicht der Fall. Doch denkt der Obotritenfürst weit genug, um Adolf nicht völlig zu verprellen. Dann ist der Sturm auch schon wieder vorbei. Zufrieden ziehen sich die Wenden in ihr Land zurück. Sie haben gute Beute gemacht und außerdem den Deutschen gezeigt, was sie jenseits der Elbe erwartet. Niklots Hoffnung, damit die Sachsenfürsten von ihrem Plan abgebracht zu haben, erfüllt sich allerdings nicht. Eher bestärkt er sie in ihrem Kreuzzugsfieber.

Im August 1147 ist es so weit. Zwei große Heere schieben sich der Elbgrenze entgegen. Zu dem einen gehört Heinrich, zum anderen Albrecht der Bär, und hier wie dort ist man siegessicher. Stolz prangen die Kreuze auf den Schultern der Ritter, nicht weiß wie die der Palästinafahrer, sondern blau, und darunter sieht man noch einen kleinen Kreis. Das scheint der einzige Unterschied zu den »richtigen« Kreuzrittern zu sein. Doch gibt es auch noch andere, wie sich nur allzu bald zeigen soll.

Die Sachsen überqueren die Elbe. Sie belagern Dobin, versuchen, die Wenden in die Zange zu nehmen. Doch nichts gelingt so ganz. Es kommt zu keiner Niederlage, aber auch zu keinem richtigen Sieg. Und der Elan der ersten Stunde ist schon bald verflogen. Zurück bleiben Misstrauen unter den Beteiligten und wachsendes Unbehagen gegenüber diesem ganzen Unternehmen, dessen Widersinn sich immer wieder zeigt. So vor Schwerin, wo den anstürmenden Rittern ein Bischof mit dem Kreuz in den hoch erhobenen Händen entgegentritt. Denn schon seit Langem sind die Schweriner gute Christen.

Die Situation wird immer unerträglicher. Mehr und mehr verliert das Heer jede Disziplin, plündert und brandschatzt.

Abends findet man sich am Lagerfeuer wieder, johlend, saufend, ohne rechte Vorstellung, wie dieser sich qualvoll hinschleppende Ostland-Feldzug eigentlich enden soll. Zusehends verkommt das eben noch so stolze Kreuzfahrerheer zur zügellosen Soldateska.

In den Zelten der Anführer ist die Stimmung nicht besser. Dort sitzt man sich mit leeren Gesichtern gegenüber, immer misstrauisch, ob einen der andere nicht übervorteilen will. Man berät dies, plant das und hat im Grunde nur den Wunsch, dieses unrühmliche Unternehmen möglichst rühmlich zu beenden. Heinrich von Sachsen und Albrecht der Bär verlieren als Erste die Lust am Kampf.

Bis dahin haben sie den Wenden gelegentlich das eine oder andere Stück Land abgenommen, doch immer nur so viel, dass sich die Wenden nicht in ihrer Existenz bedroht fühlten. Nun aber werden Dörfer zerstört und Felder verwüstet. Verbrannte Erde bleibt zurück, wo eben noch fruchtbarer Boden war. Menschen sterben, die sich immer so gut und leicht erpressen ließen. Man schlachtet gleichsam die Gans, die die goldenen Eier legt. Wie nur aus dieser selbst gestellten Falle wieder herauskommen?

Natürlich können sich die sächsischen Herren nicht einfach wie Besiegte davonschleichen. Sie brauchen einen Sieg, um wenigstens den Schein zu wahren. Dafür sorgt dann der kluge Niklot, als er einen Frieden aushandelt, der den Christen die ganz große Blamage erspart. Dessen wichtigste Bedingung: Alle Wenden lassen sich taufen. Erleichtert sehen die Fürsten, wie tatsächlich Tausende zur Taufe antreten. Ebenso erleichtert ziehen sie sich wieder hinter die Elbe zurück. Wahrscheinlich ahnen sie, dass nach ihrem Abgang all die vielen Tausend Getauften schleunigst zu ihren geliebten alten Gottheiten zurückkehren werden.

Eigentlich ist also dieser Wendenkreuzzug zur monströsen Schlappe geworden, eine einzige große Vergeudung von Zeit und Menschenleben. Heinrich trägt nicht allzu schwer daran. Im November trifft er wieder in Sachsen ein. Den Kreuzfahrer hat er rasch vergessen. Viele Rollen wird Heinrich in seinem Leben noch spielen, aber den von hohen Idealen feurig beseelten, einer Idee wegen in die Schlacht ziehenden Helden nur einmal. Diese Rolle liegt ihm nicht. Nie wieder wird er sich daran vergreifen.

Gleichmütig trennt er in diesem Jahr 1147 sein Kreuz vom Wams. Gott mag wollen, dass man Heiden bekehrt. Heinrich will es jedenfalls nicht. Dennoch ist die Zeit im Wendenland nicht ganz vertan. Zum ersten Mal hat der junge Mann das Land jenseits der Elbe gesehen, seine schwere, fruchtbare Erde unter den Füßen gespürt, in seine weiten Räume geschaut. Dieser Eindruck haftet. Im Jahr 1147 hat Heinrich den Boden betreten, auf dem er einmal seine beste und größte Rolle spielen wird.

## *Abgesang auf einen König*

Im Mai 1147 war Konrad III. nach Palästina aufgebrochen. Im Mai 1149 kehrte er zurück. Diese zwei Jahre hatten seiner königlichen Laufbahn die große Wende bringen sollen. Nun sind sie ihr schlimmster Misserfolg geworden. Dabei hatte alles recht vielversprechend angefangen. In Konstantinopel waren die Kreuzfahrer vom Kaiser Manuel wie Freunde aufgenommen worden, und Verbrüderung der beiden mächtigsten christlichen Herrscher lag in der Luft: Eine Nichte Manuels sollte Konrads ältesten Sohn heiraten, und des Königs Halbbruder Jasomirgott hielt um die Hand einer byzantinischen Prinzessin an. Und die Ritter in Konrads Heer fühlten sich in der halb orientalischen Atmosphäre ihrer Gastgeber wohl, die ihnen wie ein Vorhof zum Himmel erschien.

Gleich danach wechselten sie allerdings in den Vorhof der Hölle über. Hier in Kleinasien zeigten sich bereits allererste Auflösungserscheinungen im Zug der vielen Tausende, bei deren Anblick Otto von Freising schon in Deutschland die Hände über dem Kopf zusammengeschlagen hatte. So viele Ganoven, Glücksjäger, gescheiterte Existenzen wie nie waren zusammengeströmt. Was wussten diese Männer eigentlich von den Dingen, die auf sie zukamen? Vom heiligen Jerusalem mit seinen goldenen Toren hatten sie gehört, vom Grab Christi, von den guten Gläubigen und bösen Heiden. Doch nichts wussten sie von den Entfernungen auf dem fremden Kontinent, von seinem Klima, seinen Menschen, seinen Lebensbedingungen und Gefahren.

Bei Nicäa hatte sich das Heer geteilt. Die einen zogen die Küste entlang, während Konrad mit den anderen den Marsch durch das Landesinnere wagte. Und bald war es wirklich ein Marsch geworden. Ein Pferd nach dem anderen brach in der Hitze zusammen, und schließlich marschierte auch der König zu Fuß an der Spitze des immer kläglicher werdenden Zugs ausgemergelter, dahinkeuchender Jammergestalten, die vom Fieber geschüttelt, von Durst und Hunger gequält wurden. Von ihren dürren Leibern hingen die glühend heißen Rüstungen, die viel zu schweren Waffen herab, und immer mehr Männer brachen zusammen, blieben liegen, waren tot. Die Vorräte gingen aus, und die Hungernden hatten sich auf die gefallenen Pferde gestürzt, hatten ihr rohes Fleisch gegessen. Kein Wild, das man hätte erlegen können, nur verkarsteter Boden, unwegsames Gestrüpp, auf das die Sonne niederbrannte. Gelegentlich erbeuteten sie ein Schaf. Dann wurde dessen Fell ausgekocht und die trübe Brühe gierig geschlürft.

Hinter jedem Hügel konnten aber die Feinde hocken, auf flinken Pferden, Pfeil und Bogen schussbereit. Sie stellten sich nicht zur offenen Schlacht, sondern stürzten plötzlich aus dem Hinterhalt hervor. Dann überschütteten sie das Heer mit einer Wolke von Pfeilen und waren auch schon wieder verschwunden. Und noch ein anderer Feind wütete unter den Kreuzfahrern: die Ruhr.

Konrad hatte schließlich aufgeben müssen. Mit dem Rest seines Heeres marschierte er zurück nach Nicäa, wo inzwischen Ludwig von Frankreich eingetroffen war. Den Franzosen, mit dem König und seiner Gattin Eleonore von Aquitanien an der Spitze, war es kaum besser als den Deutschen ergangen, und so stießen statt stolzer Ritterheere nur zwei Elendshaufen aufeinander.

Dennoch: Jetzt stand die Ehre der Christenheit auf dem Spiel. So hatte es Konrad gewagt, per Schiff nach Palästina zu reisen. Dort waren die Herren aus Europa von Jerusalems König Balduin eher kühl, abweisend, fast spöttisch, mehr wie Konkurrenten als Freunde empfangen worden. Lange hatte Konrad verhandeln müssen, bis wenigstens ein gemeinsamer Angriff auf Damaskus beschlossen wurde. Doch auch hierbei ließ Balduin die Kreuzritter im Stich. Das war der endgültige Zusammenbruch des zweiten Kreuzzugs.

Über Konstantinopel kehrt Konrad III. zurück. Das Pfingstfest feiert er bereits in Salzburg, und im Juli tritt er erstmals wieder seinen Fürsten auf einem Reichstag in Würzburg gegenüber. Sie erschrecken, als sie ihn sehen. Der vor zwei Jahren noch stattliche Mann ist als Kranker zurückgekommen. Einmal hat ihn ein Seldschukenpfeil getroffen. Doch diese Wunde ist wieder geheilt worden. Nicht geheilt wurde hingegen die Malaria, die schließlich sein Ende sein wird. Schon bei seiner Rückkehr ist Konrad ein vom Tod gezeichneter Mann.

Aber er gibt nicht auf. Im Gegenteil: Nie war er so lebhaft, steckte so voller Pläne. Doch ist diese aufschäumende Vitalität bereits die Hektik eines Schwerkranken, der weiß, wie wenig Zeit ihm für alle andrängenden Fragen und ihre Lösungen bleibt. In seine Außenpolitik soll Ordnung gebracht, dem Reich endlich Frieden gegeben werden. Als wichtigster Punkt steht aber ein Italienzug samt Kaiserkrönung auf Konrads Programm. Denn es geht nun mal – das sieht er ein – nicht ohne die päpstliche Erhebung zum Kaiser. Dann wird er endlich Herr über seine Fürsten sein.

Das ist alles weit gespannt und groß gedacht. Die Wirklichkeit sieht anders aus. Zwar herrscht Reichsfrieden. Doch die daheimgebliebenen Fürsten werden noch selbstbewusster, geben sich jetzt ganz als uneingeschränkte Herren. Erneut beherrscht der Kampf mit den Welfen das politische Feld. Wieder muss Konrad gegen Heinrich und Welf VI. antreten.

Dabei scheint Heinrich der Harmlosere zu sein. Als mächtiger, doch loyaler Fürst residiert er in Lüneburg, das damals noch nicht so sehr von Braunschweig, Heinrichs künftigem Zentrum, verdrängt worden ist. Dort residiert er übrigens nicht mehr allein: Um 1150 hat er geheiratet.

Wie einst seine Mutter Gertrud ist Clementia noch ein halbes Kind, als sie Frau des Welfenherzogs wird. Wenig bleibt von ihr zu berichten. Eigentlich nur, dass sie ein hübsches, kluges Mädchen gewesen sein muss, von früh an darauf vorbereitet, einmal eine führende Stellung einzunehmen. Sie bringt alles mit, was Heinrich von seiner Frau erwarten kann, vor allem eine beachtliche Mitgift. Liebe ist nicht im Spiel. Die Wahl der Braut hätte übrigens Konrad aufhorchen lassen müssen. Denn Clementia entstammt dem Haus der Zähringer. Diese in Südwestdeutschland ansässigen Zähringer sind aber nicht nur die nach den Welfen reichste Familie zwischen Alpen und Nordsee, sondern auch geschworene Gegner der Staufer. Die Verbindung zwischen den beiden wichtigsten königsfeindlichen Häusern kommt fast einer Herausforderung gleich.

Doch vorerst ist der Sachse für den König nicht so wichtig. Der reife Mann nimmt den dunkelhaarigen Jungen mit dem herrischen Gehabe einfach nicht ganz ernst. Umso ernster nimmt er dagegen dessen Onkel Welf VI. Vorbei sind die Tage, in denen Konrad seinen Kreuzzugsgefährten mit »Kamerad« angeredet hat. Schon beim Sturm auf Damaskus ist Welf nicht mehr dabeigewesen. Kurz zuvor hat er seinen König verlassen und ist nach Deutschland zurückgekehrt.

All die Jahre hatte Welf wenig Skrupel, sich das Geld für den Kampf mit König und Babenberger aus dem Ausland zu holen. Jetzt wird er vollends zum Hochverräter, der mit Papst und König Roger von Sizilien konspiriert, um Konrad in seiner Abwesenheit zu stürzen und Bayern zu erobern. Und nur ein glücklicher Zufall, Welfs überraschende Niederlage bei der Burg Flochberg, machte diesen Plan zunichte.

Hat jedoch Konrad gehofft, damit die bayerische Frage endlich gelöst zu haben, so täuscht er sich gründlich. Denn nun steht Heinrich vor seinem König und wiederholt seine Forderung von 1147. Konrad scheint noch immer nicht begriffen zu haben, wie ernst es dem jungen Mann damit ist. Noch ein weiteres Mal meint er ihn vertrösten zu können. Erst im nächsten Jahr, bei einem Reichstag in Ulm, soll der Fall ausgehandelt werden. Dann wird das Gericht der Fürsten entscheiden.

Konrad kommt sich wieder einmal sehr geschickt vor. Denn damit bleibt die Entscheidung einem Gericht überlassen, von dem der König weiß, dass seine Richter nicht unbedingt auf

Heinrichs Seite stehen. Leider weiß das aber auch der junge Herzog. Er begreift, dass er bei diesem König seinen Anspruch auf friedlichem Weg nie wird durchsetzen können. Denn seltsam genug für einen Kläger: Heinrich erscheint weder in Ulm noch auf den beiden weiteren Reichstagen, wo der Fall verhandelt werden soll. Dafür ruft er aber ein Heer zusammen, überlässt Clementia die Regierungsgeschäfte und zieht mit seiner Streitmacht in den Süden hinunter, ein neuer Welf VI. in jüngerer, gefährlicherer Ausgabe. Und Konrad versteht endlich, dass er den Knaben Heinrich ernst nehmen muss. Die letzte große Entscheidung in seinem Kampf mit den Welfen bahnt sich an.

Für kurze Frist scheint jene Zeit zurückgekehrt, in der Konrad Heinrich den Stolzen hatte überrumpeln wollen. Alles ist wie damals: der Herzog im Süden; daheim in Sachsen nur eine Frau; der König willens, seinen widerspenstigen Ersten Fürsten nicht an der Peripherie, sondern im Kernland selbst zu besiegen. Damals war der Plan am Widerstand der Sachsen gescheitert. Konrad ist also gewarnt. Diesmal geht er behutsamer vor, schickt zunächst seine Späher aus, und durch die sächsischen Lande reist sein Hauskaplan Heribert. Auf vielen Burgen finden geheime Unterredungen, nächtliche Gespräche statt. Heribert soll prüfen, was die Sachsen wirklich von ihrem Herzog denken. Das Ergebnis überrascht den König angenehm. Offenbar ist Heinrichs Position in Sachsen nicht so unangreifbar, wie es auf den ersten Blick hin aussieht.

Viele scheinen mit solch einem Herzog ganz und gar nicht einverstanden zu sein. Natürlich Albrecht der Bär, der noch immer auf die sächsische Herzogwürde hofft, natürlich Hartwig, der inzwischen als Nachfolger des verstorbenen Adalbero Erzbischof von Bremen geworden ist. Aber auch anderen wie Konrad von Meißen oder Ludwig von Thüringen ist der Welfe allzu selbstherrlich geworden. Konrad rechnet sich seine Chance aus. Gegen die Sachsen mit Heinrich an der Spitze dürfte nicht anzukommen sein. Aber jetzt ist Heinrich außer Landes. Das Wichtigste wird sein, ihn dort zurückzuhalten. Quer durch Deutschland zieht eine Postenkette auf; sie soll Heinrich nicht in den Norden kommen lassen. Dann reitet Konrad nach Goslar. Von dort aus soll zunächst Braunschweig erobert werden. Ist diese Lieblingsstadt des Welfen erst einmal in königliche Hände gefallen, müsste auch das übrige Sachsen zu erobern sein.

Das Unternehmen läuft an. Unterdessen hat sich Heinrich in Bayern überraschend mühelos durchsetzen und bereits weite Teile des Landes erobern können. Nun zieht er sich gerade auf seine schwäbischen Besitzungen zurück, wo er offenbar überwintern will. Von den königlichen Truppen oben im Norden, die schon das Dorf Heineberg bei Braunschweig erreicht haben, scheint er nichts zu wissen. Vielmehr gedenkt er das Weihnachtsfest 1151 auf einer seiner schwäbischen Burgen zu feiern und lädt dazu all seine Untergebenen ein. In größter Ruhe wird also einige hundert Kilometer weiter nördlich Konrad die Stadt des Welfen im Handstreich nehmen können.

Die Sache hat nur einen Fehler: Heinrich ist keineswegs ahnungslos. Er weiß vom geplanten Angriff auf Braunschweig und von der Postenkette, die ihn abfangen soll. Mit dem tollkühnen Mut eines Mannes, der eigentlich schon verloren ist, setzt er alles auf eine Karte. Seine Leute werden das Christfest ohne ihren Herrn feiern müssen. Denn während sie noch von allen Seiten herbeiströmen, jagt er, verkleidet und nur von drei Männern begleitet, dem Norden zu.

Es ist ein Wahnsinnsritt inmitten der ersten Schneestürme dieses Winters. Der kleine Trupp muss die großen Straßen meiden, denn dort lauern Konrads Wächter und warten nur darauf, dass ihnen der Herzog in die Hände fällt. Doch das Bravourstück gelingt. In nur fünf Tagen hat Heinrich Braunschweig erreicht, umtost vom Jubel seiner Bürger: Wieder einmal hat es dieser Teufelskerl von Herzog seinem König gezeigt. Und wie er es ihm gezeigt hat! Konrad resigniert. Der Sturm auf Braunschweig unterbleibt, das Heer zieht sich wieder nach Goslar zurück. Von dort verlässt Konrad mit solch einer Geschwindigkeit Sachsen, dass er schon im Januar unten am Bodensee anzutreffen ist.

Es ist ein zutiefst ungleiches Duell, das zwischen diesen beiden Männern ausgefochten wird. In Konrad und Heinrich stehen sich nicht nur zwei Rivalen aus konkurrierenden Familien gegenüber. Hier begegnen sich zwei Zeiten. Allein schon das sichert Heinrich den Vorsprung. Denn er ist jung und unverbraucht, steht für die junge, skrupellos vorwärtsdrängende Generation. Konrad steht für die alte, im Abgang begriffene, verbraucht und krank, ein gescheiterter Politiker, der sich viel, zu viel, vorgenommen hatte. Mit seiner Ära beginnt noch kein neues, staufisches Zeitalter.

Allerdings ist dieser König zäh. Wenigstens die Krönung zum Kaiser will er erreichen. Das wird sein nächstes, sein letztes Ziel. Schon 1150 wurde die Romfahrt beschlossen. Zwei Jahre später ziehen Konrads Boten über die Alpen mit Briefen an den Papst und die wichtigsten oberitalienischen Städte. Der Empfang ist überraschend freundlich, der Papst erklärt sich zur Kaiserkrönung bereit. Mit dieser frohen Botschaft kehren die Gesandten nach Deutschland zurück.

Die Nachricht wird einem Sterbenden gebracht. In Bamberg, wo er noch einmal mit seinen Fürsten die Romfahrt beraten wollte, stirbt Konrad III. am 15. Februar 1152, und die dabei sein Lager umstehen, wenige ohnehin nur, trauern nicht lange. In schon unhöflicher Eile wenden sie sich von dem Verstorbenen ab, und nicht einmal sein Wunsch, in Lorch begraben zu werden, wird ihm erfüllt. In Bamberg findet er sein Grab, während man sich eilends mit der Frage beschäftigt, wie es nun weitergehen wird.

Im Lager der Staufer sieht man in diesen Tagen ängstliche Gesichter. Natürlich will man von der Königswürde nicht lassen, weiß jedoch nicht so recht, wem sie anvertraut werden kann. Konrads ältester Sohn, der schon gewählte Heinrich, ist tot. Der zweite, Friedrich, ist ein Kind von sieben Jahren. Auf der anderen Seite stehen aber die Welfen und reiben sich schon die Hände, der gerade so triumphal hervorgetretene Heinrich vor allen anderen. Ihm dürfte ein Kind als Nachfolger Konrads nicht gewachsen sein. Das wäre aber das Ende der Staufer schlechthin.

Ein Erbe wird also gesucht, der den kommenden Kämpfen gewachsen ist. Noch besser wäre jemand, der diese Kämpfe im Keim erstickt. Jemand müsste her, der Staufer ist, doch zugleich den Welfen nahesteht. Nicht genug: Wenn dieser Mann nicht nur ein König des Übergangs sein soll, muss er auch noch andere Qualitäten mitbringen, um den von Konrad hinterlassenen Berg an außen- wie innenpolitischen Problemen abtragen zu können. Konrads Nachfolger muss in allen Lagern gleichermaßen geachtet werden und doch selbstbewusst genug sein, um sich ohne faule Kompromisse durchzusetzen. Er muss sich den Fürsten, dem Papst, dem König in Sizilien, den Nachbarn in Ost und West gegenüber behaupten können. Er muss gleichermaßen Feldherr sein wie Diplomat, muss in der Nähe wie in der Ferne wirken, muss … Kurzum: Eigentlich muss es ein Mann sein, wie es ihn gar nicht geben kann.

Seltsamerweise gibt es ihn doch. Er steht sogar bereit, das schwere Erbe anzutreten. Und wenn man ihm glauben will, hat ihn sich Konrad ausdrücklich, sozusagen mit dem letzten Atemzug, als Nachfolger gewünscht. So wird er es jedenfalls erzählen, und der Gegenbeweis fällt schwer. Denn der einzige Zeuge dieses letzten Wunsches von König Konrad ist er selbst: Friedrich III. von Schwaben, Neffe des Königs, später »Barbarossa« genannt.

## Die Höhle des Löwen

»Der Herzog aber sandte in die Städte und Reiche des Nordens, nach Dänemark, Schweden, Norwegen und Russland Boten und trug ihnen Frieden an, sodass sie zu seiner Stadt freien Zugang hätten. Und er legte daselbst eine Münze und einen Zoll an, und verlieh der Stadt die ansehnlichsten Gerechtigkeiten …«

*Aus der ›Slawenchronik‹*
*Helmolds von Bosau*

*Der König, den man »Rotbart« nennt*

Er ist blond, blauäugig, und wie die meisten Staufer sieht er ungewöhnlich gut aus. Das Auffälligste ist sein Blick: klar, meist heiter, manchmal ironisch, manchmal kalt und abweisend. Dann natürlich der ins Rötliche spielende, sanft gelockte Bart. Er trägt ihm später seinen Beinamen »Barbarossa«, zu deutsch »Rotbart«, ein. So taufen ihn die Italiener, als sie ihn 1154 erstmals zu Gesicht bekommen. Zu diesem Zeitpunkt wird er bereits König sein und sich unterwegs zur Kaiserkrönung befinden. Vorerst noch, in Konrads Todesjahr 1152, ist er nur Friedrich III., Herzog von Schwaben aus dem Haus der Staufer, ein Mann um die dreißig mit wechselvoller, um nicht zu sagen zwielichtiger Vergangenheit.

Bei Heinrich hatte es geheißen, er sei zunächst einmal Welfe. Anders Friedrich. Er ist *auch*, doch eben nicht *nur* ein Staufer. Das hängt nur zum einen mit seiner Abstammung zusammen. Einen Staufer, Friedrich II. von Schwaben, hat er zum Vater.

Mutter Judith ist aber eine Welfin, Tochter Herzog Heinrichs des Schwarzen und damit Tante Heinrichs von Sachsen. Friedrich und Heinrich sind also Vettern, und später wird es spöttisch heißen, im Grunde sei Friedrich mehr Welfe als sein Vetter Heinrich, dafür Heinrich mehr Staufer als Friedrich. In der Tat ist der Kampf zwischen Welfen und Staufern fast schon ein Bruderzwist, so eng sind die beiden Sippen miteinander verbunden.

Doch nicht nur das macht lange Zeit Friedrichs Position zwischen den Machtblöcken der Welfen und Staufer so unentschieden und schwer zu deuten. Das liegt auch an den Staufern selbst. Ihr Weg ist so ganz anders verlaufen als derjenige der Welfen, die von früh an im Schutz ihres Reichtums einer breiten, gemächlichen Bahn gefolgt sind. Denn im Vergleich zu den Herren von der Ravensburg waren die ebenfalls aus dem Schwäbischen stammenden Staufer nur arme Schlucker.

Ihre Heimat war zunächst Büren gewesen. Dann durch Heirat zu bescheidenem Reichtum gekommen, hatten sie sich auf der Kuppe des Hohenstaufen bei Göppingen einen neuen Stammsitz gebaut, der ihnen den Beinamen »Staufer« eintrug. Später kamen noch einige Güter im Elsass dazu, aber das war auch schon ihr gesamter persönlicher Machtbereich.

1079 geschah es aber, dass Salierkaiser Heinrich IV. ausgerechnet dieser unbedeutenden kleinen Familie das schwäbische Herzogtum zusprach und überdies seine Tochter Agnes mit dem ersten staufischen Schwabenherzog Friedrich I. verheiratete. Die Erklärung der Staufer-Gegner für diese überraschende Erhöhung war ebenso einfach wie gehässig: Es sei damals Heinrich IV. allein darauf angekommen, in seinem ohnehin schon wirren Reich noch mehr Verwirrung zu stiften. Staufer-Freunde sehen es freundlicher. Sie schließen sich Otto von Freisings Erklärung an, der von der unerschütterlichen Kaisertreue der Staufer spricht und von der großen Not, in der sich damals das Reich befunden hatte.

Das eine wie das andere stimmt. Für Heinrich IV. *war* die Ernennung ein politischer Schachzug, die Staufer *waren* kaisertreu, und von großer Not konnte auch die Rede sein. Allerdings hatte es sich dabei weniger um die allgemeine Not des

Reichs als um die höchstpersönliche des Kaisers gehandelt. In diesem Jahr 1079 hatte sich dieser ohnehin vom Unglück verfolgte Herrscher wieder einmal einer starken Allianz feindlicher Fürsten gegenübergesehen. Welf IV. gehörte dazu, Berthold aus dem Haus der Zähringer und schließlich Schwabens damaliger Herzog Rudolf, der bereits zum Gegenkönig ausgerufen worden war. In Sachsen fand dieser dabei den stärksten Rückhalt, womit sich eine fatale Querverbindung zwischen dem sächsischen und schwäbischen Herzogtum abzeichnete.

In diesem Augenblick wurde die Sippe der Staufer ungeheuer wichtig. Denn ihre Güter lagen zufällig an der einzigen großen Straße zwischen Sachsen und Schwaben. Heinrich IV. sicherte sich diese strategische Schlüsselstellung, indem er den kaisertreuen Staufer Friedrich zum Herzog ernannte und ihn durch die Ehe mit seiner Tochter noch enger an sich band. Letztlich verdankten also die Staufer ihren Aufstieg einem geografischen Zufall. Reichtum oder persönliche Verdienste konnten sie um diese Zeit noch nicht in die Waagschale der Macht werfen. Denn zwar hatte Friedrich I. von Schwaben den Herzogtitel. Das war aber auch schon alles. Doch nun zeigte sich erstmals ein spezifisches Staufer-Talent. Wie kaum andere verstanden sie sich darauf, auch aus schwierigen Situationen das Beste zu machen.

Friedrich konnte seine Rivalen nicht bekämpfen. Also arrangierte er sich mit ihnen. Er suchte ihre Freundschaft, gab sich als guter Kamerad, und am Ende heiratete sein ältester Sohn die Welfentochter Judith, die wiederum mit den Zähringern verschwägert war. Im Übrigen blieben die Staufer weiterhin unbeirrt kaisertreu und identifizierten ihre Sache ganz und gar mit der des Kaiserhauses.

Das hatte zwei Vorteile. Zum einen wurden sie dabei sehr reich, nicht so reich wie Welfen oder Zähringer, doch immerhin waren sie auch nicht mehr die armen Schlucker ihrer Anfangszeit. Zum anderen durften sie darauf hoffen, eines Tages selbst an die Stelle der Salierherrscher zu treten. Das war ihr größter Trumpf im Kampf um die höchste Macht. Und das unterschied sie von den Welfen.

Waren die nicht gerade mächtig, so blieben sie reich und

konnten hoffen, mit Hilfe dieses Reichtums demnächst wieder zur Macht zu kommen. Die Staufer brauchten jedoch den unmittelbaren Erfolg, wollten sie je über den Status zweitrangiger Provinzfürsten hinauskommen. Das lässt sie weniger hochmütig-selbstbewusst als die Welfen erscheinen. Aber das gibt ihnen auch die Züge hektischer Karrieremacher. Nicht zuletzt diese Konstellation erklärt auch die Reaktion der Staufer auf die unglückliche Königswahl von 1125.

Sie war die ganz große Chance gewesen. Als dann aber die Staufer in allerletzter Minute von Heinrich dem Schwarzen und Lothar von Supplinburg überspielt wurden, drohte wieder die Anonymität der kleinen Herren von Büren. Dieses Trauma überwanden die Staufer nie so richtig, und das gab erst ihrem Kampf um die höchste Würde seine fanatische Entschlossenheit. Dieser Kampf war zugleich das vorläufige Ende der guten Nachbarschaft zwischen Welfen und »Waiblingern«. Aus Partnern wurden Feinde. Und unter dem Motto »Hie Welf! Hie Waibling!«, dem Schlachtruf der beiden Sippen, sollte für fast dreißig Jahre jener Zwist einsetzen, der das Reich bis an den Rand des Ruins bringt. Als dieser Kampf um 1125 begann, wurde aber auch jener Staufer geboren, der siebenundzwanzig Jahre später den ersten dauerhafteren Frieden zwischen den beiden Sippen herbeiführte, Friedrich, Sohn Herzog Friedrichs II. von Schwaben und Neffe Konrads III.

Friedrichs genaues Geburtsdatum ist ebenso unbekannt wie das seines Welfenvetters Heinrich. 1122 ist der frühestmögliche, 1130 der späteste, 1124 der wahrscheinlichste Termin. Auch beider Kindheit und frühe Erziehung dürften sich geglichen haben. Doch während Heinrich schon als Kind in den Mittelpunkt des politischen Geschehens rückt, lebt Friedrich, von den Zeitläuften weitgehend unbehelligt, am Hof des Vaters. 1147 folgt er ihm dann als Friedrich III. in der schwäbischen Herzogswürde, Staufer und Welfe zugleich, der »große Eckstein« zwischen beiden Häusern, wie ihn Otto von Freising bezeichnet.

Dieser »Eckstein« ist zunächst einmal ein Mensch, der sich nicht gleich mit aller Verbissenheit zu einer der beiden Parteien schlägt. Jahrelang sieht man ihn abwarten, zögern, mit sich selbst und der eigenen Herkunft offenbar im Unreinen sein. Das bringt ihn allerdings auch ins Zwielicht. Denn wo Friedrich zwischen 1147 und 1152 wirklich gestanden hat, ist unklar. Fest steht nur, dass ihm sein Onkel Welf VI., also Konrads erbittertster Feind, zumindest nicht unsympathisch ist und ihn Welf VI. immer wieder zur Partei der Welfen herüberzuziehen versucht, vor allem in der Zeit, als er offensichtlich Hochverrat betrieb.

War dabei der Neffe sein Komplize? Warum zeigt er sich nach Welfs Niederlage so bemüht, eine Aussöhnung zwischen diesem und dem König herbeizuführen? Hatte auch er einen möglichen Prozess gegen Welf zu fürchten? Fragen über Fragen. Aber alle Antwort bleibt Gerücht. Jedoch gehört das zum Bild des »Welfenstaufers« Friedrich, der sich sein Leben lang glänzend darauf versteht, alle Widersprüche hinter schimmernder Fassade zu verbergen.

Nur mittelgroß, eher zierlich, mit auffallend heller Haut, die zornrot anlaufen kann, ist Friedrich äußerlich nicht der Typ des geborenen Machtmenschen. Doch steckt in diesem geschmeidig-hübschen Jüngling ein harter, zielbewusster Ehrgeiz, der dem seines Vetters Heinrich nicht nachsteht.

Friedrich verliert selten die Fassung und nie die Vernunft. Er weiß mit Menschen umzugehen, ist ein brillanter Redner, exzellenter Taktiker und ganz nebenbei auch noch ein ausgefuchster Komödiant. Zeitgenossen werden seine schlanken, fast frauenhaft schmalen Hände erwähnen. Doch sind es Hände, die zupacken können und nicht mehr freigeben, was sie einmal in den Griff bekommen haben. Dann fällt unvermutet alle Verbindlichkeit von ihm ab, und eine brutale Härte zeigt sich, die niemand bei diesem liebenswürdigen Weltmann vermutet hätte.

Die Schatten um diesen Mann weichen nicht, als er sich 1152 zur Königswahl stellt. Eindeutig bleibt nur, dass Friedrich gewählt werden will und schließlich gewählt werden wird. Schlägt man allerdings in den ›Gesta Friderici‹ nach, in den ›Taten Friedrichs‹, die sein Onkel Otto von Freising aufgezeichnet hat, liest sich noch alles klar und logisch: Wunsch des sterbenden Konrad, seinen Neffen statt seines noch unmündigen Sohns zum Nachfolger zu haben; allgemeine Friedenssehnsucht; Friedrich als »Eckstein« beider Häuser der ideale Vermittler und Friedensstifter. Die Ära Barbarossa kann beginnen.

Es ist begreiflich, dass Otto als der große Staufer-Apologet die Entwicklung so sieht, und noch begreiflicher ist, dass sie Friedrich so gesehen haben will. Verdeckt doch ihre Scheinlogik alle Widersprüche, die von Anfang an des Staufers königlich-kaiserliche Laufbahn bestimmen. Bemerkenswert bleibt jedoch, dass diese Version auch noch Jahrhunderte nach Friedrich geglaubt wird und erst die jüngere Forschung Zweifel angemeldet hat. Denn zunächst einmal ist Friedrich keineswegs der einzig mögliche Kandidat für den Königsthron. Das gleiche Recht kann auch Heinrich von Sachsen für sich in Anspruch nehmen. Es spricht denn auch manches dafür, dass sich der junge Welfe 1152 tatsächlich zur Wahl gestellt hat und dabei ein durchaus ernst zu nehmender Kandidat war. So sehr immerhin, dass in den Wochen davor sein Vetter Friedrich geradezu hektisch um Sympathie und Stimmen geworben hat, das aber nicht im Lager der Staufer, sondern, jawohl!, bei den Welfen.

Dann erst tritt der Staufer als Anwärter für die Krone vor die Fürsten, die sich im März 1152 in Frankfurt versammelt haben. Und am Abend des 4. März steht fest, dass der nächste König Friedrich heißt. Unter den Jubelrufen seiner Anhänger wird er als Erster seines Namens auf den Königsschild gehoben. Unten am Ufer warten schon Schiffe, den frisch gewählten König über Main und Rhein nach Sinzig zu bringen. Von dort geht es zu Pferd nach Aachen zur Krönung.

In Frankfurt dürften die wichtigsten Fürsten des Reichs versammelt gewesen sein. Nach Aachen folgen ihm nur wenige. Das ist schade. Denn hier bekommt man einen Vorgeschmack dessen, was vom neuen Herrn tatsächlich zu erwarten ist. Unter anderem will man Friedrich beobachtet haben, wie er am Grab Karls des Großen kniete und schwor, Karls Reich in altem Glanz wiederauferstehen zu lassen. Und Friedrich ist es mit der Absicht ernst, ein zweiter Karl zu werden. Er schwelgt in der Vorstellung einer neuen *ecclesia*, einer erneuerten Christengemeinschaft, in der sich wieder das *sacerdotium* dem *imperium* unterordnet, die kirchliche der weltlichen Macht.

In der Pfalz zu Aachen sind die ersten Feierlichkeiten denn auch noch nicht verrauscht, als der neue König eine erste Botschaft an den Papst schickt. Darin wird Eugen III. schlicht mitgeteilt, dass sich Friedrich als ein von Gott auserwählter Herrscher fühlt und die Kirche wieder in seinen Schutz zu nehmen gedenkt. Ein zutiefst konservatives, auch tief romantisches Programm hat also dieser so modern und sachlich wirkende junge Mann. Sein Traum ist eine Zukunft, die den Menschen Glanz und Einheit der Vergangenheit zurückbringt. Zunächst muss Friedrich allerdings der Gegenwart gewachsen sein.

Friede soll wieder werden, die Position des Herrschers unangreifbar. Das aber geht nicht ohne den Glanz der Kaiserwürde. Dafür muss man sich mit dem Papst verständigen und zugleich die Herrschaft in Italien sichern. Die Verständigung mit dem Papst scheint noch die leichtere Übung zu sein. Denn nicht nur das Imperium befindet sich in einer permanenten Krise. Auch für das Papsttum sind jene glücklichen Jahre vorbei, in denen sich Gregor VII. oder Urban II. anschicken konnten, neben der geistlichen auch die politische Führung Europas zu übernehmen. Die Abwertung der Kaiserwürde hatte weniger dem Papsttum als den übrigen europäischen Mächten genützt.

Frankreich, England und das Normannenreich auf Sizilien treten immer stärker hervor. Das wird schließlich auch für das Papsttum gefährlich. Von Sizilien her bedroht Normannenkönig Roger den Kirchenstaat. Aber auch in Rom ist der Papst nicht sicher. Dort fordern Stimmen immer lauter eine Republik nach altrömischem Muster sowie eine von weltlichen Einflüssen gereinigte Kirche. Ihr Anführer ist Arnold von Brescia, jener lombardische Prediger, der in Friedrichs Laufbahn noch eine fatale Rolle spielen wird. Es steht also um den 1145 zum Papst gewählten Eugen III. ernst. Hilfe suchend hält er wieder Ausschau nach der alten Schutzmacht, die doch nicht so entbehrlich ist, wie es jahrzehntelang schien.

Friedrich kann warten. Zwar beschließt er schon 1152 eine Romfahrt. Doch wirkt er eher erleichtert, als sich seine Fürsten mit aller Entschiedenheit dagegen aussprechen. Denn bevor das Gleichgewicht zwischen *imperium* und *sacerdotium* wiederhergestellt wird, muss die königliche Herrschaft in Italien sicher sein. Bevor Italien gesichert wird, braucht der König ein befriedetes Reich diesseits der Alpen. Dafür müssen aber die großen Familien miteinander ausgesöhnt werden. Hierfür wird Vetter Heinrich aus Sachsen die Schlüsselfigur.

Falls der Welfe wirklich zu den Königskandidaten von 1152 gehört hat, so trägt er diesen ersten Fehlschlag seiner Laufbahn mit bemerkenswerter Gelassenheit. Getreulich begleitet er seinen Vetter zur Krönung nach Aachen, steht ganz vorn, als dem Staufer die Krone aufs blonde Haupt gedrückt wird, selbst nun ein erwachsener Mann Anfang zwanzig und Erster Fürst des Reichs, nicht sehr groß, knapp 1,65 Meter, doch so gut proportioniert, dass er eher größer wirkt. Der untersetzte Körper ist muskelbepackt. Im breitflächigen Gesicht dominieren die schwarz glänzenden Augen über einer energischen Nase und dem dunklen Bart. Heinrich ist kein »schöner Mann« wie sein Vetter. Doch geht von seiner Erscheinung eine düstere, ganz und gar männliche Strahlkraft aus, der sich ebenso schwer zu entziehen ist wie dem schillernden Charme des Staufers.

Schon äußerlich ist also kein größerer Gegensatz denkbar. Wirkt Friedrich meist beherrscht, lässt Heinrich seinem jähzornigen Temperament stets freien Lauf. Ist Heinrichs Stimme rau und laut, spricht Friedrich mit einem leicht singenden Dialekt, den er sehr geschickt zur Steigerung seiner persönlichen Wirkung einzusetzen versteht. Umwirbt der Staufer andere Menschen, weiß sie einzufangen, zu bezaubern und zu überzeugen, so verharrt der Welfe seiner Umwelt gegenüber in trotzig abwehrender Pose, die zwar beeindruckt, aber kaum Sympathien weckt. Friedrichs Intelligenz ist geschmeidig bis hin zur Verschlagenheit, die Heinrichs mehr sachlich-nüchtern als brillant. Noch als alter Mann wird Friedrich stets etwas von einem strahlenden Jungen an sich haben. Heinrich ist aber schon als Junge der ganz und gar erwachsene, unerhört selbstsichere Mann, der nie den ersten Schritt macht, sondern immer erst die anderen auf sich zukommen lässt.

Die Gegensätze führen noch weiter. Heinrich wurzelt fest in

der Tradition seiner Familie. Schon mit zwanzig kann er sich als würdiger Erbe dieser Tradition fühlen. Die Linie eines Welf IV., Heinrichs des Schwarzen, Heinrichs des Stolzen führt er ungebrochen weiter. In welcher Tradition wurzelt aber Friedrich? Wieder stellt sich die Frage: Ist er ein Welfe oder Staufer? Welcher unmittelbare Vorfahre kann ihm ein Vorbild sein? Nicht zufällig wird Friedrich später weniger staufische als höchstpersönliche Politik betreiben. Und auch nicht von ungefähr kommt bei ihm die Hinwendung zu den großen Gestalten einer fernen Vergangenheit.

Friedrich hat nun mal keine ungebrochene Familientradition fortzusetzen wie Heinrich. Er muss erst solch eine Tradition schaffen. So beruft er sich auf Ahnen im Geiste, die nicht wirklich seine Ahnen sind. Auch das gibt seinem Gehabe stets seinen Zug von Künstlichkeit und aufgesetzter Theatralik. Eines haben die beiden Männer immerhin gemeinsam. Sie gehören zur gleichen Generation. Und beide stehen erst am Anfang. So können sie noch selbst entscheiden, was diesem Anfang folgen soll.

Scheu dürfte in diesen Märztagen 1152 König Friedrich seinen stämmigen Vetter aus dem Sachsenland gemustert haben. Ihm hat er keine großzügigen Versprechungen gemacht wie den anderen Welfen. Und er weiß, dass bei Heinrich auch nur ein Versprechen zählen würde, das bayerische Herzogtum. Auch Heinrich mustert seinen Vetter. Er wird sich mit ihm als König abfinden, aber von seinem Anspruch auf Bayern nicht ablassen. Somit liegt es also an Friedrich, wie er sich zu ihm stellt.

Die Verbindung zwischen diesen beiden wichtigsten Männern des Reichs, das steht schon fest, braucht ihre ganz eigene Gewichtung, wenn sie nicht wieder im traditionellen »Hie Welf! Hie Waibling!«-Geschrei der Vergangenheit untergehen soll. Und im Jahr 1152 haben Friedrich und Heinrich die Wahl. Sie müssen Todfeinde sein. Oder sie können Freunde werden. Es ehrt den einen wie den anderen, dass sie sich für die zweite Möglichkeit entschieden haben und Freundschaft schließen. Wieweit persönliche Sympathie mitschwingt, weiß man nicht.

Im Grunde ist es unwichtig. Denn dieser Freundschaftsbund von 1152 ist eine ganz unromantische politische Interessengemeinschaft, die jeweils ihren Preis hat. Friedrich wird mit den Welfen zu leben, sich im Schatten ihres Reichtums als eigenständige Macht einzurichten und zu behaupten haben, ohne sich des Welfen-Imperiums zu entledigen, wie es Konrad gegenüber Heinrich dem Stolzen versucht hatte. Aber auch Heinrich zahlt einen hohen Preis. Die Welfen-Hoffnung auf Königs- und Kaiserkrone ist dahin. Nie wird es einen Kaiser Heinrich geben, was bei seiner Geburt noch möglich, ja unausweichlich schien. Dafür muss er andere Wege suchen, um sich auf einer der Kaiserwürde vergleichbaren Höhe zu halten. Unter diesem Vorzeichen steht von nun an sein Weg. An dessen Ende wird er Heinrich der Löwe sein.

Bei der 1152 einsetzenden Interessengemeinschaft weiß jeweils der eine genau, was er vom anderen erwarten kann und ihm dafür bieten muss. Heinrich bietet persönliche Loyalität, Rückendeckung im Innern des Reichs, entsprechende Absicherung des Throns und Unterstützung bei Friedrichs weit gespannten Plänen. Friedrich wiederum bietet die Autorität des Herrschers und damit die Möglichkeit, Heinrichs Ansprüche auf Bayern früher oder später zu erfüllen, ihm beim Ausbau seiner Macht freie Hand zu lassen und ihn dabei gegen Rivalen abzuschirmen. Bis zu einer gewissen Grenze jedenfalls. Das berührt aber den heiklen Punkt dieser Beziehung, die im Grunde ein Rollenspiel ist. Überschreitet einer der beiden die Grenze seines jeweiligen Spielraums, wird sich dieses Bündnis zwangsläufig gegen seine Partner wenden. Zunächst aber funktioniert das Rollenspiel.

Es spricht für Friedrich, dass er keinerlei Winkelzüge versucht und sich redlich bemüht, dem Vertrauen des anderen gerecht zu werden. Es spricht wiederum für Heinrich, dass er den Vetter nicht drängt und ihm Zeit lässt, sich zunächst einmal in seiner königlichen Machtstellung einzurichten. Das aber vier volle Jahre lang, in denen er dem König gegenüber nie so aufbegehren wird wie früher bei Konrad. So erlebt die staunende Umwelt in diesem Jahr 1152, wie Welfen und Staufer über Nacht zu den besten, engsten Freunden werden. Und wie selbstverständlich stellt sich Heinrich als Erster ein, als Friedrich, nun schon im Oktober 1154, seine Ritter auf dem Lechfeld zum ersten ganz großen Abenteuer seiner Laufbahn zusammenruft. Er bricht jetzt nach Italien auf und reitet der Kaiserkrönung entgegen, Seite an Seite mit Heinrich, seinem Lieblingsvetter aus dem Hause Welf.

## *Der lange Weg in den Süden*

Im Oktober ist es eigentlich schon zu spät, um noch über die Alpen zu ziehen. Friedrich wagt es dennoch und reitet in diesem Herbst 1154 gemeinsam mit Heinrich, Berthold von Zähringen, Erzbischof Arnold von Köln und einigen Hundert weiteren Rittern über die sich dahinwindende Brennerstraße dem Ziel Italien entgegen. Dort erwartet man ihn mit Ungeduld.

Immer wieder hatte Eugen III. anfragen lassen, wann es denn endlich so weit sei. Jedes Mal hatte es geheißen, der König müsse erst diesseits der Alpen Ordnung schaffen. Diese Verzögerungstaktik brachte schließlich den Konstanzer Vertrag von 1153, in dem Eugen feierlich die Kaiserkrönung zusicherte. Dafür musste sich der König verpflichten, ohne Zustimmung des Papstes weder mit den Normannen noch mit den aufsässigen Römern Frieden zu schließen.

Dieser Vertrag hat einen Haken. Er ist an die Person Eugens gebunden. Und so wird es gefährlich, als der Papst kurz darauf stirbt. Denn im römischen Kardinalskollegium hat sich inzwischen eine starke Oppositionspartei gegenüber Eugens allzu königsfreundlicher Politik gebildet. Wird einer ihrer Vertreter Nachfolger des Verstorbenen, so wäre das für die königliche Sache ein böser Rückschlag.

Fürs Erste haben sich die Kardinäle noch in einen Kompromiss geflüchtet, als sie mit Anastasius IV. einen sehr milden, sehr betagten Herrn wählen, von dem keinerlei Kehrtwendung zu erwarten ist. Die grundsätzliche Frage bleibt, wie lange Anastasius leben und wer sein Nachfolger sein wird.

So wird der Oktober 1154 für Friedrichs Italienfahrt zum letztmöglichen Termin. Schon nach zwei Wochen liegen die

Alpen hinter dem deutschen Heer. Weiter geht es nach Roncaglia am Ufer des Po. Hier auf den Roncalischen Feldern haben immer schon deutsche Könige die erste große Rast einer Italienfahrt eingelegt. Auch Friedrich schlägt dort sein Lager auf und lässt den üblichen Holzpfahl mit seinem Schild an der Spitze einrammen. Vor diesem Pfahl hält er Heerschau. Sie wird zur schlimmen Enttäuschung. Denn längst nicht alle, die vor zwei Jahren die Romfahrt beschlossen und ihre Teilnahme beschworen hatten, sind tatsächlich dem König gefolgt. Da ist der Zähringer, sind die Wittelsbacher, ein aufstrebendes Geschlecht aus Bayern. Wo aber – Friedrich sieht sich stirnrunzelnd um – bleibt Erzbischof Hartwig von Bremen? Wo Bischof Ulrich von Halberstadt?

Ihr Fernbleiben ist ein deutlicher Protest gegen Friedrichs allzu welfenfreundliche Politik, und der König zeigt sich darüber so verärgert, dass er kurzerhand den treulosen Fürsten ihre Lehen entzieht. Ihm bleibt jedoch als bittere Erkenntnis, wie hilflos ein König ohne eigene Hausmacht ist. Er hängt vom Wohlwollen seiner Fürsten ab, in diesem Fall von dem der Welfen, die fast die Hälfte der 1800 Ritter in Friedrichs Gefolge gestellt haben.

Im Gegensatz zum Vetter hat Heinrich Grund zu blendender Laune. Denn schon vor der Ankunft auf den Roncalischen Feldern hat er hier in Italien einen ersten persönlichen Erfolg kassieren können, als am Ufer des Gardasees ein kleines Familientreffen stattgefunden hatte. Erstmals stand dabei Heinrich seinen Vettern aus dem Haus der Este gegenüber, dunkelhaarig und schwarzäugig wie er. Damit endete allerdings auch schon ihre verwandtschaftliche Gemeinsamkeit. Keine Umarmung, keine Rührung. Dafür wurden harte Geschäfte gemacht, an deren Ende die Este-Grafen zwar ihren Besitz behalten durften, auf den Heinrich als Urgroßenkel Welfs IV. Anspruch erhob. Doch mussten sie ihn als Lehen vom Herzog entgegennehmen. Um vierhundert Mark reicher verließ Heinrich den Schauplatz.

Friedrich beschäftigt anderes als Verwandtenstreit. Auf den Roncalischen Feldern hat er zum Gerichtstag gerufen, und so kommen sie denn aus ihren Städten herangezogen, diese Nachkommen der nach ihren langen Piken wohl ebenso wie nach ihren langen Bärten benannten »Langobarden«, keine demütig geduckten Untertanen, sondern selbstbewusste Herren, mehr neugierig als ehrfurchtsvoll. Verwundert schauen diese Männer auf den Ankömmling aus Deutschland mit seinem seltsam roten Bart. Der König, aha! Na und? Fünfundzwanzig Jahre ist es her, dass hier Heinrichs Großvater Lothar Gerichtstag gehalten. Seitdem hat sich kein deutscher Herrscher mehr blicken lassen, und Italien ist schon lange nicht mehr das Land, wo sich einst Otto der Große eigenmächtig zum König der Langobarden erklärt und zum Schutzherrn der gesamten Apenninhalbinsel aufgeworfen hatte.

Unten im Süden herrschen jetzt die Normannen mit dem genialischen Roger II. als König. Zwischen Süden und Norden schiebt sich das *patrimonium Petri*, der Kirchenstaat, wo nicht einmal Rom selbst der Kirche wirklich untertan ist und weiterhin Arnold von Brescia dominiert. Und auch die übrigen Städte dieser Region entdecken immer mehr ihre Selbstständigkeit. Voll neidischer Sehnsucht sehen sie auf die Städte der Lombardei, wo sich um das gemäßigt königsfreundliche Pavia und um das strikt reichsfeindliche Mailand zwei sich heftig befehdende Parteien gebildet haben. Aus Städten waren dort Stadtstaaten mit gewählten Konsuln an der Spitze geworden, mit eigener Verwaltung und eigenem Heer, das sich stolz um den Carrocio schart, um den bunt bemalten, von fünf Ochsen gezogenen Karren als Symbol bürgerlich-städtischer Unabhängigkeit.

Die Bürger führen ihre Carrocios auch jetzt bei sich, als sie zu Friedrich ins Zeltlager strömen, und begreifen zunächst nicht ganz, was dieser König eigentlich will. Der König begreift wiederum nicht recht, wer eigentlich diese Menschen sind. Zwei Welten stehen sich hier gegenüber, ein Herrscher alten, fast schon überholten Typs den Vertretern einer neuen bürgerlichen Zeit.

Nun sind diese italienischen Kaufherren keineswegs kleinkarierte »Pfeffersäcke«, wie sie ihre aristokratischen Feinde gern abtun, sondern kultivierte, hochgebildete Herren, die Wissenschaft und Kunst pflegen, die besten Universitäten der Welt unterhalten und in einem Stil leben, von dem man in

Deutschland nur träumen kann. Vor diesen urbanen, klugen Männern erscheint jetzt aber ein König, der nicht einmal fließend Latein und keine andere Sprache als Deutsch spricht. Sie sehen seine Ritter, die sich mit ihren unbeholfenen Manieren wie ungehobelte Bauernburschen ausnehmen. Doch fürs Erste geben sich die Italiener noch geduldig.

Sie leisten Treueide, überreichen Geschenke und Friedrich nickt gnädig zu den kostbaren Seidenstoffen, die man ihm zu Füßen legt, tätschelt ergeben die Löwen und Papageien, die ihm die Genueser verehrt haben. Im Übrigen ist der König bemüht, dem fröhlichen Treiben wenigstens den Anstrich eines ernsthaften Gerichtstags zu geben, und auch hierbei spielen die Italiener noch mit. Aber unter der Oberfläche brodelt es.

Schon vor Friedrichs Ankunft sind einmal in Mailand seine Briefe unter Hohngeschrei zerrissen, das kaiserliche Siegel in den Straßenkot getreten worden. Jetzt leistet ihm die Stadt Lodi erst den Treueid, nachdem sie von den Mailändern die Erlaubnis eingeholt hat, verweigern die Genuesen dem König die Anerkennung und reagieren auf seine Forderung mit der prompten Befestigung ihrer Schutzmauern. Überdeutlich zeigen die Italiener, was sie von ihrem nominellen Gebieter halten.

Friedrich selbst ist fasziniert von Italien. Er bewundert seine Kultur, das Niveau der oberitalienischen Universitäten, die blendende Organisation von Wirtschaft und Verwaltung. Aber er weiß auch, dass seine Bewunderung wenig Gegenliebe findet, wobei seine italienischen Freunde fast noch problematischer sein können als seine Feinde. Die Stadtrömer zum Beispiel, die in ihm einen Verbündeten gegen den Papst wittern. Einige Monate später stehen ihre Abgesandten vor dem König und bieten ihm nichts weniger als die Cäsarenwürde nach antikem Muster an, vorausgesetzt, er zahlt dafür und sichert Privilegien zu. Friedrich weist sie zwar so barsch zurück, dass sie tief gekränkt davonschleichen. Jedoch hat er nun ein Beispiel mehr für die Unzahl von Schwierigkeiten inmitten der so unterschiedlichen italienischen Machtblöcke.

Zu dieser Zeit ist aus Friedrichs erster Romfahrt längst ein Feldzug geworden, für den sein kleines Heer nur sehr unzulänglich gerüstet ist. Mühsam kämpfen sich seine Ritter auf der vom schweren Winterregen durchweichten Erde vorwärts, und mehrfach erkundigt sich Heinrich, wohin eigentlich diese Reise führen soll. Der Vetter kann nur mit den Achseln zucken. Offenbar ist man von den italienischen Führern in die Irre geleitet worden. Woher waren aber diese Führer gekommen? Natürlich aus Mailand.

Mailand, immer wieder Mailand …

Im Februar 1155 trifft das deutsche Heer vor Tortona ein, einer Stadt nördlich von Genua und Mailands wichtigste Verbündete, hoch auf einem Berg gelegen, »durch Natur und Kunst befestigt«, wie Otto von Freising schreibt, mit gewaltigen Mauern und Wachtürmen. Heinrich prescht vor. An der Spitze seiner Leute erobert er die Unterstadt. Doch damit gerät der Angriff ins Stocken. Die Deutschen müssen eine längere Belagerung vorbereiten. Vom verbündeten Pavia her werden Wurfmaschinen, Steinschleudern herbeigekarrt. In langer Reihe marschieren Bogenschützen auf. Tag für Tag geht über die Menschen von Tortona ein Regen aus Pfeilen und Felsbrocken nieder. Doch Tortona ist zäh.

Diese Wochen zehren an den Kräften der Belagerten wie der Belagerer. Einmal verliert ein junger Soldat die Nerven, stürmt inmitten des niederprasselnden Pfeilregens die Festung im Alleingang und kommt sogar oben an der Mauerkante an. Dort tötet er einen Gegner und kehrt wie durch ein Wunder unverletzt zurück. Der begeisterte König will ihn zum Ritter schlagen. Jedoch winkt der Amokläufer nur verwirrt ab und verschwindet in der Menge, nunmehr wieder auf den Boden der Wirklichkeit zurückgekehrt. Doch nicht solche Bravourstückchen entscheiden Tortonas Schicksal.

Das besorgt der Durst. In der Unterstadt hat Heinrich alle Wasserzuflüsse zuschütten und in die Quellen verwesende Leichname werfen lassen. Nicht ritterlich, aber wirksam. Am 20. April ist Tortona am Ende. Aus den Toren wanken die Menschen, denen Friedrich freien Abzug gewährt hat, bevor er die Stadt plündern und verbrennen lässt. Otto von Freising notiert: »Leichenblass, als ob sie aus den Gräbern hervorkämen, machten sie an sich selbst das Wort anschaulich, das da sagt, das

Schlimmste von allem sei, durch eine Belagerung eingeschlossen zu werden ...«

Der Fall von Tortona ist gleichermaßen Sieg wie Niederlage. Denn nun öffnen sich zwar dem König viele Tore, zugleich hat er aber einen Vorgeschmack all dessen bekommen, was ihm in Italien an Widerstand in Zukunft begegnen wird. Darüber täuscht auch nicht der Jubel hinweg, der den König nach dem Sieg über Tortona in Pavia empfängt.

Einen Tag lang reitet er dort unter den begeisterten Zurufen der Menge durch die Stadt. Auf seinem Kopf sieht man jene eiserne Krone, die schon Otto der Große getragen hatte. Wie Otto kann sich nun auch Friedrich König der Langobarden nennen. Doch wahrer König ist er damit noch lange nicht. Und von Pavia zieht das Heer nach Piacenza, von Piacenza nach Castelnuovo. Im Mai lagert es bei Parma am Ufer des Toro. Dann geht es weiter nach Bologna. Weiter unten im Süden wird der Papst ungeduldig.

Es handelt sich nun nicht mehr um den nach nur anderthalbjähriger Amtszeit verstorbenen Anastasius IV. Ende 1154 ist ihm Nikolaus von Albano als Hadrian IV. gefolgt, erster und letzter Engländer auf Petri Stuhl. Hinter ihm liegt der Weg eines Mannes, der in seiner Kindheit für jeden zugeworfenen Brotkanten dankbar sein musste. Später wurde er ein berühmt tüchtiger, auch berüchtigt strenger Abt und erwarb sich schließlich als päpstlicher Legat in Skandinavien den Ruf eines »Apostels des Nordens«. Jetzt gilt Hadrian als rigoroser Verfechter uneingeschränkter Kirchenmacht. Zwar hat er den Konstanzer Vertrag bestätigt. Doch auf beiden Seiten herrscht Misstrauen, als sich der König im Mai endlich Rom zuwendet.

Hadrian ist ängstlich geworden. Zwei Kardinäle sendet er Friedrich entgegen, denen der König zusichern muss, »weder das Leben und die Glieder« des Papstes Hadrian sowie seiner Kardinäle zu zerstören, sondern sie zu bewahren. Diese Zusicherung gibt Friedrich noch gern. Schwerer war ihm zuvor ein anderer Loyalitätsbeweis gefallen.

Zu Ostern 1155 hatte der Papst seinen großen Widersacher Arnold von Brescia aus der Stadt vertreiben können, und der Prediger war nach Norden in den Machtbereich Friedrichs geflüchtet. Hadrian verlangte nun seine Auslieferung. Das konnte Friedrich eigentlich nicht tun, verstieß es doch gegen alle Regeln der Ritterlichkeit. Natürlich tat er es doch. In Rom wurde der persönlich untadelige Mann als Ketzer aufgehängt, und so maßlos waren Angst und Hass des Papstes, dass er den Leichnam verbrennen und die Asche in den Tiber streuen ließ, auf dass nur ja nicht »sein Leib bei dem törichten Volk ein Gegenstand der Verehrung würde«. So Otto von Freising, der mit bemerkenswerter Eile über diesen Zwischenfall hinweghuscht.

Arnold von Brescia ist tot. Doch heißt das nicht, dass sich nun Papst und Herrscher freundschaftlich in die Arme sinken. In großen, vorsichtigen Bögen umkreisen sich der einstige Betteljunge und das einstige Herrensöhnchen, der Verfechter des *sacerdotium* und der Vorkämpfer des *imperium*. In Nepi schlägt der eine, in Sutri der andere sein Lager auf, und viel Zeit vergeht, bis der eine dem anderen den ersten Höflichkeitsbesuch abstattet: Schließlich macht Hadrian den ersten Schritt.

Inmitten eines Schwarms von Bischöfen und Kardinälen reitet er von Nepi hinüber nach Sutri in Friedrichs Lager. Der König erwartet ihn vor dem Eingang seines Zelts. Der Papst zieht die Zügel und wartet, dass ihm Friedrich vom Pferd hilft. Doch der König verharrt in liebenswürdiger Hoheit, bis sich Hadrian selbst vom Pferd bequemt hat. Dann erst neigt Friedrich das Knie, berührt den päpstlichen Fuß mit den Lippen und wartet seinerseits auf den Friedenskuss. Doch Hadrian, zutiefst gekränkt, hat sich wieder abgewendet und kehrt nach Nepi zurück. Friedrich berät sich mit seinen Fürsten. Hätte er den Steigbügel halten, das Pferd des Papstes führen sollen? Die einen verneinen das entschieden, die anderen, darunter Heinrich, sind ebenso entschieden dafür. Schließlich handele es sich nur um eine höfliche Geste, nicht mehr.

Erst nach zwei Tagen ist ein Kompromiss gefunden. Auf neutralem Boden, am Ufer des Janulasees bei Rom, reiten König und Papst aufeinander zu. Der König schwingt sich vom Ross, führt Hadrians Pferd einige Meter am Zügel und hält zu guter Letzt den Steigbügel. Damit ist die Situation gerettet. Doch bleibt in Friedrich ein Stachel. Wenig später wird er von Hadrian verlangen, dass von den Wänden des Lateran ein Bild entfernt wird, das seinen Vorgänger Lothar als päpstlichen Stallknecht zeigt. Das wird ihm zugesichert. Aber das Bild bleibt, wo es ist.

Vorerst reiten die beiden mächtigsten Herren des Abendlandes in scheinbarer Eintracht nach Rom zum Petersdom, der damals noch am Rande der Stadt liegt, und dort wird am 18. Juni 1155 Friedrich I. aus dem Haus der Staufer zum Kaiser gekrönt. In leuchtenden Farben hat Otto von Freising diesen größten Augenblick im Leben seines Neffen gemalt: »Nachdem der Papst selbst eine feierliche Messe zelebriert hatte, empfing der König, umgeben von seinem bewaffneten Heer, unter dem gebührenden Jubel die Krone des Reichs, während alle Anwesenden mit größter Freude akklamierten …« Mit besonders großer Freude akklamiert Heinrich, der recht erleichtert gewesen sein dürfte. Denn mit der Kaiserkrönung hat diese Italienfahrt ihren Zweck erfüllt. Jetzt kann er sich wieder seinen deutschen Belangen zuwenden.

Allerdings kommt es noch zu einem Nachspiel, und Heinrich wird dabei zum wahren Helden dieses Junitags. Jenseits des Tibers, im eigentlichen Rom, kocht es. Schon die Zurückweisung der Cäsarenkrone hatte den römischen Stolz zutiefst verletzt. Dann kam noch der schaurige Tod des Volkslieblings Arnold. Nun erfährt man von dieser Krönung, bei der die Bürger Roms nicht einmal um Erlaubnis gefragt worden sind. Vor dem Kapitol rotten sich tobende Menschen zusammen. Schon stürmt das Volk über die Tiberbrücke und dringt in den Petersdom ein. Dort ist die Zeremonie vorbei. Papst und Kaiser haben sich zurückgezogen, Friedrich in sein Lager vor der Stadt. Er hat es noch nicht erreicht, als sich eine schreiende Meute den Deutschen auf die Spur setzt.

Heinrich, mit seinen Rittern am Ende des Zugs, sieht sie als Erster kommen. Und allen überstandenen Strapazen zum Trotz schafft er es mit seinen Leuten, die Römer aufzuhalten, bis sich das übrige Heer von seiner Überraschung erholt hat. Kaiser wie Papst sind aus höchster Not gerettet worden. Sie verdanken es dem kaltblütigen Mut des Welfen. Rom selbst ist aber nicht bezwungen. Hadrian drängt auf einen Angriff, damit anschließend der vertraglich vereinbarte Feldzug gegen die Normannen beginnen kann. Doch Friedrich zögert. Und schließlich rückt er im Glanz der neu gewonnenen Krone wieder in den Norden ab. Hadrian fühlt sich betrogen.

Allerdings gibt es Gründe, das italienische Abenteuer zu diesem Zeitpunkt abzubrechen. Über Italien liegt die drückend schwüle Dunstglocke eines südlichen Sommers. Die Ritter ächzen in der Hitze, viele werden krank. Sie alle drängen auf den Abbruch der Romfahrt, die ohnehin nur auf ein Jahr beschränkt bleiben sollte. Danach wird Friedrich seine Fürsten nicht länger in Italien halten können.

Am 27. Juli lagert das Heer bei Ancona an der Adria. Dort endet offiziell der Feldzug. Ein jeder Fürst kann sich seinen Heimweg wählen. Friedrich selbst nimmt den Weg über die Via Aemilia, gemeinsam mit Heinrich, der nun auch noch Augenzeuge wird, wie im Engpass der sogenannten Veroneser Klause die Italiener dem neuen Kaiser einen hämischen Abschiedsgruß nachsenden. Von den Felswänden herab ergießt sich plötzlich eine Steinflut auf den Reitertrupp. Aufsässige Veroneser Adlige haben dort den Deutschen aufgelauert, und nur dem unerschrockenen Einsatz des blutjungen Otto von Wittelsbach ist es zu verdanken, dass Friedrichs italienisches Abenteuer nicht doch noch tödlich ausgeht. Dankbar nickt der Kaiser dem Bayern zu. Einmal wird er sich hierfür zu revanchieren wissen, auf Kosten des Vetters allerdings, der jetzt noch so einträchtig neben seinem Herrscher dahintrabt.

Müde reiten Staufer und Welfe den Weg entlang, den sie ein Jahr zuvor gekommen sind. Friedrich muss enttäuscht sein. Zwar trägt er jetzt die Kaiserkrone. Doch alle realen Fragen blieben ungelöst. Normannen und Römer sind unbesiegt, die Beziehung zum Papst bleibt unentschieden, und die Lombardei ist noch lange kein Machtbereich des Kaisers. Nur über eines ist jetzt entschieden: Friedrichs künftige Politik wird vorrangig Italienpolitik sein. Schon die wachsende innerdeutsche Macht des Welfenvetters lässt ihm keine Wahl.

Eigentlicher Sieger dieser Romfahrt ist dieser Vetter. Der 18. Juni hat Heinrich zum Helden von Rom gemacht. Das sichert ihm die Sympathie des Papstes. Aber auch der Kaiser ist ihm jetzt mehr denn je verbunden. Heinrich hat Friedrichs unausgesprochene Forderungen erfüllt und kann nun seinerseits Forderungen stellen. Schon im nächsten Jahr soll er den Preis für alle Mühe erhalten. Auf ihn wartet die Herzogswürde in Bayern.

### *Der Herzog baut sein Reich*

Zwischen dem 8. und 17. September 1156 wird den Menschen von Regensburg ein prächtiges Schauspiel geboten. Ein Fürst nach dem anderen reitet mit seinem Gefolge in die bayerische Herzogstadt ein, darunter in vorderster Reihe Heinrich von Sachsen und Jasomirgott von Babenberg mit seiner zweiten Frau, der in dunkler Schönheit schimmernden Byzantinerin Theodora, und schließlich der Kaiser selbst. Friedrich ist bester Laune. Endlich soll ein Schlussstrich gezogen werden und der Welfe Heinrich das Herzogtum Bayern zurückerhalten.

Schauplatz dieses feierlichen Akts ist nicht Regensburg selbst, die bayerische Herzogstadt. Das will man dem scheidenden Herzog Jasomirgott denn doch nicht antun. So ist man einige Kilometer die Donau hinaufgezogen, wo Jasomirgott sein Lager aufgeschlagen hat. Das weite Feld flimmert von Farben, als sich jetzt der Babenberger aus der Menge löst und langsam auf den Kaiser zutritt, in den Händen sieben Fahnen als Wahrzeichen bayerischer Herzogswürde. Dieser Würde schwört er nun ab, übergibt die Fahnen dem Kaiser und ist für Augenblicke nur noch Markgraf von Österreich.

Dann aber tritt Heinrich vor, empfängt die Fahnen und reicht gleich wieder zwei zurück. Sie symbolisieren die Herrschaft über Österreich, das von Bayern losgelöst wird als eigenes Herzogtum mit Jasomirgott als Landesfürsten. Erneut steht der Babenberger vor seinem Kaiser. Theodora tritt hinzu, beide empfangen je eine Fahne. Als Herzogspaar können sie nach Wien zurückkehren und verbleiben damit in der ersten Reihe der Fürsten. Friedrich I. ist damit ein Kompromiss gelungen, mit dem er nunmehr endgültig seinem Reich den inneren Frieden zu geben hofft. Das war in den vorangegangenen vier Jahren ein zähes, mühevolles Ringen gewesen.

Mit den Kleinen, dem aufsässigen Landadel, hatte es sich Friedrich noch recht einfach gemacht. Hier hatte es genügt, als strafender Richter von Ort zu Ort zu ziehen, manche Burg war dabei in Flammen aufgegangen, mancher Ritter am Galgen geendet. Schwieriger wurde es bei den Großen. Sie waren nicht besser als die Kleinen, nur mächtiger. So war denn Friedrich eilends von der Rolle der blind strafenden Nemesis in die des geschmeidigen Verhandlungskünstlers geschlüpft, der mit leichter Staufer-Hand alle anstehenden Probleme löste.

Ein Problem war Vetter Friedrich von Rothenburg, Sohn Konrads III., den man bei der Frankfurter Königswahl so elegant umgangen hatte. Er bekam nun das schwäbische Herzogtum. Ein Problem waren die Zähringer, die sich mit den Staufern vor allem um Burgund gestritten hatten. Damit wurde nun Berthold von Zähringen belehnt. Das größte Problem waren und blieben die Welfen. Zunächst hatte sich Friedrich Welf VI. zugewandt, dem einstigen Kumpan nie ganz geklärter Verschwörungen. Ihm gegenüber zeigte er sich besonders großzügig. Welf erhielt das Herzogtum Spoleto, die Markgrafenschaft Tuszien und schließlich noch die Inseln Korsika und Sardinien. Nun reichte der Welfenbesitz wieder, wenn auch nicht in einer Hand, von der Nordsee bis zum Mittelmeer.

Wie da ein Herrscher lächelnd mit leichter Hand Ländereien vom Umfang ganzer Staaten verschenkt, wirkt gleichermaßen faszinierend wie beängstigend. Seinem Vetter Heinrich lag diese Leichtigkeit nicht. Er pflegte zuzupacken und dann nicht wieder herzugeben, was er einmal besaß. Friedrich wusste das. Und er wusste auch, dass Heinrich keinen Augenblick zögern würde, den alten Krieg wieder aufflammen zu lassen. Gleich im Krönungsjahr 1152 gab es dafür ein erstes Beispiel.

Am Harz lag die ausgedehnte Grafschaft Winzenburg, wo bis zum Januar 1152 ein gewisser Graf Hermann geherrscht hatte, der endlich von einigen seiner Dienstleute umgebracht worden war, ein sehr scheußliches Verbrechen, dem auch seine Frau, die gerade hochschwangere Luitgardis, zum Opfer gefallen war. Heinrich interessierte allerdings nur, dass Hermann keine männlichen Erben hinterlassen hatte. Prompt stellte er sich selbst als Erbe ein. Hierbei hatte er wieder einmal in

Albrecht dem Bären einen Rivalen, und schon klirrten die Waffen. Ein Krieg wie zu Konrads Tagen zeichnete sich ab. Schließlich fand Friedrich eine salomonische Lösung. Heinrich bekam Winzenburg zugesprochen, Albrecht dafür die Grafschaft Plötzke an der unteren Saale, um die sich die beiden ebenfalls gestritten hatten. Dem König blieb aber die bange Erkenntnis, dass der Frieden noch immer gefährdet war. Und im Hintergrund zeichnete sich das bayerische Problem ab.

Schon sehr früh scheint Friedrich entschlossen gewesen zu sein, seinem Vetter das Herzogtum zurückzugeben. Jedenfalls bezeichnet bereits kurz nach seiner Krönung eine königliche Urkunde den Welfen als Herzog von Sachsen und Bayern. Doch ist es mit Formalitäten nicht getan. Von Wien her starrt der Babenberger mit berechtigtem Misstrauen auf die neue Freundschaft zwischen Welfen und Staufern und fragt sich, ob am Ende wohl er Preis dieser Freundschaft werden soll. Jasomirgott kann nicht den offenen Kampf wagen. Doch er kann Friedrichs Politik blockieren. Auf keinem der Reichstage erscheint er, wo der Fall Bayern endlich abgehandelt werden soll. Zwei volle Jahre gehen darüber ins Land. Im Hintergrund drängt aber die Italienfahrt, die der König nicht ohne Unterstützung der Welfen durchführen kann.

Heinrich bleibt gelassen. Schon ist er halb offiziell mit Bayern belehnt worden. Schon leisten ihm im Oktober 1155, gleich nach der Rückkehr aus Italien, die bayerischen Großen den Lehenseid. Doch vergeht fast noch ein Jahr, bevor es im September 1156 zu jenem »Tag von Regensburg« kommen kann. Der Kaiser kann in diesen Stunden erleichtert aufatmen. Besser als jeder andere kennt er den Preis dieses Tages, das sogenannte *privilegium minus*, das Österreich von Bayern trennt und damit einen weiteren wichtigen Schritt vom eigentlichen Reich entfernt. Denn vom 17. September 1156 an ist »Ostarrichi« ein weitgehend selbstständiges Herzogtum. Seine Herren können ihre Erben selbst bestimmen und müssen dem König Heereshilfe lediglich in den Gebieten leisten, die Österreich benachbart sind. Und als Besonderheit am Rande sind hier nun auch Frauen erbberechtigt.

Das heißt eigentlich schon, dass Österreich künftig eigene

Wege gehen kann und wird. Damit ist das *privilegium minus* eine frühe Station auf dem Weg zu künftiger Kleinstaaterei auf deutschem Boden. Dennoch bezeichnet Friedrich diesen 17. September als seinen schönsten Tag und wird gefeiert wie nie zuvor. Das aber ist das Seltsame bei diesem Mann. Was immer er tut, erscheint seiner Umwelt in verklärtem Licht. Darüber wird er zum Phänomen des ersten wirklich populären Herrschers in Deutschland, und zur Popularität gehören Mythen. Friedrich meidet sie nicht, im Gegenteil. Als bester Propagandist seiner selbst arbeitet er gezielt am eigenen Nimbus, bis er bereits zu Lebzeiten eine Legende geworden ist.

Zur lebenden Legende ist auch Heinrich geworden, allerdings auf ganz andere Art. Heißt Friedrich seit seiner Rückkehr allgemein nur »Barbarossa«, so wird Heinrich überall »der Löwe« genannt. Die einen führen es auf Heinrichs wahrlich löwenhaften Einsatz in Italien zurück. Andere weisen darauf hin, dass der Löwe immer schon zum Bild der Welfen gehörte und »Welf« schließlich nichts anderes als »Löwe« heißt. Aber dieses Prädikat passt auf jeden Fall so gut zu Heinrich, dass es widerspruchslos akzeptiert wird. Das sagt bereits einiges über die Wirkung dieses Mannes. In »Barbarossa« klingt viel anheimelnde Zuneigung mit. Ein Löwe wird hingegen bewundert und respektiert, aber nicht geliebt. So soll auch Heinrich im Gegensatz zu Barbarossa allenfalls im Braunschweiger Raum, aber nicht im übrigen Deutschland je wirklich populär werden.

Heinrich kümmert seine mangelnde Beliebtheit nicht. Diesen Löwen interessiert nur, seine Höhle so groß und sicher wie möglich zu machen. Der Gewinn von Bayern ist dafür nicht einmal so wichtig, markiert er zwar Höhepunkt, aber gleichzeitig auch Grenze von Heinrichs bisheriger Karriere. Danach kann nur noch die Königs- und Kaiserwürde kommen. Ebendies verbietet das Wechselspiel mit Barbarossa. Das ist zugleich Heinrichs Problem. Er ist nahe den dreißig und noch nicht der Mann, der in behäbiger Ruhe die Früchte seiner Macht genießen will. Er kann nicht König werden. Doch er kann eine Position anstreben, die der eines Königs gleicht. Dafür braucht er gesicherte Macht und für diese wiederum den besten Ansatzpunkt.

Bayern kann dieser Ansatz nicht sein. Denn dort ist die wahre Grundlage konkreter Macht, der persönliche Besitz des Herzogs, eher schmal. Außerdem liegt Bayern in der Nachbarschaft des staufischen Hausbesitzes, und zu den ungeschriebenen Gesetzen zwischen Kaiser und Herzog gehört, dass jeder die Interessensphäre des anderen respektiert. Der Süden gehört den Staufern, der Welfe kann sich in Nord und Ost etablieren. So wird also Sachsen von nun an sein Handeln bestimmen: Dort reißt er Besitz um Besitz an sich, begradigt innersächsische Grenzen zu seinen Gunsten, verschiebt die Vorposten seines Herzogtums.

Darüber gerät seine politische Laufbahn in den drei Jahrzehnten seiner Glanzzeit viel weniger spektakulär als die des kaiserlichen Vetters. Bei seinen Taten und Eroberungen ist er nie der große romantische Held. Stein um Stein trägt er sein Reich zusammen, in dem es nicht um *sacerdotium* und *imperium* geht, sondern allein um ihn und seine unmittelbare Macht. Zuweilen tritt er dabei als Eroberer auf. Im Allgemeinen bevorzugt er allerdings die in Stade und Winzenburg bewährte Rolle des lachenden Erben, und fast komisch wirkt es, wie sich dieser Mann nach jedem prominenten Todesfall in seinem Herzogtum als alleiniger Nachlassverwalter einstellt.

Dabei hat eine noch so weitläufige Verwandtschaft mit dem Verstorbenen herzuhalten, im Fall Winzenburg zum Beispiel, dass der Großvater des Grafen ein Bruder von Heinrichs Urgroßvater gewesen war. Dann wieder pocht der Herzog auf sein Recht, frei gewordene Lehen einzuziehen. Nach diesen Mustern kassiert er also die Grafschaft Lisgau am Harzrand und streicht darüber hinaus 1167 das Erbe des Grafen von Oldenburg ein. Noch Ende der Siebzigerjahre, als sich die große Krise um ihn schon abzeichnet, übernimmt er die Besitzungen der verstorbenen Grafen von Assel und Sommerschenburg, und das sind nur die großen Fälle.

Doch auch für Kleinigkeiten ist sich Heinrich nicht zu schade und entwickelt einen geradezu genialen Spürsinn, wenn wieder einmal Welfengut abgerundet werden kann. Er zieht herrenlos gewordene Lehen ein. Er übernimmt die Vogteien zahlreicher Klöster, die ihm dann zwar nicht gehören, von deren Einnahmen er aber profitiert. Es gibt Augenblicke, in denen Heinrichs Raffgier schon manische Züge trägt. Dahinter steht jedoch ein Konzept. In Heinrichs Territorialpolitik manifestiert sich sein Wille, auf sächsischem Boden der uneingeschränkt erste, reichste und mächtigste Fürst zu sein, unabhängig von allen politischen Zufälligkeiten der Herzogswürde. Und dabei macht Heinrichs Erwerbssinn auch nicht vor dem Kaiser halt.

Mit ihm kann der Herzog selbstverständlich nicht so umspringen wie mit den Erben von Oldenburg und Assel. Außerdem ist der allem Schönen und Wahren verpflichtete Barbarossa ein wenigstens so gerissener Geschäftsmann wie sein Vetter. Doch finden sich die Herren im Januar 1158 zu einem bemerkenswerten Tauschgeschäft zusammen. Friedrich geht es um die Besitzung Badenweiler in unmittelbarer Nachbarschaft des staufisch-schwäbischen Hausguts. Heinrich reizt wiederum der Harz mit seinen Bodenschätzen. Nun macht ihm der Kaiser ein Angebot: Badenweiler gegen ausgedehnte Ländereien im Harz. Am 1. Januar 1158 wechseln Besitzungen wie Herzfeld, Scharzfeld und Pöhlde den Besitzer.

Originellerweise verfügen dabei beide Partner über Eigentum, das ihnen eigentlich gar nicht gehört. Bei den Besitzungen im Harz handelt es sich um Reichsgut. Und Badenweiler mit seinen fünfhundert Dörfern gehört nicht Heinrich, sondern ist die Mitgift seiner Frau Clementia. Allerdings nimmt Heinrich schon lange keine Rücksicht mehr auf sie. Diese Ehe hat ihm kein Glück, will in seinem Fall sagen: keinen Erfolg gebracht. Ihre Voraussetzung, ein Bündnis gegen die Staufer, war entfallen. Und zugleich mag manch neidischer Blick zum kaiserlichen Vetter hinübergehen. Schon 1153 hatte sich Barbarossa von seiner ersten Frau Adela von Vohburg getrennt, offiziell wegen »zu naher Verwandtschaft«, doch wohl vor allem, weil politisch bedeutsame Bündnisse lockten.

Barbarossa sollte sich denn auch zunächst um eine byzantinische Prinzessin bewerben, um schließlich mit Beatrix von Burgund Europas reichste Erbin zu heiraten. Hat aber Heinrich nicht als Erster Fürst des Reichs und Herr gleich zweier Herzogtümer ebenso Anspruch auf eine internationale Partie? Die

Scheidung von der Zähringerin ist ohnehin nur Formsache. Wie schon bei Barbarossa bekommen dabei vor allem die Chronisten zu tun, und, siehe, die Eheleute sind zu nahe miteinander verwandt. Vielleicht wäre es dennoch zu keiner Trennung gekommen, wenn wenigstens ein Erbe geboren worden wäre. Doch auch hierbei wird diese Ehe von Unglück verfolgt. Von drei gemeinsamen Kindern überlebt nur die Tochter Gertrud. Sie kann die Ehe der Eltern nicht retten. Also Abgang für Clementia!

Als Heinrich Badenweiler dem Kaiser überlässt, ist die Trennung von seiner Frau eigentlich schon vollzogen. 1162 findet sie dann auch vor dem Gesetz statt. Von Clementias angestammtem Besitz soll nie mehr die Rede sein. Auch hier spielt also Heinrich keine sonderlich noble Rolle. Doch wann wäre es ihm, für den Erfolg der einzige Maßstab ist, auch jemals darauf angekommen? Zugleich zeigt sich aber auch hier der Januskopf dieses seltsamen Mannes. Heinrich, der so rücksichtslos über die Rechte anderer hinwegstapft, kann bei der Nutzung dieser Rechte verblüffend subtil sein. Denn geht es erst darum, die angehäufte Beute wirklich in Besitz zu nehmen, erweist er sich als einer der scharfsinnigsten und einfallsreichsten Denker und Planer seiner Zeit.

Das führt sein Land auf den Weg zum Staat.

## *Ein Land auf dem Weg zum Staat*

Heinrich, aus Italien zurückgekehrt und der bayerischen Herzogswürde sicher, wendet sich also Sachsen zu. Es ist aber ein sprödes und problematisches Terrain, das sich da im oberen Deutschland ausbreitet, vielleicht das schwierigste im gesamten Reich.

Im Norden erstreckt es sich bis zur Elbe hinauf, wo es in die Holsteiner Grafschaft übergeht und schließlich an Dänemark stößt. Dessen Könige sind für Sachsens Herzog ebenso eigenwillige wie wichtige Partner. Die Nordseeküste hinunter zieht sich Dithmarschen. Das Gebiet des Bremer Erzbistums schließt sich an. Im Nordwesten liegt schließlich jenes Land, in dessen sumpfigen Niederungen die Friesen ihre Heimat haben. Von der Wesermündung an schwingt sich dann die Grenzlinie in großem Bogen weit ins Binnenland hinein, umfasst den größten Teil Westfalens und berührt fast schon den Rhein. Dort sind die Erzbistümer Köln und Mainz die wichtigsten, bald leider auch die feindlichsten Nachbarn, und vor allem das »Heilige Köln« wird zur Hochburg der Welfengegner.

Friedlicher sieht es im Süden aus. Dort bildet der Harz die natürliche Grenze des eigentlichen Herzogtums, und mit dem Thüringer Landgrafen als Nachbarn kommt es erst später zu ernsten Spannungen. Im Osten wird es dann wieder gefährlich. Dort herrscht Albrecht der Bär in seiner Nord- oder Altmark. Und in dieser Gegend finden sich wiederum zwei Kirchenfürsten als Gegner des Löwen, Ulrich von Halberstadt und Wichmann von Magdeburg. Den Bischof Ulrich wird der Herzog wenigstens vorübergehend ausschalten können. Wichmann aber bleibt im Verein mit dem unermüdlichen Welfenfeind Albrecht eine ständige Bedrohung. Von der Nordmark an bis hinauf zur holsteinischen Mark zieht sich die Elbe entlang das Land der Slawen. Nach und nach wird es in Heinrichs Machtbereich übergehen, eine Region voll faszinierender, auch provozierender Möglichkeiten.

In diesen genannten Grenzen also lässt sich ungefähr das sächsische Herzogtum im 12. Jahrhundert skizzieren. Nur ungefähr. Man kennt noch nicht eindeutige Markierungen, Vermessungen und Kompetenzzuschreibungen, und auf den ersten Blick nimmt sich dieses Herzogtum wie ein kaum entwirrbares Knäuel unterschiedlichster Rechtsansprüche und Machtverhältnisse aus. Das bleibt es auch auf den zweiten Blick. Kein anderes der fünf großen Herzogtümer des Reiches dürfte so uneinheitlich sein, nirgends die Position des Herzogs so unklar bleiben.

Wer ist dieser Herzog eigentlich? Mehr oder weniger als seine Fürsten? Welche Macht übt er über sie aus und welche Macht sie über ihn? Auf alle Fragen hat Heinrich nur eine Antwort. Er will die Macht für sich, und er allein will sie ausüben. Nur eben auf welcher Grundlage?

Immer hatte hier der Adel bestimmt. Selbst Karl der Große

musste das akzeptieren, hatte nach der Eroberung Sachsens seine Grafen allesamt aus den alten Familien ausgewählt und es im Übrigen bei den ursprünglichen Besitz- und Machtverhältnissen belassen. Zwischen 919 und 1024 waren dann sächsische Herzöge zu deutschen Königen aufgestiegen, und der bedeutendste, Otto der Große, überließ die Herzogswürde dem Haus der Billunger. Sie waren weniger Herren im Land, sondern eher die Vermittler zwischen Thron und Adel geworden, sozusagen die Sprecher der sächsischen Aristokratie. Das blieb bis zum Tod des letzten Billungerherzogs Magnus im Jahre 1106 so. Mit Magnus' Nachfolger Lothar, dem Großvater Heinrichs, bestieg wieder ein Sachsenherzog den Königsthron. Diese Würde hatte er auch seinen Sachsen gegenüber ausspielen können. Eine solche Möglichkeit hat Lothars Enkel nun nicht. Dennoch will auch er nicht nur Herzog *in*, sondern der *von* Sachsen sein, der Herr seines Adels und nicht nur dessen Vermittler gegenüber dem König.

Das klingt sehr einfach. In der Folge bedeutet es aber, dass Heinrich eine in Jahrhunderten gewachsene Struktur seinen persönlichen Vorstellungen von Macht und Machtausübung unterwerfen muss. Dabei ist er kein Träumer. Seine Überlegungen, soweit sie sich aus seinen Taten rekonstruieren lassen, gehen ganz von Sachsens realen Gegebenheiten aus:

In West wie Ost ist sein Herzogtum von Welfenfeinden flankiert. Will er diesen Kräften standhalten, muss Sachsen selbst so stark wie möglich sein. Sachsen als politische Einheit ist so stark wie sein Herzog. Dieser Herzog kann aber nicht stark sein, solange er nicht ein in sich geschlossenes Land regiert. Sachsen ist alles andere als geschlossen. Also muss der Herzog zunächst einmal diese Geschlossenheit mit allen Mitteln herstellen.

Nun aber der letzte und entscheidende Schluss: Ein solides Sachsen kann Heinrich nur schaffen, wenn er das Land so weit wie möglich unter seinen direkten Einfluss bringt. Dazu braucht er die einheitliche, von ihm unmittelbar kontrollierte Verwaltung. Heinrich will also nichts Geringeres als zentrale Machtausübung in einem dezentralisierten Land. Und das führt letztlich zu einer Auflehnung gegen das herkömmliche Lehenssystem, das ja gerade die Aufteilung einheitlicher Macht zum Prinzip erhoben hat. Barbarossa, grundsätzlich von ähnlichen Vorstellungen gelenkt wie sein Vetter, wird *mit* diesem Lehenssystem zu regieren versuchen. Heinrich regiert *gegen* dessen Grundsätze. Der eine wie der andere soll daran letztlich scheitern.

Nun ist Heinrich der Löwe alles andere als ein Revolutionär. Er ist nicht einmal ein bewusster Reformer. Heinrich bejaht die alte Ordnung und folgt zunächst noch getreulich ihren Spielregeln. Erst allmählich kommt der Wandel. Denn dieser Realist erkennt, wie sehr ihn die alte Ordnung behindert. So beginnt er konsequent alles zu beseitigen, was sich ihm in den Weg stellt. Es stellt sich ihm aber zunächst ungefähr alles in den Weg, was bis dahin Sachsens Wesen ausgemacht hat.

Was sich stolz *Ducatus Saxoniae* nennt, das Herzogtum Sachsen, ist in Wahrheit die Summe einer Unzahl von Grafschaften, Vogteien und Diözesen, in deren Grenzen der Herzog nicht einmal durchweg als überregional gültige Instanz anerkannt wird. Über das gesamte Land finden sich Territorien verteilt, deren Herren über ein Reichslehensrecht verfügen und damit vom Herzog praktisch unabhängig und ihm gleichgestellt sind.

Das gilt vor allem für die Bistümer Hildesheim, Minden und Verden. Das gilt für Halberstadt und Bremen. Gegen diese selbstständigen Zellen wendet sich Heinrich in erster Linie. In Bremen und Halberstadt hat er dabei den größten Erfolg. In Bremen hatte sich von 1148 an Erzbischof Hartwig als Kolonisator der Elb- und Wesermarsch so glänzend bewährt, dass man Adalberos Nachfolger bald schon als den »großen Hartwig« bewunderte. Heinrich teilte diese Bewunderung nicht. Und als dann noch Hartwig dem Löwen den Gefallen tat, der ersten Italienfahrt fernzubleiben, hatte Heinrich seinen König ohne Mühe überzeugen können, des Bischofs königliche Lehen seien in seinen, des Herzogs Händen, besser aufgehoben. Gleich nach der Rückkehr aus Italien war er hinauf nach Bremen galoppiert, hatte sich von den Bürgern huldigen lassen, was vor ihm noch nie ein sächsischer Herzog wagen konnte, und nebenbei auch die Güter kassiert, die Barbarossa Hartwig abgesprochen hatte. Ein großer Erfolg und ein gutes Geschäft.

Dennoch blieb Bremen eine Gefahr. Zwar wurde der von den ständigen Auseinandersetzungen mit Heinrich zermürbte Hartwig in seinen letzten Jahren zu einem Schatten seiner selbst. Doch noch immer konnte Bremens Bischof über die Vergabe der Stader Besitzungen bestimmen. So wird es 1169 für Heinrichs Anspruch auf Stade wieder kritisch, als Hartwig stirbt und ein neuer Erzbischof gewählt werden muss.

Heinrichs Feinde merken auf. Schon halten sie einen Kandidaten bereit, mit dem der Herzog unmöglich einverstanden sein kann, handelt es sich doch um den Magdeburger Kanonikus Siegfried, einen Sohn Albrechts des Bären. Im Übrigen hat Heinrich einen eigenen Kandidaten in seinem Braunschweiger Hauskaplan Balduin, einem liebenswerten alten Mann, dessen einzige Qualifikation seine unbedingte Ergebenheit gegenüber seinem Herzog ist.

Auf Siegfrieds Partei wirkt diese Kandidatur wie ein schlechter Witz. Doch wozu hat Heinrich seine glänzenden Beziehungen zum kaiserlichen Vetter? Barbarossa greift also ein, Balduin wird Hartwigs Nachfolger, und alle wichtigen Ämter werden mit Heinrichs Leuten besetzt. Allein Heinrichs Wort gilt jetzt zwischen Weser und Elbe, und bis 1180 bleibt das Erzbistum fest in des Löwen Pranke. Diese lautlose Machtübernahme in einem der bedeutendsten deutschen Bistümer erregt ungeheures Aufsehen. Allerdings hatte Heinrich schon zehn Jahre zuvor das Bremer Modell in Halberstadt erprobt.

Dort hatte sich der allzu selbstherrliche Ulrich zunehmend mit dem Kaiser überworfen, als er sich während der gerade eingetretenen Kirchenspaltung nicht zu Barbarossas Gegenpapst bekennen wollte. Das war das Stichwort für Heinrich. Er verbündete sich mit Ulrichs unzufriedenen Halberstadter Untertanen, und 1160 gelang ihm tatsächlich der Sturz des Bischofs. Danach nahm mit Gero auf dem Bischofsstuhl eine andere getreue Kreatur Heinrichs Platz, die alles machen durfte, was der Herzog wollte. In diesen zwei Fällen hat also Heinrich bei Auseinandersetzungen mit der Kirche triumphiert. Mit den Bischöfen von Minden, Verden und Hildesheim geht er behutsamer um und begnügt sich mit der Übernahme der einen oder anderen Vogtei, sodass bischöfliche und herzogliche Gewalt nebeneinander gehen.

Was aber der Herzog für die Verwaltung seines Landes braucht, ist eine Macht, die *mit* ihm geht. Der Klerus kann es nicht sein. Heinrich bleibt zunächst auf die in Sachsen immer schon maßgebende Instanz der Grafen in ihren Herrschaftsgebieten angewiesen. Deren Macht rührt noch aus der Zeit her, da sie von den Billungern als Vizegrafen eingesetzt worden waren, also eigentlich nur als Stellvertreter ihres Herzogs. Doch spätestens in der zweiten Generation waren diese Familien so reich und mächtig geworden, dass sie ihre eigene, vom Herzog unabhängige Politik treiben konnten. Als Heinrich an die Macht kommt, sind sie fast schon selber Herzöge, die Schwalenberger im Wetigau, die Stumpenhausener im Entergau oder die Grafen des Stormarngau. Dass dieser junge Herzog ihre Macht ernstlich zu schmälern sucht, amüsiert sie zunächst nur. Umso wütender setzen sie sich aber zur Wehr, als sie merken, wie ernst es Heinrich ist. Aus diesen Kreisen rekrutiert sich denn auch die heftigste innersächsische Opposition gegen den Welfen.

Leichteres Spiel hat er mit den jüngeren Familien. Die wollen erst noch die Karriere machen, die die alteingesessenen Grafengeschlechter schon hinter sich haben. Die Bindung an den Herzog ist dafür die beste Möglichkeit. Heinrich weiß das. Nicht ohne Behagen spielt er bei ihnen den ebenso großzügigen wie strengen Herrn, der gleichermaßen mit Zuckerbrot wie Peitsche umzugehen versteht. Die Peitsche schwingt er, wenn er aus seinen Vasallen enorme Abgaben presst, sie zur Gefolgschaft bei seinen Feldzügen zwingt und ihnen immer neue Pflichten aufbürdet. Dann aber hält er wieder Zuckerbrot bereit, kann mit Geschenken und Ehrungen sehr freigiebig und sogar sehr charmant sein.

Das ist nicht einmal nur Taktik. Dieser schroffe Mann, der Gleich- und Höhergestellten gegenüber oft so arrogant und unzugänglich wirkt, ist gegenüber Untergebenen zu sehr viel spontaner Herzlichkeit und Hilfsbereitschaft fähig. Wie eine mühsam bewahrte Maske fällt dann die Pose steifer Anmaßung von ihm ab, und ein sehr sympathischer Heinrich wird sichtbar, liebenswürdig und umgänglich, solange man ihn nur als uneingeschränkte Autorität akzeptiert.

Auch hier also zeigen sich die zwei Gesichter des einen Mannes: einmal ein Heinrich, der rücksichtslos gegen die alten Geschlechter vorgeht, einen Christian von Oldenburg niederzwingt, einen Widukind von Schwalenberg in die Verbannung treibt. Der gleiche Mann setzt sich aber beim Papst mit allem Eifer für einen seiner Grafen ein, vergießt beim Tod eines Freundes Tränen aufrichtiger Erschütterung und wird nicht nur vom Chronisten Helmold schlicht als »unser Herzog« angesehen.

»Unser Herzog« zeigt beim Umgang mit »seinen« Adligen durchaus schon das Gebaren späterer absoluter Fürsten. Nicht nur in Kriegs-, auch in Friedenszeiten schart er seine Vasallen um sich, zieht sie an seine Residenz und schätzt es gar nicht, wenn sich einmal einer längere Zeit nicht blicken lässt. Und wenn er an ihrer Spitze davonreitet, hinaus auf die Jagd oder in die Schlacht, scheint sich bereits die Vision zentraler Herzogsmacht erfüllt zu haben. Der eine führt. Die anderen haben zu folgen.

Heinrich erreicht viel in den drei Jahrzehnten seiner Glanzzeit. Die grundsätzliche Reform der Verwaltungsstruktur in Sachsen, die Ablösung halbwegs oder gänzlich selbständiger Grafen durch einen zentral regierten Beamtenapparat schafft allerdings auch er nicht. Immerhin versucht er es.

Wann immer ein Gebiet in seine unmittelbare Obhut gerät, setzt er nicht neue Grafen ein, sondern ernennt sogenannte Ministeriale. In der Regel entstammen diese Männer unbedeutenden Familien, sind rechtlich sogar Eigentum ihres Herrn, und eben hierauf zielt der Herzog, wenn er sie zu seinen Beamten macht. Schon von ihrem sozialen Status her sind sie von ihm abhängig, wie es ein Graf nie wäre.

So beschäftigt er sie nicht nur in ihren traditionellen Aufgabenbereichen der Hofhaltung als Marschall, Kammerherr, Truchsess oder Mundschenk, sondern bestimmt sie auch zu Präfekten auf seinen Burgen, setzt sie als herzogliche Vögte in den Städten und als Untervögte in den Klöstern ein. Überall, in Dithmarschen, im Leinegau, in Oldenburg und Haldensleben, finden sich solche Ministeriale als »harter Kern« der herzoglichen Verwaltung.

Natürlich sind sie nicht Heinrichs Erfindung. Der Ministeriale ist ein Typ dieser Zeit, deren Mächtige sich allerorten an neuen Verwaltungssystemen orientieren, und bald schon sind viele Ministeriale selber große Herren.

Von Heinrichs Ministerialen wird Jordan von Blankenburg am bekanntesten. Offiziell gilt er als Truchsess des Herzogs, ist jedoch eher sein Premierminister, dessen Name auf herzoglichen Urkunden stolz gleich unter dem seines Herrn prangt. In Heinrichs Schatten werden aber auch andere seiner Beamten groß, so Braunschweigs Vogt Ludolf, des Herzogs Notare Hartwig und Heinrich und vor allem Gunzelin von Hagen und Bernhard von der Lippe, seine besten Kämpfer und treuesten Gefährten.

Dennoch ist Heinrichs Sachsen kein Staat der Ministeriale geworden. Aber immerhin schafft er ein bemerkenswert robustes Staatsgebilde, das allerdings ganz an die Person Heinrichs gebunden bleibt, den Machtpolitiker durchaus neuen Stils. Dieser Politiker liebt das Geld. Man nennt ihn deshalb geizig und habgierig, und diese Züge fehlen ihm gewiss nicht. Dahinter steht allerdings nicht nur persönliche Habsucht. Wer Burgen baut, Ministeriale unterhält und sich den Luxus eines starken Heeresaufgebots leistet, um im Ernstfall von seinen Lehensleuten unabhängig zu sein, braucht Geld. Denn ein Staatsgefüge wie das des Löwen ist nun einmal kostspielig und trägt sich nicht aus sich selbst heraus wie das herkömmliche Lehenssystem.

So muss sich Heinrichs Interesse ganz von selbst dem Geld zuwenden und damit den Methoden, wie man es sich beschafft. Der Wirtschaftspolitiker Heinrich ist geboren.

*Geld – und wie man es beschafft*

Durch Deutschland schiebt sich ein Wagenzug. Einer von vielen, die in wochenlangen Reisen von Süden nach Norden, von Westen nach Osten ziehen. Mühsam arbeiten sich die Karren auf den Straßen vorwärts. Immer wieder bleiben die niedrigen Gefährte in den Schlaglöchern stecken, kippen zur Seite, verlieren ein Rad. Dann wird mit vereinten Kräften der Wagen wieder hochgehievt, und weiter geht die Reise, dem nächsten Markt, der nächsten Stadt entgegen. Diese Straßen sind der Lebensnerv des Deutschen Reichs. Über sie wird transportiert, was die damalige Wirtschaft ausmacht, von Süden und Westen her Wein, Gewürze, Keramik, aus dem Osten Erze und Pelzwerk, aus dem Norden gesalzener Hering, das wichtigste Exportgut der norddeutschen und skandinavischen Wirtschaft, und vor allem als wichtigstes Gut Salz.

In einer Zeit, die kein anderes Konservierungsmittel kennt, ist Salz lebensnotwendiger als jedes Edelmetall. Und wer Salzsalinen kontrolliert, den Salzhandel beherrscht, wird nicht nur reich. Er hat auch Macht. Diese Macht ist denkbar ungerecht verteilt. Denn von den 31 großen Salinen des Reichs liegen nur neun im Rheingebiet, wo wiederum die Hälfte der gesamten Bevölkerung lebt. Die Übrigen finden sich vor allem in drei Regionen. Einmal in den Gebieten um Salzburg, dann entlang der Saale und schließlich in den Elbländern mit Lüneburg als wichtigstem Zentrum. Hieraus ergeben sich zwangsläufig die Knotenpunkte jenes Straßennetzes, über das die Wagenzüge der Kaufherren rollen.

Wer hier mitreist, gehört einer verschworenen Gemeinschaft an. Dort herrschen die gleichen strengen Regeln wie auf den Flussschiffen, dem anderen Transportmittel dieser Zeit. Es zählt einzig, die Ware sicher ans Ziel zu bringen. Und schlimmer noch als schlechte Witterung und miserable Straßen sind die Räuber, die an jeder Biegung lauern können. Nicht irgendwelches Gesindel, sondern hochadlige Herren. Sie sehen es als ihr gutes Recht an, alles gewaltsam zu erbeuten, was unterhalb ihrer Burg vorüberzieht.

Barbarossa hat den Kaufleuten erlaubt, Schwerter mit sich zu führen. Das ist ein Fortschritt. Doch wirkliche Sicherheit bietet nur die Macht des einzelnen Fürsten. Er bietet sie gern, da er dafür bezahlt wird, und Fürsten werden so die stillen Teilhaber im Handelsgeschäft: Wollen die Kaufleute ihre Waren auf einem Markt anbieten, wird zunächst einmal der Marktzoll fällig. Dann muss der Platz vom Fürsten gemietet werden. Dort stehen Geräte bereit, mit denen die Waren gemessen und gewogen werden. Auch das will bezahlt sein. Werden die Waren gelagert, wird noch Lagergebühr erhoben. Und so geht es weiter: Gebühren kostet das Geleit auf den Straßen, Gebühren werden an Brücken und in Häfen kassiert, Gebühren verlangt der Fürst an bestimmten Straßenabschnitten. Das ist ein ungemein ergiebiges Geschäft. Also wird der Fürst zusehen, möglichst viele Straßen zu beherrschen, möglichst viele Brücken und Häfen zu kontrollieren, möglichst viele Märkte auf seinem Territorium zu schaffen. Wie es eben der Löwe vorexerziert.

Auch hier folgt er zunächst nur einem Trend der Zeit, und wie so häufig besteht sein persönliches Verdienst in der wachen Intensität, mit der er solch einen ganz neuen Trend erkennt. Denn die Expansion der deutschen Wirtschaft im 12. Jahrhundert ist etwas Neues. Wenige Jahrzehnte zuvor war das Reich wirtschaftlich noch tiefste Provinz gewesen. Die großen Handelswege durchschnitten Frankreich und Italien, führten bis nach England hinauf, tief in den Osten hinein und in den Orient hinunter. Deutschland berührten sie nur am Rande. Länger als jedes andere Gebiet blieb es reines Agrarland, und die Einkünfte der Fürsten hatten aus den Naturalien bestanden, die ihnen ihre Untertanen als Tribut zu zahlen hatten.

Dann aber blühten Oberitaliens Städte auf, Flandern erlebte seinen ersten Boom. Das griff auch ins Reich über. Schon waren diesseits des Rheins deutsche Handelszentren entstanden. Ihre Herren hatten aber die Sorge aller Unternehmer, für ihre Waren die nötigen Absatzmärkte zu schaffen. Nord und Ost boten sich an. Diese Regionen mussten dem Handel erschlossen werden. Wer Ware an den Kunden bringen will, braucht Straßen und Märkte. Aus Marktflecken werden Städte. Diese Städte sichern sich durch Befestigungsanlagen. Das gibt ihnen Macht genug, um den Bürgern innerhalb ihrer Mauern bestimmte

Rechte zu verschaffen. Handelszentren großen Stils formieren sich. Diese Zentren suchen untereinander Kontakt. Das Straßennetz verzweigt sich. Entfernungen werden geringer, der Warenumlauf beschleunigt sich. Schon bald ist es undenkbar, Waren gegen Waren zu tauschen wie bisher. Ein neues Zahlungsmittel bürgert sich ein, das Geld oder »Gelt«, das ursprünglich jede Art von Entgelt gewesen war. Doch allmählich versteht man darunter nur noch Edelmetall. Man prägt es in handliche Münzen um und hat damit ein bequemes Zahlungsmittel von annähernd gleichem Wert in allen Ländern. Die Herrschaft des Geldes beginnt.

Die Fürsten dürfen sich die Hände reiben. Der Geldhandel wird ihr ganz großes Geschäft. Denn hat ihnen erst der König das Münzrecht verliehen, errichten sie Münzstätten im Umkreis der Märkte, und wieder können Gebühren erhoben werden. Denn wer dort Münzen prägen oder landesfremde Währung in die landesübliche ummünzen lässt, muss dafür bezahlen. Der Fürst kassiert. Neben Markt- und Zollrecht wird das Münzrecht seine dritte große Einnahmequelle. So brauchen die Fürsten die Kaufleute. Die Kaufleute brauchen wiederum die Fürsten. Es kommt zum Bündnis zweier Gesellschaftsschichten, von dem die eine wie die andere profitiert, und aus verachteten Händlern wird ein hochangesehener Stand.

Aber auch das Bild der Fürsten verändert sich. Waffengewalt und Grundbesitz sind nicht mehr die einzigen Machtmittel. Ebenso wichtig ist nun das Geld. Heinrich der Löwe scheint das früh begriffen zu haben. Er wird zum Prototyp eines solchen modernen Fürsten und ist bald schon selbst eine Art Kaufmann. Nicht, dass er persönlich Handel treiben würde. Doch sorgt er dafür, dass sein ökonomisch dahindämmerndes Sachsen eine attraktive Wirtschaftsregion wird. Er selbst kassiert den Zins.

Ansatzpunkt sind die Lüneburger Salzsalinen. Von dort wird der gesamte Osten und Norden mit dem kostbaren Gut versorgt. Doch Salz will nicht nur gewonnen sein. Es muss auch zum Konsumenten gebracht werden. Dafür braucht es Straßen und Flüsse, Märkte und Häfen. Heinrich kontrolliert die Häfen Stade und Bremen im Norden sowie Lübeck im Osten. Hamburg als dritter Nordseehafen ist ihm weniger wichtig. Schwieriger wird es mit den Flüssen Elbe und der Oker/Aller/Weser-Verbindung. Am Elbufer besitzt er immerhin fünf Stützpunkte bis nach Stade hinauf. Bei Oker/Aller/Weser kontrolliert er nur Anfang und Mündung, Braunschweig und Bremen.

Die großen Straßen sind das Hauptproblem. Hier zeigt sich am stärksten Sachsens innere Zerrissenheit, und Heinrich muss zusehen, möglichst viele Stützpunkte an ihrem Rand an sich zu reißen. Das aber zeigt seine Territorialpolitik in neuem Licht. Denn sah man bisher einen Heinrich in klirrender Rüstung, der mit geballter Faust auf die Rechte anderer einschlägt, so gewinnt dieser Gewaltmensch vor dem Hintergrund von Sachsen und der dortigen politischen Situation ein markanteres Profil.

Nun ist er der Stratege herzoglicher Macht, der nach präzisem Plan vorgeht, wenn er die ganz oder halbwegs selbstständigen Territorien seines Landes unter seinen Einfluss bringt. Beim Anblick dieser Territorien wird aber der Stratege zum Wirtschaftspolitiker. Niemand hat Heinrich diese Kunst beigebracht. Dennoch beherrscht er sie. Und wenn er sich Stade unterwirft oder Bremen unter seinen Einfluss bringt, geht es nicht nur um die Auseinandersetzung mit einem anderen Mächtigen, sondern ebenso um Schlüsselstellungen der Wirtschaft. In Sachsen wie im neu gewonnenen Bayern.

Als Heinrich 1156 Bayern übernimmt, muss er sich damit abfinden, dort machtpolitisch nicht viel ausrichten zu können. In den fünfundzwanzig Jahren seiner Herrschaft hält er sich denn auch insgesamt kein halbes Jahr in Bayern auf, und nicht einmal eine eigene Burg lässt er dort bauen. Von den Kämpfen um München einmal abgesehen, weiß man daher auch nur von einer einzigen ernsthaften Fehde auf bayerischem Boden. Gegner ist dabei der Bischof von Regensburg. Um 1160 lässt sich der Herzog mit ihm auf einen mörderischen, das gesamte Bistum verwüstenden Kampf ein. Dabei scheint es nicht um Regensburg selbst gegangen zu sein. Denn nach Friedensschluss begnügt sich Sieger Heinrich mit der Übernahme einer einzigen Festung, vermutlich Donaustauf an der Donau, wenige Kilometer östlich von der Herzogstadt Regensburg. Mit dem Besitz von Donaustauf sind jedoch erhebliche Handelsrechte verbunden. Sie müssen den Herzog zu dieser Eroberung gereizt haben.

Unter ähnlichen Vorzeichen stehen auch die wenigen anderen territorialen Machtübernahmen auf bayerischem Boden. Heinrich kann nicht ernsthaft gemeint haben, mit ihnen ein Gegengewicht zu den Besitzungen von Andechsern und Wittelsbachern zu schaffen, weder mit der Übernahme von Burghausen im Jahr 1164 noch mit der Sicherung von Grafschaftsrechten in Reichenhall. Allerdings liegt Burghausen, eine Festung an der Salzach, an einem der wichtigsten Transportwege des Salzhandels. Reichenhall ist wiederum einer der großen deutschen Salzproduzenten. Heinrich verhält sich also nicht gar so bescheiden, wenn er gerade diese Ortschaften an sich zieht. Auch hier wandelt er Macht in klingende Münze um.

Darüber wird dieser Mann sehr reich. Niemand kennt die Höhe all seiner Einkünfte aus Sachsen, Bayern und den Slawenlanden. Gewiss machen sie ihn aber zu einem der reichsten Männer seiner Zeit, der dem gesunden Grundsatz huldigt, viel Geld sei eine gute, noch mehr Geld die bessere Sache. Deshalb genügt ihm auch nicht der Part des stillen Teilhabers. Er wird selbst aktiv, und wieder sieht man ihn die Grundregel des Marktes beherrschen. Danach kann man nur nehmen, wo man gibt. Man muss aber denen geben, die damit umzugehen verstehen. Nicht irgendwelchen Rittern, sondern den Kaufleuten. In Herzog Heinrich finden sie ihren großen Verbündeten.

Er beherrscht nicht nur Straßen, sondern macht sie zugleich besser und sicherer. Er schafft Märkte, Münzstätten und entlässt die sächsischen Handelsherren nicht aus seiner Obhut, wenn sie die Grenzen ihrer Heimat überschritten haben, so wie er wiederum die fremden Kaufleute schützt, die sein Territorium durchziehen. Denn Wirtschaftspolitiker Heinrich sieht weit über Sachsens Grenzen hinaus: »Seine« Kaufleute brauchen fremde Märkte, während für die fremden Kaufleute Sachsen ein attraktiver Umschlagplatz sein muss. Heinrich der Löwe schafft dafür die Voraussetzungen.

Das jedoch ist dieses Mannes eigentliche historische Leistung. Unter seiner Herrschaft findet Sachsen und damit der gesamte Norden Anschluss an das übrige Europa. Das hätte nicht geschehen können, wäre Heinrich nicht zugleich ein Fürst allererster Ordnung gewesen. Diese hohe Position setzt er ungeniert zugunsten seiner Kaufleute ein und tritt mit der Attitüde eines unabhängigen Herrschers vor die ausländischen Fürsten, wenn es um Vorteile und Privilegien seiner Wirtschaft geht.

Mit Holland und England nimmt er Verbindung auf. Mit Polen und Dänemark verbinden ihn gemeinsame Interessen in den Ländern jenseits der Elbe. Mit dem Fürsten von Nowgorod schließt er ebenso Verträge wie mit dem König von Schweden. Von all diesen internationalen Kontakten wird Heinrichs Vorgehen auf Gotland am bekanntesten.

Vor Dänemarks Küste liegt diese Ostseeinsel, auf der sich schon seit Langem Deutsche niedergelassen hatten. Dabei war nicht ausgeblieben, dass es zu Streitigkeiten und Konkurrenzkämpfen mit den ansässigen Gotländern kam. Das wirkte sich vor allem auf den Handel von Heinrichs Ostseehafen Lübeck aus. Nun ist Gotland Ausland und damit eigentlich nicht Sache des sächsischen Herzogs. Nur der König könnte eingreifen. Heinrich schert sich aber um diese Feinheit nicht und unterzeichnet 1161 die berühmten Gotland-Urkunden. Dort erhalten jetzt die sächsischen Kaufleute ein eigenes Recht. Dafür bekommen die gotländischen Kaufleute in Sachsen besondere Handelsfreiheiten eingeräumt. So können sich nun wieder die einen wie die anderen dem höheren Zweck zuwenden, für des Herzogs Kassen Geld zu verdienen.

Ihren Höhepunkt findet seine Politik in der konsequenten Förderung der Städte. Im 12. Jahrhundert sind sie die eigentliche Basis der gesamten Wirtschaft. Zugleich gehen von den Städten soziale und politische Strömungen aus, die das gesamte gesellschaftliche Bild verändern. Wer wirklich herrschen will, muss es mit den Städten tun. Heinrich begreift das. Der Wirtschaftspolitiker wird zum Städtegründer.

*Stadtluft macht frei*

Der Ort heißt Lübeck und liegt wunderhübsch. Das sagt schon der Name. Denn das zu »Lübeck« abgeschliffene »Liubeke«, wie im 11. Jahrhundert die Wenden die von Trave und Wakenitz umspülte Halbinsel nannten, heißt so viel wie »schöner Ort«. Doch Lübeck liegt nicht nur schön. Es liegt auch praktisch, mit der nur siebzehn Kilometer entfernten Ostsee in unmittelbarer Nachbarschaft, die über die Trave bequem erreicht werden kann.

Anfang des 12. Jahrhunderts herrschen die Wenden in Lübeck. Doch schon hat sich eine deutsche Kaufmannssiedlung herangebildet. Das weckt das Interesse des Grafen Adolf II. von Schauenburg. Bereits im Jahr nach seiner Ernennung zum Markgrafen von Holstein, 1143, baut er dort eine Burg mit darunterliegendem Markt. Dann werden auch noch weiter nördlich in Oldesloe Salzvorkommen entdeckt. Nun macht die Stadt Schleswig im Norden Konkurrenz und im Süden Bardowick, damals noch Heinrichs »nostra civitas«, »unsere Stadt«, und ein Handelsplatz erster Ordnung. Denn dort befindet sich der Umschlagplatz für das Lüneburger Salz. Jetzt ziehen es schon viele Bardowicker vor, sich in Lübeck niederzulassen. Damit wird es gefährlich, für Heinrich wie für Lübeck selbst.

Zunächst einmal überrascht der Herzog den Schauenburger Grafen mit dem Ansinnen, sich die Lübecker Erträge zu teilen. Für den Grafen, obgleich des Herzogs Freund, ist das zu viel der Freundschaft. Er lehnt rundweg ab. Gutes Zureden hilft hier nicht. Also greift Heinrich zur Gewalt. Die Oldesloer Salinen schüttet er zu, den Lübeckern verbietet er kurzerhand, künftig mit anderem als Lebensmitteln zu handeln. Das nun ist das Ende der eben noch blühenden Hafenstadt, und Heinrich könnte zufrieden sein. Er ist es aber nicht. Zutiefst widerstrebt es ihm, so prächtige Möglichkeiten wie die von Lübeck brachliegen zu sehen. Das letzte Wort ist also noch nicht gesprochen.

1157 brennt die ohnehin schon darbende Stadt nieder, und vor Heinrich stehen klagend Lübecks Kaufleute: »Es währt nun schon so lange Zeit, dass der Markt von Lübeck auf Euren Befehl verboten ist. Wir sind aber bisher in der Hoffnung, den Markt durch Eure Gnade und Wohlgeneigtheit wiederzuerlangen, in dieser Stadt geblieben. Auch konnten wir uns nicht entschließen, die mit großen Kosten aufgeführten Gebäude zu verlassen. Jetzt aber, da unsere Häuser niedergebrannt sind, würde es zwecklos sein, an einem Ort, wo kein Markt sein darf, wieder zu bauen …« Und daher: »Gib uns also einen Ort, eine Stadt zu gründen, wo es dir gefällt …«

Das ist für Heinrich das Stichwort. Mit allem Eifer will er sein eigenes Lübeck schaffen, eine ganz neue Stadt. Der geeignete Platz wird im Ratzeburger Land am Ufer der Wakenitz gefunden. Dort entsteht jetzt eine großzügige Stadtanlage mit prächtigem Hafen, und Heinrich ist so stolz auf seine Schöpfung, dass er ihr den eigenen Namen gibt, »Löwenstadt«. Doch rechte Freude an dieser seiner ureigenen Schöpfung will nicht aufkommen. Denn bei der »Löwenstadt« hat man zwar an so ziemlich alles gedacht, nur nicht an die Wirklichkeit. Zum Beispiel nicht daran, dass die Wakenitz viel zu wenig Wasser führt, als dass größere Schiffe von der Ostsee her in den Hafen kommen könnten. Damit ist Löwenstadts Schicksal besiegelt.

Heinrich hält sich nicht lange mit seiner Enttäuschung auf. Wenn nun einmal dieses Lübeck an der Trave der einzige Platz zu sein scheint, wo sich ein Seehafen schaffen lässt, muss man eben diesen Platz in seine Hand bekommen. Also neue Verhandlungen mit Adolf, und endlich gibt der Graf nach. Die Halbinsel wechselt den Besitzer, gehört von da an zu Heinrichs Machtbereich, und wie in Stade brauchen die Bürger den Machtwechsel nie zu bereuen, denn Heinrich der Löwe ist nun einmal bester Schutzherr einer Stadt. In Lübecks Neugründungsjahr 1158 kommt es aber noch zu einer zweiten Stadtgründung, Heinrichs einziger im bayerischen Raum. Auch hier steht blanker Konkurrenzneid am Anfang.

Wenn von Berchtesgaden und vom Salzkammergut her die Salztransporte nach Augsburg hinaufziehen, müssen sie die Isar überqueren. Das geschieht bei Föhring, wo mit der Zeit ein großer Markt heranwächst, mit Zoll und Münze, ein Handelsplatz ersten Ranges. Dieses Föhring gehört nun zum Bistum Freising, wo Jasomirgotts Bruder Otto residiert, Onkel des Kaisers und hemmungslos subjektiver Chronist von dessen Taten. Das stört Heinrich nicht weiter. Ihn ergrimmt viel mehr das blendende Geschäft des Bischofs mit seinem Isar-Übergang. Mit einer eigenen Isar-Passage will er ihm nun Konkurrenz machen.

Unterhalb von Föhring, rund eine Stunde entfernt, liegt ein völlig unbedeutender kleiner Ort namens »Munichen«, der nach seinen ersten Siedlern, einigen Mönchen, benannt und auf nie recht geklärte Art in welfischen Besitz gekommen war. Hier lässt jetzt Heinrich seine Isarbrücke bauen. Damit ist die Föhringer Konkurrenz noch nicht aus der Welt geschafft. Aber das bedeutet für Heinrich kein ernsthaftes Problem. Wieder einmal greift er zu Gewalt, lässt Föhring erobern und den Markt zerstören, und so rasch geht das, dass Otto von Freising erst einmal begreifen muss, was eigentlich geschehen ist. Dann aber führt er beim nächsten Reichstag zu Augsburg umso erbittertere Klage.

Barbarossa gerät in große Verlegenheit. Natürlich hat er nichts gegen Otto von Freising. Aber er darf auch nichts gegen Heinrich haben. Eben gerade hat sich der Löwe auf einem gemeinsamen Feldzug gegen den Polenherrscher glänzend bewährt, und außerdem steht die nächste Italienfahrt vor der Tür. Barbarossa entscheidet nach Staufer-Art, also mit einem Kompromiss. Zwar muss Otto von Freising an den Münchner Einkünften zu einem Drittel beteiligt werden. Der Föhringer Markt samt allen Zoll- und Münzrechten wird aber aufgehoben, der Markt von München nebst Isar-Übergang anerkannt, und wieder einmal ist Heinrich Sieger geblieben. Denn die Abgaben an den Bischof zahlt er mit der linken Hand. Dafür bleibt ihm die ungeteilte Kontrolle des Isar-Übergangs, und mehr noch: Der Weg der Salzstraße ändert sich nun und führt direkt in die schwäbischen Territorien der Welfen. Damit hat die Gründung von München ihren Zweck erfüllt.

Heinrich lässt den Ort befestigen. Er sorgt dafür, dass sich dort Bewohner anderer Welfen-Niederlassungen wie Kaufering, Schongau und Memmingen ansiedeln. Schließlich errichtet er noch als weiteren Schutzplatz der neu entstandenen Handelsstraße eine Burg bei dem alten Städtchen Phetine, das unter dem

Namen dieser Burg, Landsberg, ein Hauptlagerplatz für das Salz wird. Das ist auch schon alles. Heinrich selbst dürfte seine Gründung München nie betreten haben.

In diesem Zusammenhang wollen Worte wie »Gründung« und »Gründer« richtig verstanden sein. Nur zwei von den Städten, an deren Anfang Heinrich der Löwe steht, sind originale »Gründungen«, eben München und jene unselige Löwenstadt. Bei allen anderen Städten wie Lübeck, Braunschweig oder später im Osten Schwerin wird der Herzog auf vorhandene Muster zurückgreifen. Und nie hat er sich selbst über Pläne gebeugt, Straßenzüge und Marktanlagen skizziert. Das hätte gar nicht zu der Rolle eines fürstlichen Städtegründers im 12. Jahrhundert gepasst.

Städtebau in dieser Zeit ist logische Folge der gesamten wirtschaftlichen Entwicklung. Sie wurde zunächst einmal von Kaufleuten ausgelöst. Begreiflicherweise sind diese Kaufleute an der Entstehung möglichst vieler, möglichst freier Städte interessiert, und so ist in der Regel eine Kaufmannschaft der Stadtgründer. Ihre Vorstellungen bestimmen das Bild einer Stadt. Dann erst fängt die Rolle des Fürsten an: Er nimmt den Städtebau unter seinen Schutz, überlässt den Bürgern Grund und Boden, verhandelt mit ihren Vertretern, fördert sie schließlich, indem er ihnen bestimmte Rechte einräumt und seine Autorität hinter ihre Interessen stellt. Genau das tut Heinrich der Löwe. Das erst macht ihn zum »Städtegründer«. Es ist ein ganz und gar unromantisch-nüchternes Geschäft.

Auch bei Lübecks Neugründung steht ein Kaufmannskonsortium am Anfang, dessen vierundzwanzig Mitglieder die erste Initiative entwickeln. Sie sind die Verhandlungspartner Heinrichs. Mit seiner Zustimmung bauen sie eine Stadt nach ihren Bedürfnissen und Vorstellungen. Ein großer Hafen, ein großer Markt werden angelegt. Das macht die Stadt als Handelspartner attraktiv und wichtig.

Lübeck, immer im Schutz Heinrichs, wird darüber sehr reich und sehr mächtig. Man zieht aus dem Westen hierher, um vom Lübecker Glanz zu profitieren. Doch auch ihrerseits stoßen die Lübecker in Neuland vor, gründen Niederlassungen auf Gotland, in Nowgorod, in Livland, wo um 1200 Riga entstehen wird, bis hinauf nach Smolensk. Diese Entwicklung wäre ohne Förderung durch den Herzog nicht möglich.

Die Interessen seiner wichtigsten Stadt schimmern bei den meisten wirtschaftspolitischen Maßnahmen Heinrichs durch, bei seinen Verträgen mit ausländischen Fürsten, später auch bei seinen Eroberungen jenseits der Elbe, die nicht zuletzt »seinem« Lübeck zum nötigen Hinterland verhelfen sollen. Aber Heinrichs Städtepolitik verfolgt nicht nur wirtschaftliche Interessen. Gleichermaßen ist sie ein Instrument, dieses widerstrebende, unausgeglichene Sachsen in den Griff zentraler herzoglicher Gewalt zu bekommen, unterstehen die Städte doch unmittelbar dem Herzog selbst. Zugleich haben sie ihren strategischen Stellenwert. Stade wird zum Gegengewicht für das Bremen der Erzbischöfe Adalbero und Hartwig. Das vom Löwen zielstrebig geförderte Haldensleben an der sächsischen Ostgrenze ist Konkurrent von Bischof Wichmanns Magdeburg. Diese wie andere Städte werden stark befestigt, sodass sie notfalls dem Herzog militärischen Rückhalt geben.

Aus vielerlei Gründen also wendet sich der Herzog so konsequent den Städten zu. Das beeinflusst aber auch sein Gesamtbild als Politiker des 12. Jahrhunderts. Denn eine Stadt ist mehr als eine vergrößerte Fluchtburg oder größere Handelsniederlassung. Im Mittelalter ist sie auch eine Daseinsform, man kann fast sagen: eine Weltanschauung, die erste große Alternative zur Mönchs- und Klosterkultur. Und hier entstehen auch neue Lebensformen mit ihrem eigenen Gesetz.

In Oberitalien und Flandern kennt man schon lange ein besonderes Stadtrecht. In Deutschland wurde vermutlich im westfälischen Soest ein Anfang gemacht. Dort hatte der Bischof seiner Stadt eine neue Verfassung geben wollen und hierfür die Bürger herangezogen. Erstmals konnten sie mitbestimmen, nach welchem Recht sie leben wollten, und diese »Soester Verfassung« wird dann auch Städten wie Lübeck zugebilligt. Die Bürger wählen sich dort Stadtrat und Pfarrer selbst, in ihren Händen liegt die Gerichtsbarkeit, und Heeresdienst brauchen sie nur noch zur Verteidigung der eigenen Mauern zu leisten. Zieht ein Unfreier in die Stadt, so bleibt seinem Herrn genau ein Jahr. Fordert er ihn in dieser Zeit nicht zurück, wird er freies Mitglied der Bürgerschaft. Denn »Stadtluft macht frei«. So lautet das von Südfrankreich über Flandern importierte Rechtsprinzip.

Schon dadurch wird die Stadt zu einem Zauberort in dieser Zeit, deren Menschen draußen auf dem Lande in totaler Abhängigkeit existieren. In den Städten leben aber Bürger, die ihrer Rechte sicher sind, Leute, die an ihrer überschaubar abgesteckten Heimat einen Rückhalt haben und doch zugleich über die Grenzen hinausschauen. Denn dort, jenseits der Grenze, liegen die Märkte der anderen, mit denen man Handel treibt. Das alles gibt diesen Stadtbewohnern gleichermaßen Selbstsicherheit wie Weltläufigkeit. Sie denken in größeren Dimensionen als ihre Zeitgenossen in Burgen und Dörfern, und nicht zufällig werden gerade Städte der spätere Nährboden für Renaissance und Humanismus sein. Nicht zufällig ist die Hanse, eines der vitalsten und beständigsten politischen Bündnisse des Mittelalters, ein Städtebund. Und gewiss nicht zufällig spielen in dieser Hanse die von Heinrich geförderten Städte die führende Rolle, Lübeck voran.

In den Städten findet Heinrich seine besten Verbündeten. Nirgends wird er so geschätzt wie dort. Nirgends hält man ihm so standhaft die Treue. Er revanchiert sich mit einem grundsätzlichen wohlwollenden Interesse, das sich auf das gesamte städtische Leben im Sachsen seiner Zeit auswirkt. Stade und Haldensleben haben ihre Blütezeit. Aber auch Lüneburg, wahrscheinlich auch Hannover, steigen in dieser Zeit vom *vicus*, vom simplen Dorf, zur *civitas* auf, zur Stadt. Vermutlich ist Heinrichs Mitwirkung eher indirekter Art. Auf seinen unmittelbaren Einfluss geht aber der Aufstieg seiner Herzogstadt Braunschweig zurück.

Als Wirtschaftszentrum ist Lübeck für Heinrich wichtiger. Braunschweig wird aber die Stadt, zu der Heinrich die stärkste persönliche Beziehung hat; sie findet unter ihm ihr eigentliches Gesicht, wird seine wahre »Löwenstadt«. Denn zwar ist diese zwischen Harz und Heide gelegene Siedlung schon lange vor Heinrich bekannt. Aber was sich um 1150 »Brunswiek« nennt, ist zunächst nur ein Konglomerat aus einer Burg, einer Kaufmannssiedlung, der späteren »Altstadt«, und mehreren kleinen Siedlungen, die verstreut auf den einzelnen »Klinten« liegen, auf Hügeln, die aus dem sumpfigen Umland herausragen und ausgezeichnete Rast- und Lagerstätten für die vorüberziehenden Kaufleute abgeben. Denn bei Braunschweig überschneiden sich mehrere bedeutende Straßen, und die Oker strömt als wichtiger Wasserweg vorüber.

Für diese Gründung der Brunonen, eines um 1090 ausgestorbenen Adelsgeschlechts, beginnt die Ära Heinrichs des Löwen in jenen Tagen, da er von Schwaben herbeigaloppiert war, um Konrads III. Angriff zuvorzukommen. Damals mag der Entschluss entstanden sein, Braunschweig künftig mit gewaltigen Befestigungsanlagen abzusichern. Der Ausbau beginnt mit Fachleuten aus den Niederlanden. Erst Mitte der Sechzigerjahre ist er abgeschlossen. In diesen anderthalb Jahrzehnten wird aber aus einer bis dahin offen daliegenden Stadt eine kaum einnehmbare Festung, und in ihren Mauern entsteht noch eine völlig neue Stadt, der Hagen. Von dieser Hagenstadt aus bildet sich das neue Braunschweig heran mit einem Hafen unten an der Oker, mit prächtigen Kirchen, die vom Wohlstand der Bürger zeugen. Stolz genießen diese Bürger die Vorrechte, die ihnen ihr Herzog eingeräumt hat. Wie in Lübeck dürfen sie Pfarrer und Vogt wählen. Sie haben ihren eigenen Rat, weitgehend freie Gerichtsbarkeit und diverse Handelsprivilegien in der Stadt selbst und unten auf der Oker. Eine Blütezeit beginnt. Die Siedlung der Brunonen wächst zu einer Weltstadt des 12. Jahrhunderts heran. Und Heinrich tut viel dafür.

Die Mauern fassen die verschiedenen Teile zusammen und verschmelzen sie zu einer Einheit. Unten an der Oker baut der Herzog den Stapelplatz aus, und von hier ab können nun Braunschweigs Kaufleute über Oker, Aller und Weser bis zur Nordsee hinauffahren. Sie führen wertvolles Gut mit sich. Denn der Herzog hat aus Flandern Handwerker in die Stadt geholt, die Lakenmacher, und die Tuchherstellung liefert lange Zeit das wichtigste Exportgut. Vor allem aber entsteht hier – nicht am Rande in majestätischer Isolation, sondern mitten in der Stadt – Heinrichs Residenz. Nach ihrem legendären Gründer Dankward heißt sie Dankwarderode. Heinrich belässt es dabei. Doch hat schon bald sein Dankwarderode kaum noch etwas mit der vorgefundenen, nicht weiter imposanten Burg zu tun. Hier in seinem Dankwarderode residiert er als ein Herrscher, der sich inmitten seiner Bürger sehr wohl fühlt, so wie er sich stets zwischen Bürgern wohlgefühlt zu haben scheint.

Und gleicht er nicht diesen Leuten? Sind seine Ziele und Vorstellungen mit den ihren nicht wenigstens verwandt? Ist dieser Herzog, den sie den Löwen nennen, im Kern seines Wesens nicht selbst ein Bürger? Heinrich will klares Recht und gesicherten Besitz. Er will Unabhängigkeit, ohne gegebene Bindungen zu leugnen. Er schätzt Ordnung und Übersicht. Lauter sehr bürgerliche Eigenschaften. Und auch was ihm fehlt, der Hang zum visionär Utopischen, zum Abenteuer mit ungewissem Ausgang, berührt sehr bürgerlich. Nie spielt er den Eroberer um der Eroberung willen. Kampf ist für ihn ein Mittel, kein Zweck. Unpathetisch, posenlos steht Heinrich vor dem Hintergrund einer Zeit, die wie kaum eine andere Pathos und Pose kultiviert, über Abrechnungen gebeugt, mit nüchternen Verwaltungsaufgaben beschäftigt, im Kreis von Beamten und Kaufleuten.

Draußen in der Welt aber schwingen Ritter ihre Lanzen, wird von großen Taten geschwärmt, träumt man von einer erhabenen Vergangenheit und verwechselt sie zuweilen mit der Zukunft. Auf diese bunte Welt des Rittertums kann ein Mann wie der Löwe nur mit kopfschüttelndem Unverständnis sehen. Im Grunde ist er dort ein Außenseiter. Machtmensch Heinrich bleibt ganz unromantisch. Schon das macht ihn zum Typ eines zutiefst bürgerlichen Herrschers, zum vielleicht Ersten dieser Art, den es, wenigstens in Deutschland, überhaupt gegeben hat. Und doch findet man auch ihn bei Haupt- und Staatsaktionen wieder, für die er eigentlich ganz unbegabt ist. Sein Status als Erster Fürst des Reichs, die Freundschaft mit Barbarossa zwingen ihn dazu.

Denn in diesen Jahren schickt sich der im Gegensatz zu Heinrich für visionäre Aufschwünge hochbegabte Vetter an, die größte aller Utopien, die Wiederherstellung des deutsch-italienischen Reichs, in die Tat umzusetzen. Dazu braucht er alle Mittel. Eines seiner wichtigsten ist die Verbindung zu Heinrich. Barbarossas ganz großes Italienspiel beginnt.

*Das ganz große Italienspiel*

Im Jahr der Rückgabe Bayerns kann auch Barbarossa Zwischenbilanz ziehen. Nach außen hin fällt sie glänzend aus. Als der Kaiser im Juni 1156 nach Würzburg zum Reichstag ruft, stellen sich nicht nur fast alle seine Fürsten mit Heinrich dem Löwen an der Spitze ein. Auch das Ausland schickt seine Vertreter, Dänemark und Ungarn, England und Byzanz. Sie umschmeicheln den Kaiser, nennen ihn den Ersten Herrn der Christenheit und bewundern seine zweite Frau, die hübsche, sagenhaft reiche, gerade mal zwölf Jahre alte Beatrix von Burgund. Doch genügt das alles schon, um wirklich Erster Herr der Christenheit zu sein?

Nach wie vor fehlt seiner Macht das breite, sichere Fundament. Schwaben allein als angestammtes Reich der Staufer kann dieses Fundament nicht sein, eher schon Burgund, das nach der Heirat mit Beatrix in den unmittelbaren Einflussbereich des Kaisers geraten ist. Im Grunde gibt es aber nur einen einzigen Teil Europas, der als Basis in Frage kommt, eben Italien. Am italienischen Problem führt kein Weg vorbei. Das mag Barbarossa in vollem Ausmaß erst auf seinem Italienzug deutlich geworden sein. Italienpolitik, das steht danach fest, kann nicht einfach dort anknüpfen, wo die seiner Vorgänger aufgehört hatte. Sie braucht ein neues Konzept.

Auch in Italien sieht man nach 1155 klarer. Fester gefügt als zuvor stehen sich in der Lombardei die zwei Parteien gegenüber, hier Kaiserfreunde wie Pavia, Pisa oder Cremona, dort seine Gegner mit Mailand an der Spitze. Überhaupt dies Mailand, seine so unverschämt reichen, selbstbewussten Bürger. Sie sind der eine große Feind Barbarossas in Italien. Der andere ist der Papst. Sein großer Trumpf gegenüber dem deutschen Herrscher, eben die Kaiserkrönung, ist dem Nachfolger Petri hinterlistig entwunden worden, so jedenfalls sieht er das selbst. Nun hält Hadrian nach einer anderen Schutzmacht Ausschau und findet sie schließlich in Sizilien und dem dortigen König Wilhelm. Der söhnt wiederum Hadrian mit den aufsässigen Römern aus, und Barbarossa muss handeln, wenn er Italien je in den Griff bekommen will.

Schon 1157 ist die nächste Italienfahrt beschlossene Sache. Zuvor aber, im Oktober, begibt sich der Kaiser noch ins burgundische Besançon, um die dortigen Großen für das geplante Unternehmen zu gewinnen. In Besançon beginnt jedoch ein Konflikt zwischen Kaiser und Papsttum, wie es ihn seit Heinrich IV. nicht mehr gegeben hatte. Denn während in Würzburg noch gefeiert worden war, wird nun in Besançon harte Politik gemacht.

Wieder hat das Ausland seine Beobachter geschickt, und auch von Rom her kommt eine Delegation. Hadrian bietet dafür eine allererste Besetzung auf, den Kardinal Bernhard und, noch wichtiger, seinen Kanzler Roland, den entschiedendsten Kaisergegner am päpstlichen Hof. Der Kaiser hat also Grund, den beiden Herren mit gemischten Gefühlen entgegenzusehen, auch wenn sie ihn sogleich beruhigen. Es sei nur gute Botschaft, die sie mit sich führten.

Die erste Verständigung findet noch im privaten Rahmen des kaiserlichen Zelts statt. Dort bietet Barbarossa allen bewährten Charme auf, um die Kirchenfürsten für sich einzunehmen. Doch dann vergeht ihm das Lächeln. Die Herren ziehen einen Brief des Papstes hervor, und schon bei erster flüchtiger Lektüre weiß der Kaiser, dass in Besançon nicht geplaudert, sondern Klartext gesprochen werden soll. Nun könnte die Angelegenheit vielleicht noch im kleinen Kreis beigelegt werden. Barbarossa entscheidet sich anders. Seine Fürsten sollen erfahren, was ihm der Papst zu bieten wagt. Sie können denn auch am nächsten Tag kaum fassen, was des Kaisers Kanzler Rainald von Dassel mit lauter, jede Schärfe und Kränkung betonender Stimme aus dem Lateinischen ins Deutsche übersetzt.

Aber worum geht es eigentlich?

Der Anlass ist ernst, doch noch nicht so sehr bestürzend. In Burgund hatten vor Kurzem Raubritter einen notorischen Reichsfeind und Freund des Papstes, Bischof Eskil von Lund, bei der Reise von Italien nach Schweden überfallen und gefangen genommen. Dass Hadrian den Kaiser rügt, weil er bisher nichts für die Freilassung des Bischofs getan hat, ist noch verständlich. Unverständlich wird erst der Ton, in dem das geschieht. Das schlimmste Gift bergen dabei die vermeintlich einlenkenden Schlusssätze, die nun Rainald vorträgt: »Wir bereuen es … nicht, die Wünsche deines Herzens in allem erfüllt zu haben, sondern, wenn deine Hoheit auch noch größere Wohltaten aus unserer Hand empfangen hätte … würden wir uns mit Recht darüber freuen …« Dieses eine Wort macht es. Dieses unselige »Wohltaten«. Denn der lateinische Ausdruck für Wohltat, *beneficium*, kann auch ganz konkret »Lehen« bedeuten. Der Kaiser also, jedenfalls in Rainalds Übersetzung des Textes, ein Lehensmann des Papstes. In der Versammlung erhebt sich ein ungeheurer Entrüstungssturm.

Die Situation ist brisant genug. Doch könnte sie immer noch gerettet werden, würde jetzt der Abgesandte des Papstes ein abschwächendes Wort finden. Doch dort steht nun dieser Kanzler Roland aus dem Haus der Grafen Bandinelli, Erzitaliener, der mit einem deutschen Kaiser nichts im Sinn hat, und er schreit in die tosende Erregung hinein: »Ja, von wem hat denn der Kaiser die Krone, wenn nicht vom Papst?« Schon zieht der hünenhafte Otto von Wittelsbach das Schwert, um auf den Kanzler des Papstes einzudringen, und wäre nicht Barbarossa im allerletzten Augenblick dazwischengetreten, hätte der Reichstag von Besançon in einem Totschlag auf offener Szene gegipfelt. Die Katastrophe ist auch so schon groß genug.

Auch Rainald von Dassel gibt sich empört. Dahinter, natürlich, verbirgt er tiefe Befriedigung. Er hatte *va banque* gespielt, als er für »beneficium« die böseste Übersetzung gewählt hatte. Denn hätten die päpstlichen Gesandten diese Auslegung sogleich als Verfälschung zurückgewiesen, wäre Rainald als Scharfmacher entlarvt gewesen. Jetzt aber hat er nicht sich, sondern die päpstliche Politik entlarvt.

Hier in Besançon hat Rainald von Dassel seinen ersten großen Auftritt. Von nun an soll er aber in der gesamten kaiserlichen Politik eine allererste Rolle spielen, als bedeutendster, auch zwielichtigster Staatsmann der gesamten Stauferzeit. Und als Heinrichs des Löwen großer Gegenspieler am Hof seines Kaisers.

Im Oktober 1157 ist Rainald von Dassel ein Mann Anfang vierzig und seit einem Jahr Kanzler des Kaisers. Manche hatten nicht verstehen können, warum dieser zweitgeborene Spross aus sächsischem Grafenhaus den Kanzlerposten dem bereits sicheren Bistum Hildesheim vorgezogen hatte. Aber Hildesheim ist Provinz. Nur in unmittelbarer Nähe des Kaisers lässt sich Weltpolitik machen. Und genau das hat Rainald vor.

Im Vergleich zu ihm wirkt Heinrich der Löwe bieder, Barbarossa verschwärmt. Rainalds Konzept, die unbedingte Vormachtstellung des *imperium*, der weltlichen Macht, gegenüber allen übrigen geistlichen und weltlichen Herrschern Europas, zugleich die Befreiung des Kaisertums aus den traditionellen Bindungen des deutschen Königs an seine Fürsten, kann man zutiefst reaktionär nennen oder auch höchst fortschrittlich. In jedem Fall ist es ein Konzept. Und dieser Mann hat Verstand und Härte genug, um es durchzusetzen. Im Gegensatz zum Stauferkaiser hält er nichts von Kompromissen und halben Entscheidungen. Er vertritt die Ansicht, nur Konsequenz führe zu solch hochgestecktem Ziel. Damit gewinnt die Reichspolitik eine alle Skrupel beiseitefegende Kraft wie nie zuvor und nicht mehr danach.

Dabei ist Rainald von Dassel keineswegs der eisige Dämon, ein nur vom Intellekt her lebender Asket. Kräftig, gut gebaut, mit angenehmen Zügen unter den kurz geschnittenen rotblonden Locken, liebt er das Leben und weiß es zu genießen. Doch darüber verliert er nie seine politischen Vorstellungen aus dem Auge und schon gar nicht deren Feinde. Einen Feind sieht er aber in jedem, der annähernd ähnliche Macht auf sich vereint wie der Kaiser. Schon das macht ihn zum gleichsam natürlichen Gegner Heinrichs des Löwen.

In Besançon ist Rainald allerdings noch nicht der Mann, den ein Herr zweier Herzogtümer als Feind ernst zu nehmen brauchte. Außerdem hat Heinrich andere Sorgen. Vor allem fragt er sich, wie denn nun nach diesem unseligen Reichstag der Kampf zwischen Kaiser und Papst weitergehen soll. Die zweite Italienfahrt beginnt schließlich in wenigen Monaten, und sollte es dabei zum Krieg zwischen Kaiser und Papst kommen, müsste er auf der Seite Barbarossas stehen. Zugleich ist ihm aber der gute Kontakt zwischen Welfen und Papst zu wichtig, als dass er diese politische Position räumen möchte. Heinrich der Löwe entschließt sich einzugreifen. Er wird zum Diplomaten, und wenn man bedenkt, dass diese Rolle eigentlich nicht seine Stärke ist, so macht er seine Sache gar nicht übel.

Zunächst schickt er Briefe nach Rom. Dann folgt eine halb offizielle Gesandtschaft. Jedes Mal fordert aber der Herzog freundlich, doch bestimmt die Aussöhnung mit dem Kaiser. Hadrian begreift. Im Ernstfall wird er nicht mit der Unterstützung des Welfen rechnen können. Doch wenn er jetzt einlenkt, bleibt ihm ein mächtiger Sympathisant in der Nähe des Kaisers. Besser also, beizeiten die Macht zu stärken, die als Einzige ein Gegengewicht zu diesem fürchterlichen Rainald, diesem »bösen Menschen, der Unkraut sät« (so Hadrian im Brief von Besançon) bietet.

Barbarossa hält sich bereits in Augsburg auf, der letzten Station vor dem Abmarsch nach Italien, als ihn erneut eine Delegation des Papstes erreicht, diesmal mit zwei kaiserfreundlichen Kardinälen an der Spitze. Ihre Botschaft klingt anders als die bösen Worte von Besançon. Natürlich sei mit dem fatalen »beneficium« ganz allgemein »Wohltat« gemeint gewesen. Nie aber – welch Missverständnis! – hätte der Papst behauptet, Barbarossa sei Lehensmann des Papstes. Ganz nebenbei wird auch noch dankbar auf Heinrichs segensreiche Vermittlertätigkeit hingewiesen. Der lehnt neben Barbarossas Thron, als diesmal der gemäßigte Otto von Freising das päpstliche Schreiben verliest. Die Schmeicheleien dürften ihn nur am Rande interessiert haben. Ihm ist vor allem wichtig, dass der bevorstehenden Kriegsfahrt ihr gefährlichster Stachel gezogen ist. Dann mag sich denn der Kaiser die eiserne Lombardenkrone getrost ein zweites Mal aufs Haupt setzen. Heinrich gönnt es ihm herzlich, unterstützt die Italienfahrt mit einem imposanten Aufgebot sächsischer Ritter und hält sich in Deutschland für den Fall bereit, dass der Kaiser ihn selbst nach Italien ruft.

Bis dahin vergeht nach Barbarossas Aufbruch im Juli 1158 fast noch ein Jahr, und auch dann handelt es sich nicht um einen sehr dringlichen Hilferuf. Heinrich lässt sich Zeit, bevor er tatsächlich, im Juni 1159, an der Spitze von zwölfhundert Rittern in den Süden abmarschiert. An seiner Seite reitet eine junge Frau, Kaiserin Beatrix, die er auf des Kaisers Wunsch hin nach Italien führen soll, und es bleibt nicht aus, dass sich um das zwangsläufig enge Beisammensein der schönen Beatrix mit dem ebenfalls nicht unattraktiven Herzog Gerüchte spinnen. Bewiesen werden sie nie. Für Heinrich dürfte in diesen Wochen auch nicht so sehr eine Liaison mit der reizvollen Kusine, sondern eher die Frage wichtig sein, was ihn in Italien erwartet.

Dort steht es um die kaiserliche Sache nicht schlecht. War die erste Italienfahrt noch eher ein Spähtrupp gewesen, so betrat nun Barbarossa mit nicht weniger als fünfzehntausend Rittern lombardischen Boden, und selbst in Mailand ist man plötzlich nicht mehr ganz so selbstsicher. Welch ein Triumph, im August 1158 Mailands Gesandte vor sich zu sehen, mit dem hölzernen Joch zum Zeichen totaler Unterwerfung um den bloßen Hals. Es war ein guter Auftakt für den obligaten Reichstag auf den Roncalischen Feldern. Dort hatte Barbarossa zu Gericht gesessen und beim Anblick der zahllosen Rechtsuchenden mit dem Kreuz in den erhobenen Händen zu scherzen geruht: Diese Italiener seien wohl nicht nur die besten Rechtskenner, sondern auch die tüchtigsten Rechtsbrecher der Welt. Im Hintergrund bereitete sich aber ein Werk vor, das keinen Zweifel lassen sollte, wie Kaiser Rotbart künftig mit der Lombardei umzuspringen gedachte.

Diese »Roncalischen Beschlüsse« ziehen fürs Erste einen Schlussstrich unter städtische Unabhängigkeit. Vorrechte werden kassiert, Steuern erhoben, die dem Kaiser Einnahmen von rund dreißigtausend Pfund Silber sichern, und in den Städten regiert nun jeweils ein strikt kaisertreuer *podestà* als Repräsentant der Staatsmacht. Das alles geht sehr weit und eigentlich *zu* weit in einem Land, das längst zu anderen politischen Strukturen gefunden hat als zu denen des kaiserlichen »Reichsitalien« früherer Zeiten. So werden die Roncalischen Beschlüsse auch nicht das Ende, sondern Auftakt des eigentlichen Italienkriegs sein.

Im Verein mit Hilfstruppen aus Pavia und Cremona belagert Barbarossa gerade Crema, als Heinrich eintrifft. Diese Stadt gilt als ein Vorposten Mailands, das sich nach den Roncalischen Beschlüssen erneut heftig zur Wehr setzt. Vor Crema ist der Herzog in seinem Element. Mit nur vierzig Rittern prescht er bis vor Mailands Mauern, überrennt die ahnungslos ihrer Feldarbeit nachgehenden Feinde und kehrt triumphierend ins kaiserliche Lager zurück, nur eines von vielen Bravourstückchen dieser Art. Wieder kämpfen die beiden ungleichen Vettern Seite an Seite und sind sich so nahe wie kaum je zuvor.

Was ist das aber auch für ein Krieg: »Wer von beiden Seiten in Gefangenschaft geriet, der wurde sofort gehenkt …«, heißt es beim Chronisten Rahewin. Oder auch, noch anschaulicher: »Wenn … der Schwertkampf entbrennt und im Wechsel des Zufalls entweder auf dieser oder jener Seite irgendein Unglücklicher gefangen wird, so durchbohren die, welche draußen stehen, angesichts der Feinde dem Gefangenen entweder mit dem Dolch den Hals, oder sie erstechen ihn mit dem Spieß; die aber drinnen sind, die zerhacken ihn gliedweise, um nicht an Grausamkeit zurückzustehen …« Taktvoll bezieht Rahewin seine Schilderung allein auf die Kämpfe der Italiener untereinander. Doch auch der Kaiser selbst, ritterlichster Ritter, passt sich an, wenn er Gefangene an die Belagerungstürme schnallen lässt, sodass sie im Geschosshagel ihren eigenen Leuten drüben hinter der Stadtmauer als Zielscheibe dienen müssen. So gellen denn ihre Schreie durch den täglichen Kampfeslärm. So kriecht durch Cremas Straßen ein Gefangener, dem man Hände und Füße abgehauen hat, während einem anderen die Kopfhaut abgezogen wurde. Lauter Scheußlichkeiten, die Barbarossas Italienpolitik blutrot färben.

Im Januar 1160 hat das Gemetzel ein Ende. Barbarossa hat gesiegt. Doch das bestimmt noch nicht den Ausgang des großen Italienspiels. Die eigentliche Entscheidung fällt in einem anderen, sehr grotesken Kampf. Er findet in Rom statt, bei der Papstwahl im September 1159. Ein giftiger Fliegenstich hatte in diesem September Hadrians Leben überraschend beendet. Für Barbarossa starb dieser Papst sehr gelegen. Denn spätestens die Roncalischen Beschlüsse hatten Hadrian wieder ganz zum Kaiserfeind gemacht, und schon war er bereit, den Bann über den Staufer auszusprechen, als sein Tod die Chance einer neuerlichen Verständigung zwischen Thron und Altar schuf.

Darüber würde nun die fällige Papstwahl entscheiden. Zwei erbitterte Widersacher standen sich dabei gegenüber, Kanzler

Roland als rabiater Verfechter eines allmächtigen *sacerdotium* und der kaiserfreundliche, mit Europas gesamtem Hochadel verwandte Kardinal Oktavian aus dem Haus der Grafen Monticelli. Die Wahl kommt. Von neunzehn Stimmen vereinigen sich acht auf Oktavian, elf auf Roland. Also neuer Wahlgang, da beschworen worden ist, nur eine einstimmige Wahl gelten zu lassen. Im Hintergrund zischeln aber die Kaisergegner, ob am Ende wirklich Barbarossa-Freund Oktavian auf Petri Stuhl kommen solle. Die Flüsterpropaganda trägt Früchte. Beim zweiten Wahlgang stimmen nur noch drei für Oktavian. Aber noch immer herrscht nicht die erwünschte Einstimmigkeit. Rolands Anhänger verlieren darüber die Geduld. Schon tritt einer auf den Kanzler zu, ihm den päpstlichen Mantel umzuhängen.

Da springt Oktavian vor und reißt den Mantel an sich. Er wird ihm wieder entwunden, doch Oktavian hat vorgesorgt. Ein zweiter Mantel ist zur Stelle, der Kardinal wirft ihn sich hastig über und eilt an den zurückweichenden Gegnern vorbei in den Petersdom. Habemus papam Viktor IV., wie sich Oktavian jetzt nennt! Leider gibt es aber auch noch einen zweiten Papst, Alexander III. So nennt sich Roland, der die Groteske im Vatikan nicht anerkennt. Zwar verlässt er Rom, doch nur, um sich im nahen Ninfa ebenfalls zum Papst krönen zu lassen. Also ein zweites Mal: Habemus papam! Das Schisma, die Kirchenspaltung, ist vollzogen.

Die Situation ist mehr als verworren. Doch kann sie zugleich Barbarossas große Chance sein. Denn mit einigem Geschick müsste sich die Papstfrage ganz in seinem Sinn lösen lassen. Nur will er nichts überstürzen. Auf Crema prasselt noch der tägliche Geschosshagel nieder, als sich Barbarossa eine Lösung einfallen lässt. In Pavia soll ein Konzil stattfinden. Dort wird man die Hintergründe dieser Papstwahl klären. Anfang 1161 findet das Konzil statt, eine schöne, ehrwürdige Versammlung, wallende Gewänder, wohlgesetzte Worte. Dennoch stimmt es mit dieser Veranstaltung nicht so, wie es sich der Kaiser gedacht hatte.

Die gesamte Christenheit soll repräsentiert sein. Doch haben sich nur Kirchenfürsten aus Deutschland, Italien und Burgund eingefunden, sodass dies Konzil von vorneherein eine reichsinnere Angelegenheit bleibt. Vor allem fehlt aber der eine Betroffene, Alexander III. Kategorisch hat er erklärt, als legitimer Papst irgendwelche Rechtfertigung nicht nötig zu haben. Viktor IV. ist jedoch zur Stelle und rechtfertigt sich wortreich, womit genau das eintritt, was der Kaiser so kunstvoll hatte vermeiden wollen. Sein Konzil wirkt jetzt wie eine abgekartete Komödie, aus der – natürlich – Viktor, ein »Papst des Kaisers«, als Sieger hervorgeht. Das ruft das Ausland auf den Plan.

Vor allem in England und Frankreich fragen sich die Könige zunächst erschrocken, dann empört, ob es denn wieder so weit sei, dass der Kaiser aus Deutschland nach Belieben Päpste ein- und absetze und sich damit zum obersten Herrn der *ecclesia* aufschwinge. Ein Engländer, John von Salisbury, spricht aus, was viele denken: »Wer hat denn die Deutschen zu Richtern der Nationen bestellt? Wer hat diesen plumpen und wilden Menschen das Recht gegeben, nach ihrer Willkür einen Herrn über die Häupter der Menschenkinder zu setzen?«

Barbarossa begreift. Das italienische Problem ist unlösbar mit dem des Papsttums verbunden. Das aber lässt sich nicht mehr im italienischen Rahmen, sondern nur vor gesamteuropäischem Hintergrund klären. Das Reich ist nicht mehr der allein zählende politische Faktor auf dem Kontinent. Das bestimmt letztlich den Ausgang des militärisch so glänzenden zweiten Italienzugs. 1162 bricht ihn der Kaiser ab, um sich der wichtigeren Frage, der Beendigung dieses unseligen Schismas, zuzuwenden. Zuvor hat er allerdings noch einen großen Sieg feiern können: Er erobert und zerstört Mailand.

Welchen Anteil Heinrich der Löwe daran hat, ist nicht auszumachen. Überhaupt wird seine Rolle in Barbarossas Italienpolitik immer blasser. Nach der ersten Italienfahrt war Heinrich der wahre Sieger gewesen. Der zweite Italienzug hat hingegen seinen wahren Sieger in Rainald von Dassel. Schon gleich nach den Roncalischen Beschlüssen hat ihn der Kaiser zum Kanzler für Reichsitalien ernannt. Damit ist Rainald eigentlicher Regent der Lombardei.

Und Heinrich der Löwe? Seltsamerweise spielt der Erste

Fürst des Reichs als Barbarossas Berater kaum noch eine Rolle. Ist Heinrich müde geworden? Oder – die wahrscheinlichere Möglichkeit – ist er zu stark mit seinen eigenen Angelegenheiten beschäftigt? Denn fast gleichzeitig mit den Vorgängen auf der Apenninhalbinsel beginnt sein eigenes großes Spiel, der Vorstoß in die Gebiete jenseits der Elbe.

# Vorstoß zur Grenze

»Tut ihm den Willen, damit die Kirchen im Slawenland erbaut und der Dienst im Hause Gottes durch eure Hand geleitet werde. Sonst wird eure Mühe vergeblich sein, weil weder der Kaiser noch der Erzbischof eure Sache unterstützen können, solange mein Herr dagegen ist. Denn Gott hat ihm dies ganze Land verliehen …«

*Heinrich von Witha,*
*Vasall Heinrichs des Löwen,*
*zu Bischof Vizelin (nach*
*Helmolds ›Slawenchronik‹)*

## *Im Osten wird es interessant*

Es war im Jahr von Heinrichs Wiedererlangung der bayerischen Herzogswürde gewesen, als in den ersten eiskalten Januartagen 1156 einige Herren von Braunschweig aus hinauf in das nördlich von Lübeck gelegene Aldenburg ritten. Einer von ihnen ist der Chronist Helmold, Pfarrer zu Bosau, und der kleinwüchsige Mann an seiner Seite Gerold, bisher Kanonikus in Braunschweig, nun zum Bischof von Aldenburg ernannt. Nicht zufällig war gerade ein Braunschweiger Geistlicher aus dem engsten Umkreis des Löwen Bischof geworden. Vielmehr ist sein Aufstieg Heinrichs persönlicher Triumph, obgleich es zunächst gar nicht so sehr sein eigener Einfall gewesen war, das um 1066 zerstörte Aldenburger Bistum wieder ins Leben zu rufen.

Erzbischof Hartwig von Bremen war gleich nach seiner Wahl im Jahr 1149 auf die Idee gekommen. Damals hatte er noch ehrgeizige Pläne für sein Bistum gehabt, wozu auch die Wiedereinrichtung der Bistümer Aldenburg und Mecklenburg als christliche Bastionen im heidnischen Land gehörte. Hartwig hielt auch schon Kandidaten bereit, für Mecklenburg den Mönch Emmehard, für Aldenburg den alten Vizelin. Emmehard, ergebene Kreatur seines Bischofs, braucht nicht näher zu interessieren. Anders Vizelin, eine der großen Persönlichkeiten deutscher Missionsgeschichte. Von schlichtester Herkunft, hatte er es allein durch Fleiß und Zähigkeit zu fast mythischem Ruf gebracht. Die Aldenburger Bischofswürde wäre Krönung seines jahrzehntelangen Kampfs um das Seelenheil der heidnischen Slawen gewesen.

Heinrich hatte nichts gegen Vizelin. Umso mehr hatte er aber gegen seinen eigenmächtigen Widersacher Hartwig, der sich auf herzoglichem Boden das Investiturrecht anmaßte. An Vizelin wie an Emmehard erging also der strikte Bescheid, einzig Heinrich würde sie in ihre neuen Bistümer einweisen. Emmehard scheint sich geweigert zu haben. Vizelin fühlte sich hingegen hilflos. Er war schließlich Missionar, nicht Politiker. Er wollte in Frieden sein Missionswerk weiterführen und nicht in das Gezänk zweier Machtmenschen verwickelt sein. Ließe er aber von Hartwig die Investitur vornehmen, striche ihm der Holsteiner Markgraf Adolf auf Heinrichs Geheiß die dringend benötigten Einkünfte. Unterwarf er sich jedoch dem Herzog, verweigerte ihm Hartwig die geistliche Weihe.

Eine fatale Situation, in der Vizelin einen Vasallen des Herzogs, Heinrich von Witha, um Rat bat. Der winkte nur ab: »Tut meines Herrn Willen …«, denn »Gott hat ihm dies ganze Land verliehen …« Das war in der Tat Heinrichs Vorstellung von den Ländern jenseits der Elbgrenze, und schon der blutjunge Herzog war damit beschäftigt gewesen, Gottes Willen möglichst handfest gerecht zu werden. So hatte er denn bereits 1143 im holsteinischen Wagrien Adolf von Schauenburg, in Ratzeburg Heinrich von Badwide als Markgrafen eingesetzt, die in seinen Augen weniger Partner als Untergebene waren. Jetzt ließ er ebenso wenig Zweifel daran, wer weltlicher Herr der Bischöfe war. Vizelin musste das schließlich einsehen.

1152, im Jahr der Thronbesteigung Barbarossas, beugte er

sich dem Löwen und bekam als persönlichen Wohnort das Inselchen Bosau zugestanden. Hartwig schäumte vor Wut und brachte den Fall vor den König. Der Staufer aber dachte natürlich nicht daran, Hartwigs wegen die Freundschaft mit Heinrich aufs Spiel zu setzen. 1154 erging also klarer Bescheid: »Wir verpflichten unseren teuren Heinrich, Herzog von Sachsen, dass er in dem Land jenseits der Elbe, mit dem er durch unsere Freigebigkeit belehnt ist, Bistümer und Kirchen zur Verbreitung des Reichs des christlichen Namens setze, pflanze und errichte, und wir geben ihm freie Gewalt, dass er jene Kirchen mit Reichsgut beschenke, wie es ihm gefällt und der Raum der Länder es gestattet ... Wir gestehen ihm und all seinen Nachfolgern in jenem Land die Investitur zu über die drei Bistümer Aldenburg, Mecklenburg und Ratzeburg: Auf dass alle, die dort zur Bischofswürde erhoben werden sollen, von seiner Hand als wie von unserer empfangen mögen, was königlichen Rechtes ist ...« Das war ungemein geschickt.

Hartwig hatte Barbarossa zu gewinnen gemeint, indem er auf das alleinige Investiturrecht des Königs verwies, und Barbarossa wollte darauf auch keineswegs verzichten. Er gab es lediglich an Heinrich weiter, konnte es ihm also als seinem Stellvertreter wieder entziehen, wenn ihm einmal der teure Herzog zu teuer werden sollte. Heinrich durfte sich jedoch zunächst als Sieger fühlen. Doch gab sich Hartwig noch nicht geschlagen.

Im Herbst 1154 starb Vizelin an einem Schlaganfall. Um diese Zeit befand sich schon der Herzog auf dem Weg nach Italien. Aber ganz in seinem Sinn hatte Clementia als seine Stellvertreterin den Kanonikus Gerold zu Vizelins Aldenburger Nachfolger ernannt. Jetzt spielte Hartwig seinen letzten Trumpf aus und verweigerte als geistlicher Oberherr von Aldenburg Gerold die Weihe. Aber wozu hatte Heinrich beste Verbindungen zum Papst? Und als er am Krönungstag des Kaisers Held von Rom geworden war, konnte ihm Hadrian seine Bitte nicht verweigern. Er selbst weihte den nach Italien beorderten Gerold zum neuen Bischof von Aldenburg.

So herrscht denn strahlende Stimmung beim Weihnachtsfest 1155 an Heinrichs Hof. Der Herzog feiert seine italienischen

Erfolge, sein Kanonikus Gerold die neue Bischofswürde, vergnügt trinken sich die Herren zu. Gerolds Vergnügen legt sich allerdings wieder, als er wenige Wochen später die Grenze seines Bistums überschreitet, das vor noch nicht langer Zeit Mittelpunkt eines Slawenreichs war. Nun residiert hier Adolf von Schauenburg, lockt mit viel Geschick Siedler aus Westfalen in sein Gebiet und drängt die slawischen Wagrier behutsam zurück. Zu Christen hat er sie jedoch weder machen können noch wollen. Das bekommt der neue Bischof zu spüren.

Nur eine kleine, halb verfallene Kapelle findet Gerold im menschenverlassenen Aldenburg als Zeugnis für Vizelins Missionsarbeit vor. Dort hält er seinen ersten Gottesdienst ab, und seine Gemeinde ist nicht eben zahlreich. Von den einheimischen Wenden hat es kein Einziger für nötig gehalten, zu diesem Gottesdienst zu kommen. Was aber weiß auch schon ein Missionar von dem Volk, das er missionieren soll? Was weiß man überhaupt von diesen »Wenden«?

Eigentlich ist »Wenden« nur ein Sammelbegriff für sehr verschiedene Völkerschaften. Für die Obotriten in Mecklenburg, zu denen auch die Wagrier in Holstein und die Polaben im Ratzeburger Land gehören. Dann für die als Seeräuber gefürchteten Ranen auf Rügen, füe die zwischen unterer Weichsel und unterer Warthe die »am Meer« (po more) siedelnden Pommern, für die zahlreichen Stämme der Sorben in der Lausitz und schließlich zwischen unterer Oder und oberer Havel für die als »tapfere Leute« hoch angesehenen Lutizen oder Wilzen, zu denen Redarier, Zirzipaner, Kessinen, Tollenser und Ukranen gehören.

Ihren christlich-germanischen Nachbarn erscheinen all diese Menschen als eine amorphe Masse seltsamer Ungläubiger, die ihren Naturgöttern die abgeschnittenen Köpfe braver Christen opfern, mit Menschenblut auf ihre Siege anstoßen und christliche Frauen und Kinder in die Sklaverei verschleppen. Aber sie sind zugleich tüchtige Fischer, Bauern, Jäger. Sie roden Wälder, machen Sümpfe urbar. Daneben treiben sie Handel, haben Städte wie Gnesen, Kolberg und Stettin gegründet und griechische Künstler ins Land geholt. Im Krieg sind sie tapfere Kämpfer und im Frieden geschickte Kaufleute mit weitherziger Moral: »Was du des Nachts gestohlen hast, sollst du am anderen Morgen an Gäste austeilen.«

Als Otto der Große an der sächsischen Grenze seine Marken und 967 Magdeburg als Missionsbistum gründete, war es kaum seine Absicht gewesen, diese Kultur zu zerstören. Erst unter Heinrichs Großvater Lothar begann eine neue, aggressivere Ostpolitik, deren Erbe dann sein Enkel Heinrich der Löwe als Herzog von Sachsen wurde. Seine erste Maßnahme wird die Ernennung der Markgrafen Adolf und Heinrich von Badwide. Den Wenden bleibt als halbwegs selbstständiges Gebiet nur Mecklenburg. Doch haben sie sich noch ihre Eigenart und ihre Götter bis in die Zeit bewahrt, da Bischof Gerold nach Holstein kommt. Getreulich notiert Gerolds Begleiter Helmold, was ihnen alles bei ihrem Rundritt widerfährt.

Wie sie zum Beispiel kurz nach dem tristen Aldenburger Auftakt einen Hain passieren, der den wendischen Gottheiten geweiht ist. Gerold schwingt sich vom Pferd, ermutigt sein Gefolge, diese Stätte zu zerstören, und legt selber mit Hand an. Schließlich lodert ein Scheiterhaufen zum Himmel. Aber dann machen sich die Herren lieber unauffällig aus dem Staub. Denn wer würde sie im Ernstfall vor der Wut der Bevölkerung schützen?

Weiter geht der Ritt zu einem reichen Wenden namens Thesemar. Der bittet sie getreu dem Wendenbrauch zu Tisch, demzufolge derjenige, der einen Fremden nicht bewirtet, verrufen und gemein sei. Doch schmeckt den Gästen das üppige Essen nicht recht, und der kredenzte Wein würgt in der Kehle, als sie an den Wänden Folterwerkzeuge für gefangene Christen aus Dänemark entdecken.

Solche Geschichten von gepeinigten, gemarterten Christen dringen nun schon seit Jahrhunderten über die Grenze und tragen dazu bei, die Wenden als Teufel in Menschengestalt zu zeigen: »Die Kirchen haben sie durch Götzendienst entweiht, die Altäre haben sie zerstört, und was der Menschengeist zu hören sich scheut, das begehen sie gegen uns, ohne zurückzuschaudern«, so ein Magdeburger Geistlicher, »wild brechen die Heiden in unseren Bezirk ein, schonungslos rauben, morden, zerstören sie ... Einzelne enthaupten sie und opfern ihre Köpfe den

Götzen. Anderen nehmen sie die Eingeweide heraus, binden ihre abgeschnittenen Hände und Füße an und sagen dann, unseren Christus verhöhnend: Wo ist ihr Gott …« Das steht in einem Bericht, der schon zwanzig Jahre vor Heinrichs Geburt im Reich kursiert. Demnach ziehen Wenden ihren Gefangenen die Kopfhaut ab. Priestern wird das Kreuz in die Schädeldecke geschnitten, und ein Dänenkönig, um die Schilderung von Märtyrerschicksalen gebeten, zuckt gelangweilt die Achseln: »Sei still, mein Sohn; wir haben in Dänemark und im Slawenland so viel Märtyrer, dass sie ein Buch kaum umfassen könnte!«

Allerdings fasst auch kein Buch die Grausamkeiten gegen die Slawen. Schon König Heinrich I. hatte Blutbad mit Blutbad erwidert. Heinrichs Sohn Otto der Große hatte es dann mit seiner Würde als Erster Herr der Christenheit durchaus vereinen können, nach einer Schlacht alle Gefangenen niederzumachen, einem gefallenen Fürsten den Kopf abzuschlagen und einen seiner Ratgeber zu blenden, um ihn schließlich zwischen den Leichenbergen des Schlachtfeldes hilflos zurückzulassen. Und einen Herrscher wie Konrad II. hatte die Schändung eines Kruzifixes so sehr in seinem Zartgefühl verletzt, dass er gefangenen Slawen umgehend das Gleiche antun und ihnen die Augen ausstechen, Arme und Füße abreißen ließ.

Die Zeit der allerschlimmsten Exzesse ist vorbei, als Heinrich der Löwe an die Macht kommt. Wenn er aber in den ersten Jahren seiner Regierung auch nicht das Leben der Slawen bedroht, so presst er aus ihnen an Tributen heraus, was immer sich abpressen lässt, und das ist für das propagierte Christentum ebenso wenig eine Empfehlung wie die Blutbäder der Vergangenheit.

Ein Kirchenmann wie Gerold hat also einen schweren Stand. Wie schwer er ist, erfährt Gerold, als er kurz nach der makabren Visite bei Theszemar nach Lübeck kommt und die dort zusammengeströmten Wenden aufruft, sich endlich taufen zu lassen. Einer seiner Zuhörer holt dann seinerseits zu einer Rede aus: »Deine Worte, ehrwürdiger Bischof, sind Worte Gottes und dienen zu unserem Heil. Aber wie sollen wir diesen Weg betreten, da wir in so viele Übel verwickelt sind … Das

Volk, das du vor dir siehst, ist dein Volk, und es ist recht, dass wir dir unsere Not vorlegen…« Der Wagrierfürst Pribislaw sagt das, und was zunächst fast demütig klingt, bekommt schon bald heftigere, bösere Farbe. »Unsere Fürsten verfahren mit solcher Strenge gegen uns, dass wegen des Drucks der Abgaben und der Knechtschaft uns der Tod lieber ist als das Leben. Siehe, in diesem Jahr haben wir, die Bewohner dieses kleinen Erdenwinkels, dem Herzog volle tausend Mark bezahlt, dazu dem Grafen so viele Hunderte, und doch sind wir darüber noch nicht weg, sondern werden tagtäglich gepresst und gepresst, sodass wir fast ganz zugrunde gerichtet sind …«

Das ist mehr als ein geschickter Gegenstreich. Hier beschwört ein aufrechter Mann die ganze Not seines Volks: »Wie sollen wir jetzt für diesen neuen Glauben die Möglichkeit erlangen, Kirchen zu bauen und uns taufen zu lassen, wir, denen täglich die Flucht vor Augen tritt? Und hätten wir noch einen Ort, wohin wir entfliehen könnten…« Schließlich Pribislaws Fazit: »Sind nicht die Fürsten, die uns dazu treiben, daran schuld?«

Gerold hat wenig zu erwidern. Er kann nur zu unverhohlenem Opportunismus auffordern: »Dass unsere Fürsten bisher euer Volk misshandelt haben, ist nicht zu verwundern, denn sie glauben, an Götzendienern sich nicht eben versündigen zu können. Darum nehmt lieber zum christlichen Glauben Zuflucht …« Er selbst sucht aber Zuflucht bei Herzog Heinrich.

Der Löwe kann nichts tun, selbst wenn er wollte. Die Italienfahrt hat seine Mittel erschöpft. Er braucht das Geld der Slawen. Immerhin lädt Heinrich für den März 1156 zu einem Landtag nach Artlenburg an der Elbe ein. Dort sind dann auch die Wendenfürsten mit den Herren Niklot und Pribislaw an der Spitze zugegen. Doch zum Prediger eignet sich Heinrich nun einmal nicht. Zwar holt auch er zu einer mahnenden Tirade aus, doch gibt ihm Niklot eine Antwort, deren Ironie noch böser wirkt als Pribislaws aufrichtige Empörung: »Sei der Gott, der im Himmel ist, dein Gott, und du sei unser Gott, so sind wir zufrieden. Verehre du jenen, und wir werden dich verehren!«

Heinrich schockiert die Antwort nicht nur wegen der vermeintlichen Gotteslästerung. Er spürt auch die hinter faustdicker Schmeichelei verborgene faustdicke Verachtung. Missionar Heinrich, das ist klar, wird von den Wenden schlichtweg nicht ernst genommen. Er ist wohl auch nicht ernst zu nehmen. Denn wenn sich Heinrich für das Slawenland interessiert, so allein wegen des Zuwachses an Macht und Reichtum. Ob die Wenden Christen oder Heiden sind, lässt ihn zutiefst kalt.

Doch geht es im 12. Jahrhundert überhaupt noch um die Christianisierung irgendwelcher Heiden? Ist das Missionswerk nicht längst zum Vorwand für eine ganz andere Bewegung geworden? Noch einmal jener Bericht des Magdeburger Geistlichen, wo es zum Schluss heißt: »Diese Heiden hier sind die allerschlimmsten, aber ihr Land ist das allerbeste an Fleisch, Honig, Mehl, Geflügel, und wenn es ordentlich bestellt wird, an Fruchtbarkeit aller landwirtschaftlichen Erzeugnisse …« Damit aber auch die allerletzten Zweifel beseitigt werden, was hier eigentlich Sache ist, tönt nach Paukenschlag und lockendem Schalmeienklang die ermunternde Fanfare: »Wohlan denn, ihr Sachsen, Franken, Lothringer, Flamen, ihr ruhmwürdigen Bezwinger der Welt! Hier könnt ihr zugleich für das Heil eurer Seelen sorgen und, wenn ihr wollt, das fruchtbarste Land zur Siedlung erwerben. Gott möge euch Willen und Macht geben, diese benachbarten unmenschlichen Heiden zu unterjochen …«

Dieser Aufruf ist also nichts anderes als eine Werbeschrift und richtet sich an alle, denen die Heimat zu eng wird. Davon gibt es aber im damaligen Deutschland Hunderttausende. Diesen Menschenmassen tut sich der Osten als ein Land der unbegrenzten Möglichkeiten auf. Die Geistlichkeit lockt mit Verdiensten um die unsterbliche Seele, der einzelne Markgraf mit allerlei Privilegien, und in Sachsen, Franken, Westfalen und vor allem in den völlig übersiedelten Gebieten am Niederrhein, in Holland und Flandern überlegen immer mehr Menschen, ob sie nicht das Abenteuer »Kolonisation« wagen sollen.

Im Osten ist es interessant geworden. Das soll aber zu einer Entwicklung führen, die sich völlig abseits der offiziellen kaiserlichen Politik vollzieht. Denn die Salier waren immer nur nach Süden ausgerichtet, und die Staufer folgen dieser

Spur. Dieser neue Zug in den Osten bleibt den »Männern an der Grenze« überlassen, Albrecht dem Bären in seiner Nordmark, Konrad von Wettin in den Marken Meißen und Lausitz, Adolf von Holstein und schließlich Heinrich dem Löwen. Ihre Namen stehen für die große Wende in der Kolonisationsgeschichte.

Seit dem Ende ottonischer Ostpolitik hatten die großen Missionarsgestalten das Vordringen in den Gebieten jenseits der Elbe geprägt. Jetzt rücken an ihre Stelle nüchterne Tatmenschen, denen es nicht um die Seelen der Slawen, sondern einzig um deren Grund und Boden geht. Das aber bedeutet Krieg. Koexistenz zwischen Sachsen und Wenden? Sie schien einmal möglich. Immerhin bekannten sich viele Wenden zum Christentum, es gab christliche Wendenfürsten wie König Heinrich in Alt-Lübeck. Warum sollte ein friedliches Nebeneinander nicht möglich sein? Doch um 1156 erscheint solch eine Vorstellung bereits als Illusion. Bischöfe und Markgrafen suchen ihre im Slawenland immer gefährdete Position zu schützen, indem sie möglichst viele Ansiedler in ihr Land holen. Diese Ansiedler bedrängen zunehmend die Slawen. Diese Slawen sind wiederum nicht eine dumpf ergebene Masse. Irgendwann werden sie sich zur Wehr setzen.

Im Jahr 1158 ist es dann so weit. Für Heinrich den Löwen beginnt das große Spiel im Osten, das zugleich eine Tragödie ist. Die Tragödie der Wenden, ganz nach klassischem Muster in drei Akten.

### *Die Wenden – Tragödie in drei Akten*

Um die Jahreswende 1158/59 kommt es an der sächsischen Nordgrenze zu einer folgenreichen Begegnung. Zum ersten Mal stehen sich am Ufer der Eider der Herzog von Sachsen und der König von Dänemark gegenüber. Vermutlich hat Heinrich auf diese Begegnung gedrungen. Denn während des anstehenden Italienzugs will er die sächsischen Grenzen so sicher wie möglich wissen, wozu gutes Einvernehmen mit den Nachbarn gehört, darunter auch mit dem König von Dänemark.

Bislang hat er bei seiner dänischen Politik keine allzu glückliche Hand gehabt. In diesem vom Kaiser lehensabhängigen Königreich hatte sich nach dem Tod König Eriks III. im Jahr 1146 der Sohn seines Vorgängers, Sven, mit seinem Vetter Knut um die Nachfolge gerauft. Dabei war auch Sachsen als benachbartes Herzogtum in die innerdänischen Wirren hineingezogen worden, und Heinrich gelang es, zielsicher auf das jeweils falsche Pferd zu setzen.

Zunächst stand er auf der Seite Knuts, der zwischen 1146 und 1152 alle wichtigen Schlachten verlor. Als sich dann auch Barbarossa für Sven entschied, war Heinrich umgeschwenkt. Jedoch entpuppte sich dieser Sven schon bald als solch kompletter Versager, dass sich für ihn keine Hand rührte, als ihn 1154 der mit seinem Schwager Waldemar verbündete Knut außer Landes jagte.

Prompt beging Heinrich den nächsten Fehler. Von Sven ließ er sich weismachen, dass die Dänen nichts so sehnlich wünschten wie seine Heimkehr. Er hat ihm also ein großes Heer zur Verfügung gestellt und ist sogar selbst an Svens Seite zur Grenze hinaufgezogen. Dort muss er jedoch feststellen, dass sich niemand jubelnd auf die Seite des Despoten schlägt. 1157 lösen sich dann alle dänischen Querelen auf, wenn man so will, natürliche Weise, als Sven Knut bei einem Versöhnungsmahl ermorden lässt und selbst im Kampf mit Waldemar fällt. Dieser Waldemar ist nun der neue König, und Heinrichs Gefühle dürfen recht gemischt gewesen sein, als er den hünenhaft gewachsenen Dänen am Eiderufer warten sieht.

Heinrich wird in seinen Erwartungen angenehm enttäuscht. Der König schiebt alles Vergangene zur Seite und spricht gleich von der Gegenwart. Die obotritischen Seeräuber aus Mecklenburg, die seit Jahrzehnten die dänische Küste verwüsten, machen ihm schwere Sorgen. Tausend Mark in Silber will er zahlen, wenn Heinrich seinen Einfluss aufbietet, diese Überfälle zu unterbinden. Der Herzog ist hocherfreut, und zwischen den beiden Männern kommt es zu einem Freundschaftsbund, fast wie zwischen Heinrich und Barbarossa.

Wieder stehen zwei ungleiche Partner nebeneinander, der selbstherrliche, geradlinige Sachse und der schillernd gescheite

Däne, um einiges älter als Heinrich, ein großer Kämpfer, kluger Politiker, zugleich aber ein verschlagener Intrigant. Man mustert sich wechselseitig aus den Augenwinkeln: Wie lange braucht der eine den anderen, wann wird die Freundschaft mit dem anderen eher lästig werden? Auch dieser Bund trägt also von Anfang an den Keim der Zerstörung in sich. Zunächst bemühen sich aber noch beide Seiten redlich um die neue Freundschaft.

Heinrich ruft die Slawen zusammen, um ihnen die Seeräuberei endgültig zu untersagen, und als sie sich nicht gleich bei ihm einstellen, fällt er in ihr Land ein und setzt ihnen nach bewährtem Muster so lange zu, bis sie ihm jedes verlangte Versprechen geben. Die Tragödie der Wenden hat damit begonnen, und die Geschehnisse von 1158/59 sind nur das Vorspiel gewesen. Der erste Akt beginnt 1160.

Natürlich halten sich die Obotriten nicht an ihr Versprechen, sobald sie den Herzog außer Landes wissen. Nach wie vor segeln sie nach Dänemark, rauben, plündern und lassen nicht, wie Helmold sagt, »von den Sünden der Väter«. Waldemar kommen aber Zweifel, ob nicht die tausend Silbermark fehlinvestiert waren.

1160 trifft Heinrich wieder in Sachsen ein. Von den bösen Nachrichten ist er tief betroffen. Wie kann er künftig noch als Oberherr des Slawenlandes ernst genommen werden, wenn sein Wort so wenig gilt? Noch einmal versucht es Heinrich im halbwegs Guten, als er die Grenzbewohner, Sachsen wie Slawen, zu einer großen Aussprache zusammenruft. Doch ziehen es die Slawen vor, Heinrichs Landtag lieber gleich fernzubleiben. Heinrich ist empört. Er will nun ein Exempel statuieren, tut die Slawen in die Acht und ruft seine sächsischen Vasallen zu einem Wendenfeldzug. Das geschieht im Mai. Im Sommer, zur Erntezeit, soll der Krieg beginnen.

Das alles erinnert an den Auftakt zum Wendenkreuzzug vor dreizehn Jahren, und vielleicht verführt diese Erinnerung Niklot dazu, die Taktik von damals gleich ein zweites Mal anzuwenden. Ein Überfall auf Lübeck soll ein Warnzeichen setzen, bevor die Sachsen angreifen können, und ein kleines Heer marschiert auf Lübeck zu. Schon bald erreicht es die Brücke, die über die Wakenitz hinüber zur Halbinsel führt. Die Lübecker sind ebenso ahnungslos wie damals im Sommer 1147. Der Zufall will es aber, dass an diesem Abend ein Priester namens Ethelo am Brückengeländer lehnt. Im letzten Tageslicht sieht er das heranziehende Wendenheer, und mit dem wachen Instinkt des stets gefährdeten Grenzbewohners betätigt er in fliegender Hast die Zugbrücke. Hilflos stehen die Feinde am anderen Ufer. Ihr Sturm auf Lübeck unterbleibt.

Nun greifen aber Sachsen und Dänen an, »mit Feuer und Schwert«, wie Helmold schreibt, Waldemar von Norden her, Heinrich von Westen aus. Niklot wagt gar nicht erst die offene Schlacht, sondern zieht sich in seine Festung Werle an der Warnow zurück. Schon scheint der Krieg entschieden zu sein, als von Werle aus Niklots Söhne Pribislav und Wratislav einen verzweifelten Ausfall wagen und dabei einige sächsische Trossknechte niederstechen. Doch auf einmal erscheinen sächsische Ritter auf dem Kampfplatz, kreisen die Wenden ein und schlagen die beiden Obotritenprinzen in die Flucht. Niklot gibt aber nicht auf.

Der alte Mann ahnt, dass nur noch die Wahl zwischen Sieg oder Untergang bleibt. Seine Söhne empfängt er mit Flüchen und Schmähungen: »Ich hatte gedacht, Männer aufgezogen zu haben. Die aber fliehen eiliger als Weiber …« Dann zieht er selbst in den Kampf hinaus.

Nur wenige seiner Leute begleiten ihn, als er sich an die Sachsen heranschleicht und plötzlich sächsische Trossknechte vor sich sieht, die gerade Getreide auf ihre Karren laden. Sie scheinen unbewaffnet zu sein, und Niklot glaubt sich seines Sieges so sicher, dass er selbst als Erster auf die Feinde eindringt. Sein Speer zielt auf die Brust des nächsten Gegners, der sich ihm entgegenstellt. Doch als er ihm die Waffe in den Leib rammen will, zersplittert sie am Metall der Rüstung, die der Sachse unter seinem Leinenwams trägt. Niklot begreift zu spät, dass diese harmlosen Trossknechte in Wahrheit schwer bewaffnete Krieger sind, die auf einen solchen Überfall nur gewartet haben. Schon umringen sie ihn und schlagen ihn nieder, während seine Gefolgsleute davonjagen. Der letzte bedeutende Wendenfürst ist tot, dieser Krieg gewonnen.

Nun läuft in die Warnow die Flotte der Dänen ein, und das von seinen Bewohnern preisgegebene Rostock wird besetzt und niedergebrannt. Waldemar und Heinrich können ein triumphales Fazit ziehen. Die Obotriten ergeben sich ohne weiteren Widerstand. Alles Land bis hinauf zur Warnow fällt endgültig dem Herzog zu. Den Slawen gehört nur noch Werle, das Niklots Söhne in Brand gesteckt hatten, bevor sie sich in die Wälder flüchteten, und Kessinen wie Zirzipaner müssen von jetzt an Tribut zahlen. Aber die Tragödie der Wenden hat damit nicht ihr Ende. Zwei Jahre vergehen. Dann beginnt der zweite Akt.

Niklot ist tot. Doch die Legende um ihn lebt weiter, am stärksten in seinen beiden Söhnen Pribislav und Wratislav. Sie sind zwar praktisch machtlos, dennoch gelingt es ihnen, in aller Heimlichkeit ein Heer zu sammeln und auszurüsten. So geheim bleibt es aber nicht, dass nicht Gerüchte von einem allgemeinen Aufstand im Wendenland zum Herzog dringen. Der Löwe zögert nicht lange. 1163 bricht unter seiner und Adolf von Schauenburgs Führung ein Heer gegen die Obotriten auf. Pribislav zieht sich mit seinen Leuten in die Wildnis zurück. Wratislav hingegen verstärkt Werles Befestigungsanlagen und hofft auf einen frontalen Ansturm der Sachsen, dem er standhalten zu können meint.

Doch denkt Heinrich gar nicht daran, dem Gegner diesen Gefallen zu tun. Seine auf Angriff drängenden Krieger ermahnt er: »Warum nähert ihr euch unnötig den Toren der Stadt und bringt euch in Gefahr? Solche Kämpfe sind zwecklos und verderblich. Bleibt lieber in euren Zelten, wo euch die Pfeile der Feinde nicht erreichen können, und gebt auf die Belagerten Acht, damit euch keiner entwischt. Meine Sorge wird es sein, mit Gottes Hilfe ohne viel Unruhe und große Verluste mich der Stadt zu bemächtigen …« Dann hält er es jedoch weniger mit Gottes Hilfe als mit den in Italien gemachten Erfahrungen. Seine Leute lässt er in den Wäldern Holz schlagen. Daraus werden nach italienischem Muster Kriegsmaschinen gebaut, ein »Widder«, der nun täglich gegen die Mauern rammt, und ein Turm, von dem aus sich Stunde für Stunde ein Pfeilregen über Werle ergießt.

Einige Wochen hält die Festung stand. Dann zeigt die Mauer erste Risse. Die Befestigungen wanken in ihren Fugen. Zugleich grassieren Hunger und Durst, und die Menschen prügeln sich um die verbliebenen Vorräte, während die Pfeile der Feinde auf die Stadt niedersurren. Einer von ihnen trifft auch Wratislav. Schwer verletzt wird er davongetragen. Auf seinem Krankenlager begreift er, dass seine Sache verloren ist. Er will Frieden, und nur einer kann ihm erträgliche Bedingungen verschaffen: Adolf von Schauenburg, der alte Freund seines Vaters. Der Graf erklärt sich zu einer Unterredung bereit.

Adolf mag verstehen, was in dem Obotriten vorgeht. Doch im Hintergrund wartet ungeduldig Heinrich, und so kann der Schauenburger außer väterlichen Ermahnungen (»Wer, ich bitte dich, hat dir den Rat gegeben, eine Belagerung zu bestehen?«) nur das eine sagen: »Es bleibt nichts übrig als eine Übergabe …« Sie verläuft recht glimpflich. Heinrich hält sich an sein Wort, keinen zu verletzen oder zu töten. Er setzt sogar Niklots Bruder Ludemar als Werles Statthalter ein und hält die übrigen slawischen Fürsten nur so lange gefangen, bis ihre Familien das geforderte Lösegeld bezahlt haben, denn seinen Profit vergisst Geschäftsmann Heinrich nie. Einzig Wratislav bleibt in seinem Gewahrsam.

Ein Jahr lang ist der Fürst unfreiwilliger Gast auf Burg Dankwarderode. Dort bleibt ihm Freiheit genug, um gelegentlich an seinen glücklicheren Bruder eine Botschaft hinauszuschmuggeln. Die heißt aber unmissverständlich: »Ich liege hier im ewigen Gefängnis, und du tust nichts für mich? Auf, erhebe die Waffen und befreie mich mit Gewalt …«

Pribislav wäre allein machtlos. Aber im Jahr nach diesem zweiten Wendenkrieg greift unter den Slawen das Gefühl um sich, endgültig verloren zu sein, wenn nicht noch einmal der Kampf mit den sächsischen Eindringlingen gewagt wird. Das ist Pribislavs Chance. Ein letztes Mal gelingt es ihm, nicht nur die Obotriten, sondern auch andere Wendenstämme wie Kessinen und Zirzipanen zu einer großen Front zusammenzuschweißen. 1164 beginnt diese letzte Schlacht. Als »großer Wendenaufstand« geht sie in die Geschichte ein, dritter und abschließender Akt der Wendentragödie.

Pribislavs Scharen brechen auf. Zunächst erreichen sie die nur schwach besetzte Festung Mecklenburg, wo vor allem flämische Ansiedler wohnen. Von ihnen kommt keiner davon, als sie erst einmal Pribislavs Aufforderung zur bedingungslosen Übergabe abgelehnt haben und von ihm niedergezwungen worden sind. Pribislav zieht weiter zur Festung Ilow. Daheim in Sachsen begreift Heinrich die Gefahr. An die sächsischen Ritter ergeht der Befehl, sich umgehend zur neuen Heerfahrt einzustellen. Diesmal sind aber nicht nur Heinrichs eigene Vasallen aufgerufen, sondern auch die der Bischöfe und Grafen seines Herzogtums. Der Wendenkrieg ist eine gesamtsächsische Angelegenheit. Und Heinrich überwindet sich.

Er bittet seinen ärgsten Feind Albrecht den Bären um Beistand, den der Askanier sofort gewährt. Schließlich steht gleichermaßen seine eigene Sache auf dem Spiel. Zugleich nimmt der Herzog Kontakt zu Waldemar auf, dem Kumpan von 1160. Sie erneuern ihre rissig gewordene Freundschaft, und zu ihrer Bekräftigung stimmt der Herzog einer Verlobung seiner Tochter Mathilde mit Waldemars Sohn Knut zu. Mathilde, aus Heinrichs Verbindung mit seiner einzigen namentlich bekannt gewordenen Geliebten, der Lothringer Grafentochter Ida le Castrois, und vom Vater legitimiert, ist zwar noch ein Säugling, der Dänenprinz ein Kind von einem Jahr. Doch in Sachen Politik muss ein Fürstenspross auch schon in der Wiege herhalten.

Waldemar ist versöhnt. Seine Flotte steuert auf die Peenemündung zu. Zugleich setzen sich die sächsischen Truppen in Bewegung. Die Zeit drängt. Denn Pribislav reiht inzwischen Erfolg an Erfolg. Bei Malchow trifft Heinrichs Heer mit den Truppen Adolfs von Schauenburg zusammen, und hier kommt es zu einem kleinen grausigen Zwischenakt der Wendentragödie. Ein Galgen wird errichtet, und Wratislav, den der Herzog in seinem Gefolge mitgeschleppt hat, muss vortreten. Ohne Prozess wird er aufgeknüpft, einzig für das Verbrechen, Pribislavs Bruder zu sein. Achselzuckend wendet sich Heinrich ab.

Gegen den Löwen ist Pribislav machtlos. Er zieht sich bis nach Demmin an der Peene zurück, und die sächsischen Truppen setzen ihm nach, mit Adolf von Schauenburg an der Spitze.

Bei Verchen schlägt der Graf sein Lager auf, und hier versuchen es die Wenden noch einmal mit List, als sie viel Geld für einen freien Abzug aus Demmin bieten. Adolf wird unsicher. Denn kaum gibt er sich geneigt, das Angebot anzunehmen, als andere Boten erscheinen und einen neuen, geringeren Preis nennen. Schließlich begreift er: Die Slawen versuchen die Zeit zu gewinnen, die sie bis zum großen Angriff brauchen.

Es kommt ein Morgen, an dem einige junge Sachsen früher als ihre Kameraden aufgestanden sind und gerade nach den Pferden sehen, als plötzlich riesige Scharen wendischer Krieger die Hügel von Verchen hinunterströmen. Gellend rufen die Ritter Alarm. Doch schon stehen die Wenden im Lager. Adolf hat sich als Erster gefasst. Der erfahrene alte Kämpfer geht sofort zum Angriff über und treibt sogar eine Gruppe Wenden in einen Sumpf zurück. Doch das ist seine Todesfalle, denn hier wird er von den Slawen niedergehauen. Weiter dringen sie ins Lager vor, während die sächsischen Ritter vor Schreck wie gelähmt zu sein scheinen. Erst im letzten Augenblick lösen sie sich aus ihrer Erstarrung, und »schließlich verwirrte der Herr selbst die Sinne der Slawen so sehr, dass sie, wie vom Schwindel ergriffen, von der Hand der trefflichen Ritter fielen«, wie Helmold berichtet.

Der große Wendenaufstand ist zusammengebrochen, der letzte Akt der Tragödie beendet, und wie eine echte Tragödie kennt sie nicht Schuld oder Unschuld. Weder haben sich die Wenden willkürlich gegen die Sachsen zur Wehr gesetzt noch hat sie Heinrich willkürlich unterworfen. Ihr Untergang war Konsequenz einer nahezu zwangsläufigen Entwicklung, und an ihrem Ende steht der siegreiche Löwe zwischen den Leichenbergen dieser Schlacht und beweint den Tod seines alten Freundes Adolf von Schauenburg. Im Hintergrund färbt sich aber der Horizont blutrot. Die Wenden haben die Festung Demmin angezündet, bevor sie flüchteten, und zwischen ihren noch rauchenden Trümmern trifft Heinrich auf Waldemar. Dessen Dänen sind in Siegesstimmung. Nun könnte unter der Führung von Heinrich und Waldemar ein Eroberungszug bis weit in den übrigen Osten beginnen.

Noch nie zuvor und nie mehr danach bietet sich ihm so nah, so lockend deutlich die Chance, als großer Eroberer in die Geschichte einzugehen. Doch geschieht etwas Seltsames. Heinrich, eben noch stolzgeschwellt, wird plötzlich unruhig. Dem zutiefst enttäuschten Waldemar erklärt er, umgehend nach Braunschweig zurückkehren zu müssen, wo soeben eine hochwichtige Gesandtschaft des byzantinischen Kaisers angelangt ist. Wenige Tage später trifft der Herzog auf Dankwarderode ein. Erstaunt blickt man diesem merkwürdigen Eroberer nach. Jedoch verweist in seinem Leben nichts so deutlich auf den Pragmatiker Heinrich wie diese überraschende Kehrtwendung im Juli 1164.

Heinrich will kein Reich im Osten, dessen Aufbau und Lenkung die Möglichkeiten eines Sachsenherzogs entschieden überfordern würden. Und er will nicht Eroberungen, die er mit seinem dänischen Verbündeten teilen müsste. Denn dann würde er sich im Slawenland nur einen Konkurrenten schaffen, der für seine Vormachtstellung jenseits der Elbe gefährlich werden könnte. Indem sich aber der Herzog mit dem Erreichten zufriedengibt, zwingt er den Dänen gleichfalls zum raschen Friedensschluss und Rückzug in sein Königreich. Der Erfolg bleibt groß genug.

Das Land bis hinauf zur Warnow ist jetzt fester Teil von Heinrichs unmittelbarem Machtbereich. Die Wenden sind nicht mehr das ständig gärende Problem. Das heißt allerdings noch nicht, dass von jetzt an im Osten Ruhe herrscht. Eigentlichen Abschluss finden die Kämpfe erst 1166, als Heinrich, unter dem Druck des gerade einsetzenden sächsischen Fürstenaufstands, Pribislav zur allgemeinen Überraschung wieder in Gnaden aufnimmt und ihm sogar einen Teil seiner alten Rechte zurückgibt. Das schränkt zwar seinen eigenen Spielraum ein, schafft ihm aber einen verlässlichen Verbündeten im Slawenland.

Ein anderes Problem bedeutet die wechselnde Beziehung zu Dänemark. Denn mit zunehmendem Erfolg stellt Waldemar der sächsischen eine eigene dänische Ostpolitik entgegen. Immer wieder droht dabei Zwist zwischen dem Sachsen und dem Dänen, und erst 1171 trifft man sich wieder an der Eider und erwägt von Neuem die verwandtschaftliche Verbindung der Herrscherhäuser. Die Verlobung des dänischen Kronprinzen mit Mathilde ist zwar wieder rückgängig gemacht worden, denn dem immer mächtiger gewordenen Waldemar erscheint die Verbindung mit einem außerehelich geborenen Mädchen als nicht mehr standesgemäß. Gertrud findet jedoch vor seinen Augen Gnade, Heinrichs Tochter aus der Ehe mit Clementia, um diese Zeit zwar eine schon recht reife junge Dame, dazu Witwe des vor Rom dem Fieber erlegenen kaiserlichen Vetters Friedrich von Rothenburg, und Waldemars Sohn Knut ist noch ein halbes Kind. Doch soll das die Harmonie nicht stören, und Heinrich ist sehr stolz. Solche Verbindungen unterstreichen seine Stellung in der ersten Reihe der europäischen Fürsten.

1177 sieht man ihn ein letztes Mal gemeinsam mit Waldemar gegen die Slawen ziehen. Die große Auseinandersetzung mit den Wenden schließt aber 1164 ab, und alles andere ist nur noch Nachspiel. Bis zu seinem Sturz gerät Heinrichs Vormachtstellung im Osten nicht mehr ernstlich in Gefahr. Und wieder stellt sich die Frage: Was wird nun dieser Mann dort an der Grenze aus seiner größten Eroberung machen?

## *Der Mann an der Grenze*

»Bei allen Unternehmungen aber, die der junge Herzog im Slawenland durchführt, geht es ihm nicht um das Christentum, sondern vor allem um das Geld …« Als Helmold um 1147 diesen Stoßseufzer in seine ›Slawenchronik‹ einfließen lässt, hat Heinrich mit seiner Ostpolitik noch gar nicht recht begonnen. Doch die Erkenntnis stimmt auch zwanzig Jahre später noch. Es geht ihm wirklich nur um Geld, oder genauer: um die Macht, die ihm ein reiches, befriedetes Land jenseits der Elbe bringt. Das macht sein Vorgehen im Osten nicht sonderlich heroisch. Das nimmt ihm dafür die hysterisch-hybriden Züge vergleichbarer historischer Prozesse.

Gleich nach dem Sieg über Niklot, im Jahr 1160, geht Heinrich daran, das neu gewonnene Territorium fest in den Griff zu bekommen. Dabei hat er die einmalige Chance, im frisch eroberten Wendenland die Ablösung des Lehenssystems durch eine zentrale Verwaltung zu verwirklichen. Das Land zwischen Elbe und Peene wird in vier große Distrikte aufgeteilt. Schwerin, Quetzin, Malchow und Mecklenburg sind ihre Mittelpunkte. Dort halten jetzt Heinrichs Leute ihren Einzug, nicht Grafen oder Untergrafen, sondern Ministeriale wie Ludolf von Peine für Malchow, Ludolf von Braunschweig für Quetzin und Heinrich von Schathen für die Festung Mecklenburg.

Im Zentrum Schwerin findet man Gunzelin von Hagen, einen Draufgänger und groben Landsknechtstyp von reichlich düsterem Ruf. Jedoch schätzt der Herzog seine Loyalität und Tüchtigkeit hoch genug ein, um ihm außer Schwerin auch noch das Oberkommando über das gesamte Obotritenland anzuvertrauen. Gunzelin und seine drei Kollegen herrschen als *praefecti*, herzogliche Beamte, und ihre Macht umfasst Militär wie Verwaltung. Doch bleiben sie ganz und gar von Heinrich abhängig, der hier seinen kühnsten Vorstoß gegen die Lehenskonvention unternimmt. Nach sechs Jahren wird das Experiment denn auch gescheitert sein.

Da erschüttert gerade der heraufziehende sächsische Fürstenaufstand Heinrichs Position. Der Herzog ist auf jeden Bundesgenossen angewiesen. Das fordert seinen Preis. 1166 wird der bewährte Gunzelin Graf von Schwerin und damit ein Lehensmann alter Art. In diese Zeit fällt Heinrichs Aussöhnung mit Pribislav, der ihm den Lehenseid leistet. Also herrscht im Obotritenland wieder ein Wende, und dem Herzog bedeutet diese neue Freundschaft so viel, dass er einer Heirat seiner Tochter Mathilde mit Pribislavs Sohn Heinrich Borwin zustimmt.

Heinrich braucht die Aussöhnung nie zu bereuen. Denn Niklots Sohn wird einer seiner eifrigsten Vasallen, ist oft Gast in seiner Residenz und findet schließlich 1178 bei einem zu seinen Ehren abgehaltenen Turnier in Lüneburg den Tod. In der Verbindung mit ihm ist also doch noch Niklots Traum von einer friedlichen Zusammenarbeit zwischen sächsischen und wendischen Fürsten Wirklichkeit geworden. Tatsache bleibt aber, dass auch hier im Slawenland die grundsätzliche Reform der alten Herrschaftsstruktur im Ansatz versandet. Wohl regiert der Herzog, doch auf traditioneller Basis: Im wagrischen Land findet sich als Markgraf der Sohn Adolfs von Schauenburg, in

Polabien um Ratzeburg der tüchtige Heinrich von Badwide, dem 1164 sein Sohn Bernhard folgt, im Mecklenburger Obotritengebiet Pribislav und Gunzelin von Schwerin.

Doch bietet sich dem Herzog als andere Möglichkeit noch die Herrschaft mit Hilfe der Kirche. Denn schließlich ist er weltliches Oberhaupt dreier großer Bistümer im Slawenland. Von diesen Bistümern gehen die wichtigsten Impulse zur friedlichen Übernahme seiner Eroberungen aus. Denn vor allem die Bischöfe ziehen Siedler an. Sie lassen zugleich Kirchen bauen, und die Kirchen werden Mittelpunkt neuer Ortschaften. Sie sorgen auch dafür, dass der anvertraute Grund und Boden bestellt und verwaltet wird. Und sie betreiben die Missionierung der Slawen, die so zu friedlichen Untertanen werden. Diesen hochpolitischen Aspekt der Missionsarbeit verkennt der Herzog keinen Augenblick und sorgt dafür, dass sie von Männern seiner Wahl betrieben werden.

Nicht zufällig stammen die meisten seiner Kirchenfürsten aus seinem engsten Machtbereich, dem Braunschweiger Raum. Gleichfalls nicht zufällig greift er in jede anstehende Bischofswahl ein, um seinen Kandidaten notfalls mit Gewalt durchzusetzen. Seine willigen Instrumente werden diese Männer dennoch nicht. Viel zu sehr bleiben sie Männer der Kirche, um nicht den rigorosen Eingriff Heinrichs in kirchliche Belange zu missbilligen. Und am Ende fühlen sie sich ihrem geistlichen Oberhaupt, dem Erzbischof zu Bremen, immer noch mehr verbunden als dem Herzog.

Schon Vizelin hatte nur unwillig Heinrichs Investiturrecht anerkannt. Auch Gerold, auch Evermod zögern lange, bevor sie Heinrich den geforderten Vasalleneid leisten. Gerolds Nachfolger Konrad wird sich sogar während des Fürstenaufstandes zu Heinrichs Gegnern schlagen. Allerdings hat Heinrich ein sehr probates Druckmittel in der Hand, mit dem er bischöflichen Gehorsam erzwingen kann: das Geld. Die Bistümer sind zwar materiell nicht direkt vom Herzog abhängig. In der Regel ist es der jeweilige Markgraf, der ihnen aus seinem eigenen Lehensbesitz Grund und Boden überlässt. Am Herzog liegt es aber, diese Ansprüche durchzusetzen. Ohne ihn sind die Bischöfe machtlos.

Gerold erfährt das als Erster. Nach seinem traurigen Rundritt von 1156 verbringt er ein volles Jahr als ausgehaltener Habenichts an Heinrichs Hof und bricht schließlich in die Klage aus: »Warum habt ihr mir denn dieses Amt aufgebürdet? Ich hatte es früher viel besser als jetzt ...« Heinrich sieht das ein. Jedoch hat er hierbei in seinem Freund Adolf von Schauenburg einen hartnäckigen Gegner. Der Graf wittert wohl im Bischof einen lästigen Konkurrenten. Also hatte er schon Gerolds Vorgänger Vizelin einen Teil seiner Einkünfte nur mit der Bemerkung abgetreten, dass dies allein aus Freundschaft geschehe und keineswegs eine dauernde Verpflichtung bedeute. Und so muss er nun vom Herzog sehr nachdrücklich gebeten werden, bevor er schließlich mit dreihundert Hufen Land für das Aldenburger Bistum herausrückt. Für Gerold ist damit die schlimmste Zeit vorbei, und seine Laufbahn findet ihren Höhepunkt, als er 1160 nach Lübeck übersiedelt, das Aldenburg als offizieller Bischofssitz ablöst. Dreihundert Hufe Land fallen 1158 auch für Ratzeburgs Evermod ab, und den gleichen Grundbesitz billigt Heinrich zwei Jahre später dem Mecklenburger Bistum zu, das seinen Hauptsitz im neu gegründeten Schwerin gefunden hat.

So geht es denn mit den Ländern im Osten vorwärts. Sie blühen wieder auf, nachdem es dort zunächst furchtbar ausgesehen hatte. Dörfer waren niedergebrannt, Städte verwüstet. In weiten Landstrichen fand sich kein einziger Bewohner mehr. Heinrich stand vor zerstörtem Land, als er sich anschickte, diese Territorien seinem Machtbereich einzuverleiben. Darüber wird er zum Kolonisator.

Bis dahin hatte er für den allgemeinen Zug nach Osten kein sonderliches Engagement gezeigt. Zwar finden sich schon in den frühen sechziger Jahren flämische Siedler im Umkreis von Schwerin. Doch nach dem Wendenaufstand ist davon keine Spur zurückgeblieben. So betreten die Menschen, die jetzt in die Regionen bis zur Peene hinaufströmen, wahrhaft Neuland.

Diese Menschen sind ein Schlag für sich. Eben noch waren sie ohne Besitz und abhängig von irgendwelchen Herren. Nun aber wollen sie sich aus eigener Kraft ihr Glück schaffen. Und wie anders sind die Herren hier im Osten als die Fürsten daheim! Sie buhlen nahezu um ihre Gunst, stellen jeder Familie zwei bis vier Hufe Land zur Verfügung und erlassen bis zu drei, manchmal bis zu zehn Jahren jeden Zins. Kopfnickend nehmen die Siedler all dies freundliche Entgegenkommen zur Kenntnis. Sie haben Grund zur Gelassenheit. Schließlich wissen sie, dass sie gebraucht werden. Sie haben nichts zu verlieren. Sie können nur gewinnen. So gehen sie nun daran, sich mit ihrer Hände Arbeit ihre eigene Welt zu schaffen. Die Holzbauten der Anfangszeit weichen allmählich Backsteingebäuden. Aus Brachland werden Felder, und diese Felder bringen von Jahr zu Jahr bessere Ernte. Denn die Siedler haben ja auch Erfahrungen und Kenntnisse ihrer Heimat mitgebracht. Sie führen den eisernen Pflug ein. Sie wissen, wie man Wälder rodet, Sümpfe entwässert, Wiesen anlegt und Gärten schafft. Eine ganz eigene Kultur, die des deutschen Ostens, reift heran. Heinrich der Löwe erlebt davon in Mecklenburg nur erste Ansätze. Doch der Anfang ist gemacht. Dafür steht auch sein Name.

Die Wunden der überstandenen Kriege beginnen allmählich zu vernarben. Es vernarben zugleich die Wunden der Wenden. Auch unter Heinrich dem Löwen kann die einheimische Bevölkerung existieren. In der ersten Zeit nach dem Wendenaufstand war der Herzog allerdings mit den Slawen brutaler umgesprungen als sein toleranterer Nachbar Albrecht der Bär in seiner Nordmark, dem der Glaube seiner Untertanen völlig gleichgültig war. Heinrich hatte die Wenden vor die Wahl »Taufe oder Vertreibung« gestellt, und die meisten ließen die Taufe über sich ergehen. Die Grenze zwischen ihnen und den deutschen Siedlern verwischte sich damit. Die Siedler fühlen sich wiederum wohl in diesem Land. Und selbstbewusst singen sie das Lied, das die Flamen vom Niederrhein mitgebracht haben: »Dar werde wy wol upgenommen / Se heten uns willkom syn …« Gut aufgenommen fühlen sie sich also, sehen sich willkommen geheißen. Sind sie das wirklich in Heinrichs Machtbereich?

Später heißt es, Heinrich der Löwe habe im Grunde der Kolonisationsbewegung gleichgültig gegenübergestanden, slawische Untertanen seien ihm allemal lieber gewesen als diese stolz auftrumpfenden Neusiedler. Und zweifellos sind die Slawen die bequemeren, da leichter erpressbaren Untertanen. Bei ihnen hatte ein Wink genügt, Heinrichs Willen durchzusetzen. Oder, mit Helmolds Worten: »Er spricht Friede, und sie gehorchen; er befiehlt Krieg, und sie sagen: Da sind wir …« Mit den Siedlern kann nicht so robust umgesprungen werden. Sie kennen ihren Wert, bekommen ihr Land zu vergünstigten Bedingungen und brauchen weniger Abgaben als die Slawen zu leisten. Da mag ein so genau rechnender Fürst wie Heinrich Zeiten zurücksehnen, in denen das Slawenland noch das beliebig ausschöpfbare Reservoir war.

Aber weil eben Heinrich so genau rechnet, sieht er nur allzu gut die materiellen Vorteile der Kolonisation. Denn die Siedler sind nun einmal die tüchtigeren Bauern und haben allen Elan eines Neubeginns. Heinrich erkennt und nutzt das. So scheut er auch nicht die zunächst einmal nötigen Investitionen. Auf diesem Weg wird er schließlich zum Kolonisator. Das will ähnlich differenziert verstanden sein wie das Wort vom »Städtegründer«. Auch hier sind die eigentlichen Kolonisatoren die Siedler. Außerdem beschränkt sich das Gebiet, in dem Heinrich unmittelbare kolonisatorische Arbeit leistet, auf den Umkreis von Schwerin, nachdem Pribislav weite Teile Mecklenburgs zum Lehen erhalten hatte. Hinter allen Kolonisationsbemühungen an den sächsischen Grenzen steht jedoch Heinrich. Ohne seine herzogliche Macht im Hintergrund hätten die Markgrafen und Bischöfe seines Einflussbereichs die Besiedlung ihrer Gebiete nicht so erfolgreich vorantreiben können. Und die Auswahl gerade dieser Männer ist gleichfalls sein Verdienst.

Seine größte Leistung bleibt aber, das neu gewonnene Land zwischen Elbe und Peene der sächsischen Wirtschaft angeschlossen und damit Sachsens Handel endgültig das »Tor zum Osten« geöffnet zu haben. Auch hier gipfelt Heinrichs Wirtschaftspolitik in einer Stadtgründung.

Auf einer Insel in einem der zahllosen Mecklenburger Seen liegt die Burg Schwerin. In ihrem Umkreis leben schon lange Kaufleute, denn dieser Flecken ist Kreuzweg mehrerer Handelswege. Der wichtigste führt hin zur Ostsee, zum Hafen von Wismar. Schon 1160 wird Schwerin Hauptquartier des Oberkommandanten Gunzelin. Im gleichen Jahr verlegt Bischof Berno gleichfalls seinen Sitz hierher. Denn Schwerin soll Mittelpunkt des neu gewonnenen Landes werden. So wird schon um 1160 diesem Ort das Stadtrecht zuerkannt, und immer mehr wächst er zu einer bedeutenden Handelsstadt heran, östlicher Eckstein der gesamten sächsischen Wirtschaft. Schwerin steht im Mittelpunkt von Heinrichs Machtpolitik.

Wenn Heinrich dem Löwen wirklich Geld das Wichtigste ist, wie Helmold klagt, so wird in dieser Hinsicht seine Ostpolitik sein größter Erfolg. Denn als schlichtweg »ungeheuer« bezeichnet die ›Slawenchronik‹ seine Einnahmen aus den Gebieten jenseits der Elbe. Ungeheuer ist zugleich das Ansehen, das er dort genießt. Die Slawen sehen auf ihn wie auf einen Gott: »Er ist der Einzige, vor dem sie Furcht haben. Mehr als alle Herzöge vor ihm, mehr selbst als der viel gerühmte Otto (der Große), hat er die Kraft der Slawen gebrochen und in ihre Kinnbacken den Zaum gelegt. Jetzt lenkt er sie, wohin er will ...« – so noch einmal Helmold. Dabei ist Heinrich im Slawenland nicht einmal Herzog. Sein Rang entspricht dem eines einfachen Markgrafen. Er ist Stellvertreter des Kaisers und damit auf einer Stufe mit den Holsteiner oder den Ratzeburger Grafen. In der Praxis hat das aber nichts zu sagen. Für die Menschen jenseits der Elbe ist er schlicht »der Löwe«. Das reicht.

Der Löwe lässt sich diesen Ruhm nicht zu Kopf steigen. Der Osten bleibt für ihn ein Mittel zum Zweck. Ein Staatengründer Heinrich wird in östlichen Weiten ebenso wenig geboren wie der große Eroberer. Ihm haben sich zwar riesige Räume geöffnet und die einzige Kraft, die hier noch zählt, ist Heinrichs eigene. Dieser Mann, Realist ganz und gar, fällt darüber keinem Größenwahn anheim. Wenn allerdings dieser Realist später zu erstaunlichen Fehleinschätzungen seiner realen Macht neigt, so hat das durchaus auch seinen Grund hier oben im Osten, wo ihm nur allzu selbstverständlich der größte seiner Erfolge gelungen ist – in den gleichen Jahren zwischen 1164 und 1172, als gerade sein Vetter Barbarossa erfahren muss, welch enge Grenzen auch Mächtigen gesetzt sind. Die Welt, das bleibt als Zwischensumme, gehört weder dem einen noch dem anderen.

### *Entscheidung in Würzburg*

Wieder einmal bittet der Kaiser zum Reichstag nach Würzburg, und aus dem gesamten Reich reiten die Fürsten herbei. Wie immer drängt sich staunendes Volk, beklatscht dankbar seinen Liebling Barbarossa und bestaunt ehrfürchtig den mit großem Gefolge eintreffenden Sachsenherzog Heinrich. Auf den ersten Blick scheint also alles wie damals im Jahr 1156 zu sein, als sich der Staufer am gleichen Ort von halb Europa umschmeicheln ließ.

Doch inzwischen schreibt man 1165. Nach außen hin bietet die Versammlung das gewohnt glänzende Bild. Dahinter aber herrschen Spannung und geheime Sorge. Natürlich weiß jeder, worum es gehen wird: um die schon drei volle Jahre anhaltende Kirchenspaltung.

Nach Mailands Eroberung im Sommer 1162 hatte alles noch nach einem kompletten Sieg Barbarossas ausgesehen. Die Stadt war niedergebrannt, ihre Bevölkerung an vier verschiedenen Orten neu angesiedelt, und die gesamte Lombardei lag zu Füßen des Kaisers. Auf seinen Urkunden prangte aber als neuartige Datierung »Vom Tag der Zerstörung Mailands an«, als würde ein neues Zeitalter beginnen. Denn diese Zerstörung hatte mehr als nur die Unterwerfung einer Stadt bedeutet. Mit Mailand war das politische Prinzip eines nur allzu selbstsicher-unabhängigen Bürgertums niedergezwungen worden. Das Herrschertum alten Stils schien triumphiert zu haben, und mit neu gewachsenem Stolz trägt Barbarossa die eiserne Krone der Lombarden, mit der er sich nach dem Sieg über Mailand ein zweites Mal hatte krönen lassen.

Unsichtbar schmückt diese Krone aber auch seinen Kanzler Rainald von Dassel. Für diesen Mann ist in den Jahren nach 1162 ein Lebenstraum in Erfüllung gegangen. Er ist der heimliche, der eigentliche Herr im Land. So scheint es. Er ist es natürlich nicht. Zwar bedeutet er die treibende Kraft in der gesamten kaiserlichen Politik zwischen 1162 und 1167. Jedoch will das nicht überschätzt sein. Denn Barbarossa ist ein Genie in der hohen Kunst, anderen genau die Rolle zuzuweisen, die ihm gerade ins eigene Spiel passt, wie zuvor Heinrich, wie nun

Rainald. In erhabener Güte kann der Kaiser über den Dingen schweben, während sein Kanzler die Rolle des bösen Engels spielt. Ein Spiel von hoher Raffinesse, das in Barbarossas dritter triumphaler Italienfahrt im Oktober 1163 gipfelte.

Da hatte sich niemand mehr dem Kaiser entgegengestellt. Ganz und gar war er nun Herr seines deutsch-römischen Reichs. Wenn, ja, wenn nicht der ungelöste Konflikt mit Papst Alexander III. gewesen wäre. Die unselige Papstwahl von 1159 und das ebenso unselige Konzil in Pavia waren nur Auftakt gewesen. Im Jahr darauf hatte Alexander den Schachzug seines Lebens getan, als er sich nach Frankreich flüchtete und damit das Schisma zu einer gesamteuropäischen Angelegenheit machte. Nun lag der Gegenzug an Barbarossa. Er setzte dabei auf Frankreichs Herrscher, den schwachen, unentschlossenen Ludwig VII.

Noch auf italienischem Boden hatte der Kaiser mit Ludwigs Bevollmächtigtem eine ungemein geschickte Übereinkunft getroffen. Dabei wollte sich der Kaiser bescheiden auf die Position vor den Beschlüssen von Pavia zurückziehen, und bei einem zweiten Konzil sollte ein Gremium aus zehn Bischöfen erneut über die Gültigkeit der Papstwahl entscheiden. Einzige Bedingung sollte aber sein, dass sich bei diesem Konzil nicht nur Barbarossa und Ludwig VII., sondern auch die beiden Päpste einfinden müssten. Der eine würde jedoch automatisch anerkannt werden, wenn der andere dem Treffen fernblieb. Nie aber, das wusste der Kaiser, würde sich Alexander III. solch einem Konzil stellen. Dann müsste Ludwig VII. seinen Schützling fallen lassen.

Der Kaiser hatte sich sehr sicher gefühlt, als er im Herbst 1162 zum Ufer der Saône aufbrach, wo die Zusammenkunft mit Ludwig stattfinden sollte. Aus Dänemark, Böhmen und Ungarn waren die Herrscher herbeibeordert, denn dies sollte nun wirklich ein Konzil des gesamten Abendlandes sein, und im rasch hochgezogenen kaiserlichen Palast zu Dole, der Stadt in Burgund, trafen die Herren auf illustre Gesellschaft aus Deutschland. Die Fürsten des Reichs, wieder mit Heinrich dem Löwen an der Spitze, sowie ein halbes Hundert Bischöfe waren zugegen. Sie alle sollten Augenzeugen des trefflich vorbereiteten Schauspiels sein. Jedoch fand dieses Schauspiel nie statt.

Ludwig VII. mochte schwach sein. Doch war er Politiker genug, um Barbarossas Absicht zu durchschauen. Er begegnete ihr mit Ausflüchten, mit halb gegebenen, dann wieder zurückgezogenen Zusagen. Alexander III. erschien jedenfalls nicht, und im Palast zu Dole wurde die Zeit lang. Ungeduldig blickten die geladenen Herren auf ihren immer nervöser werdenden Herrscher. Barbarossa schien endlich entschlossen, diese Ausweichmanöver mit offenem Krieg zu beantworten, und schon stand sein Heer bereit. Da fand sich unvermutet in Sorge um das europäische Mächtegleichgewicht ein anderer Herrscher ein, Heinrich II. von England. Dem bedrängten Franzosenkönig stellte er sein gesamtes Heer zur Verfügung, um notfalls gemeinsam gegen den Kaiser vorzugehen.

Diese Drohung entschied über das Konzil an der Saône. Nach gerade durchstandenem Italienzug konnte der Kaiser nicht gleich noch einen zweiten Krieg riskieren. Ihm blieb ein sogenanntes »Nationalkonzil«, wo dann die deutschen Herren ganz unter sich blieben, Viktor IV. seine Zuhörer mit der -zigsten Darstellung seiner Papstwahl herzhaft langweilte und schließlich Rainald von Dassel das Wort ergriff. Da wurde es spannend. Und gefährlich. Denn nie hatte der Kanzler viel von einem versöhnlichen Nebeneinander mit Frankreich und England gehalten. Und so mussten sich nun von Dole aus Ludwig VII. und Heinrich II. sagen lassen, dass sie schließlich nur Unter- oder Kleinkönige seien, in deren Belange man sich ja auch nicht mische, wenn es um die Bischofswahl von Reims oder Canterbury ging. Die Papstwahl hätten sie also dem einzig dafür zuständigen Herrscher, eben dem Kaiser, zu überlassen: Rom Barbarossas private Domäne, die Wahl des obersten Herrn der Christenheit persönliche Angelegenheit des Kaisers. So hörte sich diese Rede an. In Frankreich wie England zog man die Konsequenz.

Als es im Winter 1163 zu einem eigenen Konzil der französischen und englischen Kirche kam, war Alexander III. allseits umjubelter Mittelpunkt, dem Heinrich II. und Ludwig VII. ergeben den Steigbügel hielten. Das war die Antwort auf Rainalds Schmähungen. Barbarossas Kanzler mochte vielleicht ein Genie sein. Aber in Alexander III. hatte er einen ebenbürtigen Gegner, der nicht nur in seinem Gastland Frankreich an Boden gewann, sondern auch in Deutschland selbst, wo sich mit der Zeit eine immer stärkere Partei gegen den Kanzler bildete. Sie blieb auf den Kaiser nicht ohne Einfluss.

Rainalds Politik der Provokation um jeden Preis lag Barbarossa im Grunde nicht. Zudem stand es in dieser Zeit persönlich nicht gut um ihn. Auf der Italienfahrt von 1163/64 hatte seine Frau Beatrix eine Fehlgeburt erlitten, und er selbst kränkelte, zeigte sich nervös und unentschlossen. Der Ausgleich, ohnehin mehr das Staufer-Prinzip, lockte. Ließ ihn der kluge Alexander nicht immer wieder behutsam wissen, dass er zur Aussöhnung bereit sei? Allerdings würde sich dann der Kaiser von seinem Kanzler trennen müssen.

Im Frühjahr 1164 hielt sich der Kaiser in Pavia auf. Rainald war nach Lucca gezogen, fast schon ein verblassender Stern. Nur einer schützte ihn noch vor dem Sturz: Viktor IV. Der Kaiser konnte seinen Gegenpapst nicht aufgeben, ohne das Gesicht zu verlieren. So lange blieb auch der Kanzler unentbehrlich. Viktor war aber mittlerweile ein ältlicher, kränkelnder Mann.

Am 20. April 1164 erfuhr Rainald von Dassel, dass Viktor IV. gestorben war. Er holte jetzt zum kühnsten Streich seiner gesamten Laufbahn aus, und bevor noch der Kaiser von Viktors Hinscheiden hörte, ließ der Kanzler einen Nachfolger wählen, den Bischof Guido von Crema. Als Paschalis III. wurde er nun neuer Gegenpapst gleichsam von Rainalds Gnaden. Hätte aber Barbarossa diese beispiellose Eigenmächtigkeit rückgängig machen können? Vielleicht. Und doch beschränkte sich der Kaiser auf einen Wutanfall. Zu sehr waren des Staufers eigene visionäre Vorstellungen vom Wesen der Monarchie mit Rainalds Konzept verwoben, als dass er jetzt seinen ersten Ratgeber hätte fallen lassen können.

In der Folge entwickelten die beiden Herren hektische Betriebsamkeit. Rainald reiste zu Ludwig VII. und Heinrich II., um sie auf Paschalis' Seite zu ziehen. In Deutschland besann sich aber Barbarossa auf seine Freundschaft mit Heinrich dem Löwen. Sie waren schließlich noch immer Freunde, wenn auch nicht mehr die unzertrennlichen Kumpane der ersten Stunde.

In der höfischen Politik gab Rainald von Dassel den Ton an, Heinrich wiederum war vollauf mit seinen Kriegen im Osten beschäftigt. So hatten sich die Vettern nicht mehr so viel zu sagen wie noch vor einigen Jahren. Nun wurde das wieder anders.

Bei einem Hoftag in Bamberg gegen Ende 1164 sah man die Herren so lebhaft wie lange nicht mehr diskutieren, und in den ersten Wochen des nächsten Jahres war Barbarossa ohne recht erkennbaren Anlass nach Sachsen gereist. Er selbst wusste aber, warum er sich jetzt wieder so lebhaft für den Löwen interessierte. Es ging um die Aussöhnung mit England. Heinrich, ganz im Glanz seiner Wendenerfolge, war gern bereit, hierfür das Seinige zu tun und sich beispielsweise mit einer Tochter Heinrichs II. zu verloben. Immerhin war das eine Partie von internationalem Rang, und zudem tat man dem Freund und Kaiser einen Gefallen.

So steht es also um Barbarossa und Heinrich, als das Pfingstfest 1165 herangekommen ist und der Kaiser seine Fürsten zum Reichstag in Würzburg versammelt. Sie stehen bereits um Barbarossas Thron geschart, als Rainald von Dassel den Saal betritt und sogleich das Wort ergreift. Genüsslich lässt er sich dabei Zeit, bevor er zur eigentlichen Sache kommt und zunächst mal alle Alexander-Sympathisanten beschuldigt, ihren Kaiser im Stich zu lassen, wobei er die Situation gleichermaßen bedrohlich wie hoffnungsvoll zeichnet. Dann erst serviert er den Eklat. Und zur Überraschung der meisten wird dabei ausgerechnet Englands Heinrich II. als leuchtendes Beispiel beschworen. An der Spitze von fünfzig englischen Bischöfen hätte sich der König zu Papst Paschalis bekannt. Das traf sogar zu.

Denn Heinrich II. hatte sich gerade in einer fatalen Situation befunden, als Rainald zu ihm gekommen war. Soeben hatte ihm sein einstiger Kanzler Thomas Becket, jetzt Erzbischof von Canterbury, die Freundschaft aufgekündigt und war zu Alexander III. geflohen. Nun war nur noch ein Anstoß nötig, um den König zu Alexanders Gegnern hinüberzuziehen. Diesen Anstoß lieferte des Kaisers Kanzler.

In Würzburg ruft man nach Beweisen für Heinrichs Gesinnungswandel. Rainald nickt gelassen, winkt zur Tür. Zwei englische Bischöfe treten ein und bestätigen seine Ausführungen Wort für Wort. Und mehr noch: Der Herrscher wünscht nunmehr verwandtschaftliche Verbindungen zu Barbarossa. Seine jüngste Tochter Eleonore wird dem gerade geborenen Sohn des Kaisers versprochen, während sich Barbarossas Vetter Heinrich der Löwe mit ihrer älteren Schwester Maud verlobt. Rainalds erster großer Coup ist damit gelungen. Und gleich holt er zum zweiten, noch größeren aus. Die Würzburger Versammlung, so fordert er, soll beschwören, nie einen anderen Papst als Paschalis anzuerkennen. Und nicht nur die Versammelten sollen schwören. Der Schwur soll weitergegeben, noch vom geringsten Pfarrer, dem unbedeutendsten Lehensmann geleistet werden. Das gesamte Reich gerät damit in den Griff Rainald'scher Politik.

Barbarossa lehnt ruhig in seinem Stuhl. Er scheint nicht überrascht zu sein. Hat er sich bereits vom Kanzler überzeugen lassen? Oder hat er gar selbst diesen Einfall gehabt? Man weiß es nicht. Man sieht nur, wie er sich jetzt erhebt und als Erster den Eid leistet. Dann sind die anderen an der Reihe, erst die Bischöfe, dann die weltlichen Fürsten. Dort steht Heinrich an erster Stelle.

Für den Löwen ist der Augenblick seiner schwersten und folgenreichsten Entscheidung gekommen. Heinrich weiß, was für ihn der Schwur bedeutet. Er hat nichts gegen Alexander III. und war schon einige Male bemüht gewesen, zwischen ihm und dem Kaiser zu vermitteln. Vor allem aber hatte ihm die noch offene Parteinahme für oder gegen einen der beiden Päpste den politischen Spielraum zwischen den Machtblöcken Kaiser und Papsttum gesichert. Legt er sich auf Paschalis fest, bindet er aber damit seine eigene Politik unlösbar an die des Kaisers.

Natürlich weiß Heinrich gleichfalls, dass er mit der Verweigerung des Eids die Freundschaft mit dem Staufer riskiert. Jedoch ist er nicht irgendein kleiner Vasall, sondern verfügt über mehr Macht und Einfluss als jeder andere hier im Saal. So müsste es ihm möglich sein, sich der geforderten Festlegung zu entziehen, ohne es mit der einen oder anderen Seite ganz zu verderben. Dennoch tritt Heinrich vor. Er leistet den Schwur. Und es ist wohl so, dass der Politiker Heinrich in diesem Augenblick schlichtweg überfordert ist. Sein zielsicher auf die nächstliegenden Dinge ausgerichteter Verstand ist der Raffinesse eines Rainald nicht gewachsen. Der Pragmatiker unterliegt dem Visionär.

Die Tage von Würzburg sind vorüber. Für Deutschland beginnt eine Zeit tiefsten Zwiespalts. Bischöfe wie der Wittelsbacher Konrad von Mainz und der Babenberger Konrad von Salzburg stellen sich gegen den Kaiser. Geistliche verlassen das Land. Die Mönche des Zisterzienserordens müssen auswandern, als sie sich nicht für Paschalis entscheiden. Es sind böse Jahre, und Barbarossa verstrickt sich immer mehr im Netz seines Kanzlers. Das Weihnachtsfest 1165 feiert der Kaiser in Aachen mit der Heiligsprechung seines Vorbilds Karls des Großen durch »seinen« Papst Paschalis, und der Aachener Karlsschrein entsteht, das Behältnis für die Gebeine des Karolingers. Barbarossa selbst ist aber kein Karl der Große.

Zerrissenheit im eigenen Reich, Isolation jenseits der Grenzen sind die Folgen der Entscheidung von Würzburg. Denn Heinrich II. hat sein Bekenntnis zu Paschalis mit vielen Ausflüchten wieder relativiert, Ludwig VII. von Frankreich steht fester denn je zu Alexander. Der aber ist wieder in Italien am Zug. Jubel empfängt ihn, als er im November 1165 nach Rom zurückkehrt. Als Politiker ist er nun erneut eine Größe erster Ordnung, von Byzanz, von Sizilien, von den Städten in Italiens Norden umworben. Er paktiert schließlich mit Sizilien und konspiriert mit der Lombardei.

Dort herrscht eine ähnliche Stimmung wie im Wendenland nach Niklots Tod. Das Land sieht sich niedergezwungen und ausgepresst, und Barbarossa wirkt wie ein fremder Eroberer; seine Leute sind für die Italiener die verhasste Besatzungsmacht. Und das gilt nicht nur für die traditionellen Kaiserfeinde. Auch die übrigen Städte wenden sich gegen den Schöpfer der Roncalischen Beschlüsse, und selbst im treuen Pavia ist schon 1164 Barbarossa unverhohlen die Aufkündigung der alten Freundschaft angedroht worden. 1166 zeichnet sich bereits ein allgemeiner Aufstand ab. In Rom residiert aber unangefochten

**Ravensburg, Veitsburg**

*Erbaut 1750 an der Stelle der 1646 abgebrannten Stammburg der Welfen, dem Geburtsort Heinrichs des Löwen.*

**Imervard-Kruzifix**
*Von einem Bildschnitzer um 1150 in Braunschweig hergestelltes Eichenholz-Kruzifix. Braunschweig, Dom St. Blasius.*

**Welfenschatz**
*Tragaltar der Markgräfin Gertrud.*

**Das Deutsche Reich im Hohen Mittelalter**

*Herrschaftsbereiche zur Zeit Heinrichs des Löwen.*

**Cappenberger Barbarossa-Kopf**
*Kopfreliquar, um 1160. Bronze, vergoldet (Seitenansicht).*

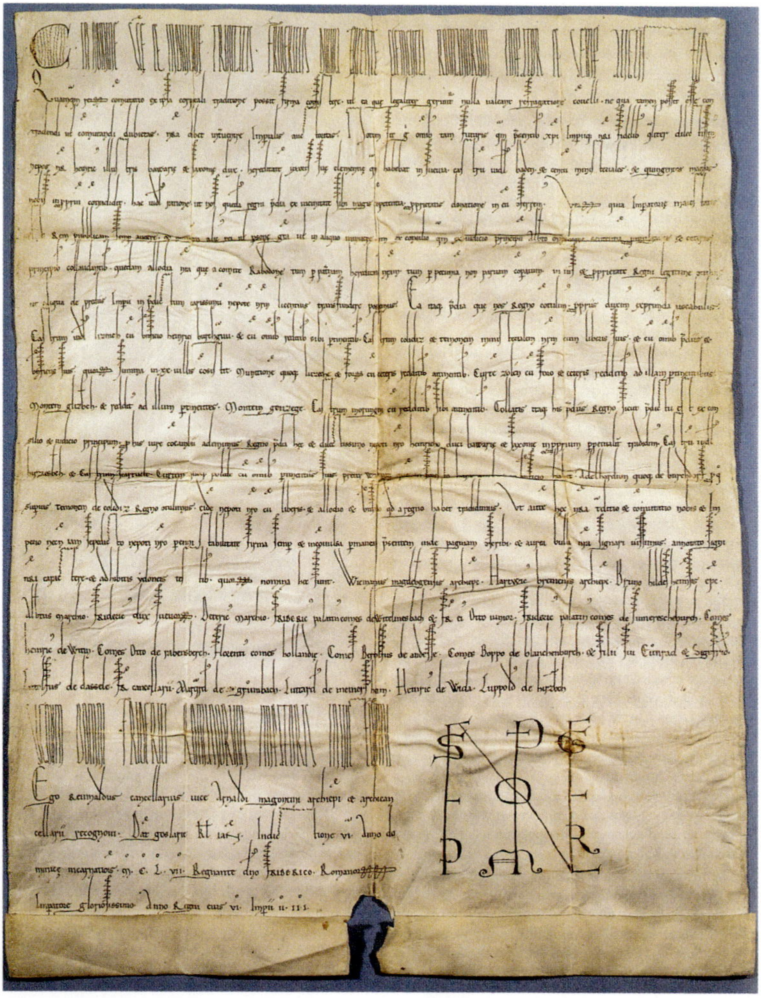

**Urkunde Kaiser Friedrichs I.**

*für Heinrich den Löwen über den Tausch von Reichsburgen am Harz gegen die Burg Badenweiler, Goslar, 1. Januar 1158.*

**Braunschweiger Löwe**
*Bronzeskulptur, 1166 im Auftrag Heinrichs des Löwen auf dem Burgplatz aufgestellt.*

**Braunschweiger Burgplatz**
*Burg Dankwarderode, Rathausturm, Dom und Löwendenkmal.*

**Burg Dankwarderode, Holzschnitt**
*Burg Dankwarderode mit dem Löwen auf einer Säule. Kolorierter Holzschnitt aus der Sachsenchronik des Hermen Bote, erste gedruckte Ausgabe 1485.*

**Burg Dankwarderode**
*Burg Dankwarderode heute.*

**Dreikönigsschrein**
*Schrein im Kölner Dom mit dem Bild Erzbischof Rainald von Dassels, 1181 begonnen, 1191 in wesentlichen Teilen fertiggestellt.*

**Eine Seite aus dem Evangeliar Heinrichs des Löwen**
*Herzog Heinrich und seine Gemahlin Mathilde werden unmittelbar von Gott gekrönt. Um 1173.*

**Sächsische Weltchronik, um 1240**
*Die Szene des angeblichen Fußfalls Barbarossas vor Heinrich dem Löwen.*

**Siegel Herzog Heinrichs des Löwen**
*vor 1188, Inschrift »Sigillum Henrici Ducis«, Ausformung 1995 in Messing.*

**Allegorie**

*auf den Besitzverlust Heinrichs des Löwen nach der Ächtung durch Friedrich I. Barbarossa 1179/1180. Anonymes Gemälde, 1675.*

**Heinrich der Löwe vor Barbarossa**
*Heinrich der Löwe bittet Barbarossa auf dem Reichstag in Erfurt um Verzeihung, November 1181 – im pathetisch verklärenden Stil der Historienmalerei des 19. Jahrhunderts. Fresko an der Westwand des Reichssaals der Kaiserpfalz in Goslar. Von Hermann Wislicenus, 1879/97.*

**Neuzeitliche Darstellung Heinrichs des Löwen**
*aus der Abschrift des Braunschweiger Schichtbuches von 1514, das der Braunschweiger Zollschreiber Hermann Bote verfasst hat.*

**Heinrich der Löwe vor Bardowick, Oktober 1189**
*Holzstich 1858, nach einer Zeichnung von Wilhelm Camphausen.*

**Heinrich der Löwe**

*Gemälde von Christian Tunica, 1835. Ehemals Hannover, Leineschloss, Ahnengalerie im Rittersaal, Besitz des Welfenhauses. Als mittelgroß und dunkelhaarig beschrieb ihn schon der zeitgenössische Chronist Acerbus Morena.*

**Welfenwappen**

*Wappen der Welfen, Farbdruck nach Zeichnung von Otto Hupp, 1895.*

**Grabmal**

*Grabmal Heinrichs des Löwen und seiner Gemahlin Mathilde, Tochter Heinrichs II. von England, im Braunschweiger Dom.*

Papst Alexander III. Barbarossa muss also wieder eine Italienfahrt wagen. Und so begibt er sich im Oktober 1166 zum vierten Mal auf den langen Weg in den Süden.

Heinrich der Löwe ist nicht im Zug, der sich in drei Kolonnen über die Alpen quält. In Italien bricht zunächst Panik aus. Doch dann legt sich der erste Schrecken. Der große Aufstand setzt ein. Die Bürger von Mailand sind zu ihrer alten Stadt geströmt, und die Hauptbastion aller Kaiserfeinde entsteht von Neuem. Noch ist nichts entschieden, als im Frühjahr 1167 der Kaiser die Stadt Ancona belagert. Da kommt aus dem Süden eine sensationelle Nachricht. Rainald von Dassel und der neue Mainzer Erzbischof Christian von Buch sind mit einem eigenen Heer bis nach Rom vorgedrungen und haben einen glänzenden Sieg über die Römer erfochten. Rainald, einen Choral auf den Lippen, hatte dabei höchstselbst das Schwert geschwungen. Also Triumph für die kaiserliche Sache!

Jetzt will es Barbarossa wissen. Ancona ist nur Nebenschauplatz. Auf Rom kommt es an. Sein Heer setzt sich in Bewegung. Im Juli trifft es vor Rom ein und geht sofort zum Angriff über. Und schon viele Schlachten hat Barbarossa ausgefochten. Die hier aber ist seine wildeste und grausamste. Stück um Stück wird die Stadt erobert. Nur der Vatikan bleibt noch unbezwungen. Da öffnen sich aber auch dessen Tore, und Feuer lodert auf. Am Petersdom züngeln bereits erste Flammen, als sich die letzten Anhänger des Papstes ergeben. Durch die Nacht hastet aber Alexander, als Pilger verkleidet. Unten am Tiber nimmt ihn ein Boot auf, bevor des Kaisers Schergen zupacken können.

Noch einmal ist er entkommen, Barbarossa hat gesiegt. Stolz schreitet er an der Seite von Beatrix in die noch von Rauchschwaden durchzogene Peterskirche, wo Papst Paschalis wartet. Zum zweiten Mal wird er gekrönt. Friedrich I. aus dem Haus der Staufer hat sein höchstes Ziel erreicht. So scheint es. Dann aber bricht die große Katastrophe aus. Das Fieber kommt, gefährlichster aller Feinde hier im sommerlichen Italien.

In den Sümpfen um Rom liegen die Brutstätten jener Seuche, die medizinisch nie genau definiert werden kann und wohl eine Art Malaria gewesen sein muss. Dieser Gefahr waren die deutschen Ritter schon immer ausgesetzt gewesen. Aber diesmal werden nicht nur einige wenige, sondern Hunderte, schließlich Tausende befallen. Ein Trossknecht hier, der zusammenbricht, ein Soldat dort, der über Nacht gestorben ist. So fängt es an. Doch dann greift die Seuche um sich und wird von Tag zu Tag schlimmer. Niemand bleibt verschont. Nicht Welfs VI. Sohn, nicht Barbarossas Vetter Friedrich von Rothenburg, der Sohn Konrads III., nicht der Herzog von Böhmen. Der vierte Italienzug ist zu einem Massensterben ohne Beispiel geworden.

Die Leichname faulen in der glühenden Sonne. Die Zeit reicht nicht, um sie sofort zu begraben. Die Luft, das Wasser sind von ihrem Gestank verpestet, und das Lager der Deutschen gleicht einem Schlachtfeld mit einem unfassbaren, allgegenwärtigen Feind. Nicht einmal Flucht hilft. Denn dieser Feind holt auch Flüchtende ein, und darunter ist denn auch der eine, der wenige Wochen zuvor seinem Kaiser triumphierend berichtet hatte, »kein einziger Mann« sei bei seinen Kämpfen vor Rom gefallen: Rainald von Dassel. Dem Kanzler bleibt noch Zeit, sein Testament zu machen. Dann empfängt er die Sakramente. Und dann ist er tot, der kühnste, genialste, böseste Staatsmann seiner Zeit. Sein Kaiser, dessen »Ehre und Ruhm«, aber auch dessen »Entsetzen« er fast ein Jahrzehnt lang gewesen war, spricht ihm den Nachruf: »Sein höchstes Ziel und sein beharrliches Streben galt der Ehre und der Vergrößerung des Reichs. Er hat es mit glühender Leidenschaft verfochten und dabei nie an seinen eigenen Vorteil gedacht …«

Rainalds Fiebertod ist nur ein Auftakt für den Zusammenbruch dieses vierten Italienzugs. Bild reiht sich an Bild, Desaster an Desaster: wie sich der Kaiser in den Norden durchschlägt, Beatrix an seiner Seite, beide das Schwert in der Hand; wie er von dort aus den Aufstand der Lombarden zu zügeln sucht; und wie ihm Italiens Städte gegenüberstehen, zusammengeschweißt zum »Lombardischen Bund«. Barbarossa selbst kommt davon. Im wahrsten Sinn: Ihm bleibt lediglich eine jämmerliche Flucht über die Grenze. Und die Katastrophe von 1167 wird zwar nicht der Abschluss für Barbarossas Italienpolitik sein. Doch ist es das Ende seines Versuchs, die alte deutsch-römische Reichspolitik ottonischer Prägung fortzusetzen. Völlig neue Akzente werden nötig werden, wenn sich der Stauferkaiser wieder dem italienischen Problem zuwendet.

Das heißt zunächst einmal, dass sich der Kaiser auf deutsche Dimensionen zurückgewiesen sieht. Dabei gerät aber zwangsläufig Heinrich der Löwe in das Zentrum kaiserlicher Politik. Vom Tag seiner Rückkehr an muss sich Barbarossa mit dem Welfenvetter beschäftigen, zunächst noch zu Heinrichs Gunsten, denn der Herzog braucht dringend Barbarossas Beistand.

Durch Sachsen tobt die Löwenjagd.

## *Die missglückte Löwenjagd*

1165, im Jahr des Würzburger Schwurs, wird noch ein anderer Eid geleistet. Eine Schar Ritter gelobt im August, sich nicht mehr ihre Rechte verringern zu lassen. Das klingt sehr selbstverständlich, nur eben nicht in einem Land, dessen Herr die Rechte seiner Großen unablässig verringert. So richtet sich denn der Schwur vor allem gegen Heinrich den Löwen. Von Jugend an hatte sich Heinrich mit seinen Fürsten im Zwist befunden, und schon 1163 war es erstmals zu einem größeren Bündnis gegen ihn gekommen. Doch hatte der Kaiser von diesem Plan erfahren und ihn gerade noch verhindern können. Aber der Gedanke, Heinrich den Löwen gewaltsam zu stürzen, schwand nicht mehr. Die Frage stellt sich: Was haben nur Sachsens Große gegen ihn?

Helmolds ›Slawenchronik‹ weiß wieder einmal die Antwort: »Weil aber der Ruhm Neid erzeugt und in menschlichen Dingen nichts Dauerndes ist, so sahen auf den so großen Namen des Helden alle Fürsten Sachsens mit Scheelsucht hin …« Diese Antwort verschweigt allerdings die Methode, mit der Heinrich zu seinem großen Namen gekommen ist. Sein Prinzip, zunächst einmal zuzuschlagen und dann erst nach irgendwelchen Rechten anderer zu fragen, hinterlässt Wunden, die auch die Zeit nicht heilt. Seine von Barbarossa so verschiedene Art, Menschen bis zur Aufgabe aller Selbstachtung zu kränken, hat ihm eine ganze Phalanx entschiedener Feinde geschaffen. Und seine Alles-oder-nichts-Praktiken schaffen selbst im friedfertigsten Fürsten den Eindruck, dass es auch für diesen Mann einmal eine Grenze geben sollte.

Also nicht allein schnöder Neid, sondern gleichermaßen blanker Selbsterhaltungstrieb leitet die Fürsten. Das vielleicht wichtigste Motiv allerdings, eher im Hintergrund, doch dort bestimmend, hat noch eine andere Wurzel. Für die gesellschaftliche Struktur seiner Zeit ist Heinrich der Löwe eine ständige Provokation: Er provoziert die Unabhängigkeit der Bischöfe und die Macht der Grafen. Er provoziert selbst noch den geringsten Lehensmann, wenn er das Lehenswesen mit seiner Ministerialenwirtschaft unterläuft. Er provoziert den Adel schlechthin, wenn er sich den Bürgern zuwendet und ihre Stellung stärkt. So ist dieser Herzog der große Spielverderber im eingeschliffenen Lehenswesen seiner Zeit, und bei der Auseinandersetzung Heinrichs mit den Fürsten steht zugleich ein Kollektiv gegen einen Außenseiter. Das macht diese Fürstenaufstände der Sechzigerjahre zu einem Symptom für die gesamten tief greifenden sozialen Umschichtungen im 12. Jahrhundert.

Nun dürften die meisten der Verschwörer das »Problem Heinrich« kaum begreifen. Nur bei einem kann man erwarten, dass er weiter denkt, bei Rainald von Dassel. Des Kaisers Kanzler erkannte das grundsätzliche Problem, das den Namen Heinrichs trägt. Deshalb wird es für Heinrich den Löwen erst wirklich gefährlich, als sich nach dem Fehlschlag von 1163 der Bund gegen ihn zwei Jahre später von Neuem bildet und Rainald dazugehört.

Um 1165 ist Rainald von Dassel nicht nur Erster Diener seines Kaisers, sondern auch noch seit 1159, sozusagen nebenbei, Erzbischof von Köln. Aber wenn dieser Mann etwas anpackt, dann geschieht das eben nicht nur »nebenbei«. Vom Tag seiner Wahl an geht er mit einer Energie ohnegleichen daran, aus dem zerrüttetsten und ärmsten aller Erzbistümer des Reichs das reichste und bestorganisierte zu machen. Die zunächst misstrauischen Kölner jubeln schließlich ihrem »lieben Bischof« zu, der Kirchen und Paläste errichtet und der Stadt von Mailand her als unschätzbar wertvolle Reliquie die Gebeine der

Heiligen Drei Könige zuführen lässt. Ein goldener Schrein fasst sie, und an seiner Außenfront wird Rainald von Dassel selbst verewigt, mit seltsam ironischem Lächeln um den Mund, Kölns großer Bischof und Heinrichs des Löwen größter Feind.

Beider Machtbereiche überlappen sich. Güter des Kölner Erzbistums liegen auf westfälischem Boden, wo wiederum Heinrich herzogliche Rechte ausübt. Der Löwe lässt aber unmissverständlich wissen, dass seine Macht bis zum Rhein reiche und einen Speerwurf weit darüber hinaus. Aber bei Gegnern solchen Formats geht es zugleich um mehr als nur um einen Grenzstreit. Ein Staatsmann wie Rainald erkennt die prinzipielle Gefahr um diesen Löwen. Er sieht den »Staat im Staat«, der im Schatten Heinrichs heranwächst. Provokateur Heinrich provoziert hier das universale Kaisertum der Staufer-herrscher.

1166 ist Rainald von Dassel mit der Vorbereitung des vierten Italienzugs beschäftigt. Ebenso beschäftigt ihn aber auch das Komplott gegen den Löwen. Der Erzbischof geht systematisch vor. Zunächst verständigt er sich mit dem Magdeburger Kollegen Wichmann. Damit stehen die Eckpfeiler des Bündnisses. Dann werden die Querverbindungen gezogen, nach Thüringen im Süden, nach Oldenburg im Norden, dazu Linien nach Hildesheim und in die Nordmark Albrechts des Bären. Danach brauchen die Tore dieser Löwenfalle nur noch zuzufallen. Sehr zufrieden kann der Kanzler im Oktober 1166 nach Italien aufbrechen.

Die Front steht. Noch soll sie geheim bleiben. Doch hat die Verschwörung ein solches Ausmaß erreicht, dass sie gar nicht mehr ganz geheim bleiben kann. Heinrich muss also das heraufziehende Unwetter sehen. Dennoch reagiert er zunächst erstaunlich passiv. Gewiss gründet seine Würzburger Entscheidung auch in der Furcht vor dem nahen sächsischen Sturm. Gewiss lässt er Burgen und Städte befestigen, sieht sich nach Bündnispartnern um. Doch fast das gesamte Jahr 1166 hält er sich selbst unten im Süden auf und trifft erst im Spätherbst in Sachsen ein. Jetzt aber zeigen sich bei Heinrich die Züge, die sein persönliches Format ausmachen. Bei weit gespannten Entscheidungen tut er sich oft schwer. Jedoch reagiert er prompt und mit aller Kraft, wenn er einer Gefahr unmittelbar gegenübersteht.

Binnen kurzer Zeit stampft er ein Heer aus dem Boden. Es rekrutiert sich vor allem aus Westfalen, und den Befehl erhält Bernhard von der Lippe, ein besonders übler, allerdings auch besonders treuer und zuverlässiger Mann, ein Bluthund, den der Herzog bei gegebener Gelegenheit von der Kette lassen wird.

Was kann er sonst noch tun? Ihm müssen diejenigen Gebiete sicher sein, deren Fürsten nicht zu den Verschwörern gehören, Holstein im Norden und das neu gewonnene Land im Osten. Hierfür hat Heinrich allerdings schon gesorgt. Aussöhnung mit Pribislav, Ernennung Gunzelins von Hagen zum Grafen von Schwerin, neues Bündnis an der Eider mit Waldemar von Dänemark sind seine wichtigsten Aktivitäten des Jahres 1166. Es bleibt Holstein. Dort regiert im Namen ihres unmündigen Sohnes Adolf die Witwe des gefallenen Grafen. Nun stellt noch der Herzog dem kleinen Schauenburger mit seinem Onkel Heinrich von Schwarzenberg einen männlichen Vormund an die Seite.

Jeder wartet zunächst auf den ersten Schlag des anderen. Erst im Winter kommt das Zeichen zum Angriff. Albrecht der Bär und Wichmann von Magdeburg rücken gemeinsam gegen Haldensleben vor und treffen am 20. Dezember vor dieser Stadt ein. Wenig später beginnt oben in Friesland ein allgemeiner Aufstand mit Christian von Oldenburg an der Spitze, der schon auf Bremen zumarschiert. Der Löwe sieht sich eingekesselt. Er greift zur List. Die Haldenslebener Geistlichen, die zwischen dem Herzog und seinen Feinden vermitteln wollen, finden einen erstaunlich mild gestimmten Heinrich vor. Er zeigt sich zum Kompromiss bereit. Wenn sich Albrecht und Wichmann zu einem Waffenstillstand bereit erklären, wird er Haldensleben zu Ostern 1167 kampflos räumen lassen. Den Herren aus Magdeburg und der Altmark mag inzwischen vor dem eigenen Mut ein wenig bange geworden sein. Denn schon streifen Heinrichs westfälische Hilfstruppen durch das Land. Sie dringen bis Magdeburg vor, fallen in Thüringen ein, zerstören die Gegend um Hildesheim. Albrecht und Wichmann gehen schließlich auf das Angebot ein. Heinrich hat die Atempause, die er braucht.

Er wendet sich dem Oldenburger zu, dem sich inzwischen Bremens Tore kampflos geöffnet haben. Die Bürger begrüßen den Grafen begeistert als Befreier, und überall scheint bereits die Meinung zu herrschen, des Löwen Zeit sei in Sachsen abgelaufen. Christian von Oldenburg, mit seinen Truppen bereits an der Gethe östlich von Bremen zum Kampf aufmarschiert, hält jedoch dem Herzog nicht stand. Er muss sich in seine Festung Oldenburg flüchten, wo er bald darauf stirbt. Vor den erbebenden Bremern steht aber Heinrich. Viele haben sich in die Moore der Umgebung geflüchtet. Die anderen erwarten zitternd ihr Schicksal.

Da meldet sich von Hamburg aus Erzbischof Hartwig und bietet viel Geld, wenn der Herzog Bremen noch einmal verschont. In Heinrich siegt der Geschäftsmann. Er verzichtet auf die schon beschlossene Brandschatzung, und Bremen ist noch einmal gerettet. Darüber ist es Sommer geworden. Nach seinem Erfolg im Norden denkt Heinrich gar nicht daran, nun noch sein Haldenslebener Versprechen zu halten. Allerdings hat sich seine Position auch noch nicht so verstärkt, dass jeder Kampf gegen ihn aussichtslos wäre. In Magdeburg und der Altmark rüstet man zum neuen Überfall auf den Löwen.

Unten in Italien stürmt Rainald von Dassel gerade gegen Rom vor. Die Verhältnisse in Deutschland verliert er aber nicht aus den Augen. Vermutlich auf seinen Wink hin wird im Juli 1167 das brüchig gewordene Fürstenbündnis erneuert. Von Köln her reist Propst Bruno mit großem Gefolge nach Magdeburg. Mit Erzbischof Wichmann schließt er einen Pakt. Nur gemeinsam oder gar nicht wollen sie mit Heinrich Frieden schließen. So wird es am 12. Juli feierlich beschworen. In Sandersleben bei Magdeburg finden sich zwei Tage später alle sächsischen Feinde Heinrichs zusammen. Das ist nun kein Geheimbund mehr. Laut wird das gemeinsame Ziel verkündet, den wunden Löwen endgültig zu erlegen, und aller angestauter Hass macht sich jetzt Luft.

Schon fühlen sich die Verschwörer als Sieger. Jeder rechnet sich bereits das Stück vom Löwenfell aus, das er an sich reißen will. Den Herzog von Sachsen scheint es gar nicht mehr zu geben. Nur noch vom »Herzog von Braunschweig« ist die Rede, denn höchstens diese seine liebste Stadt will man Heinrich lassen. Zwei Feinde fehlen höchstens in der Runde. Lübecks Bischof Konrad wollte ursprünglich die Gelegenheit nutzen und sich gegen Heinrich stellen. Dann zog er es aber doch vor, nach Frankreich zu fliehen und sich dort der Partei Alexanders III. anzuschließen.

Auch Hartwig von Bremen ist nicht erschienen. Mit den Jahren wurde Heinrichs Lieblingsfeind müde und lässt nur noch zu, dass seine Festungen Freiburg und Harburg verstärkt werden. Danach begibt er sich sicherheitshalber zu seinem Freund Wichmann nach Magdeburg. Von diesen Festungen aus setzen dann die neuen Kämpfe gegen den Löwen ein. Heinrich schickt Truppen nach Freiburg und lässt die Festung bis auf die Grundmauern zerstören. Er marschiert vor Harburg auf, muss aber wieder abziehen, da sich die inmitten von Sümpfen gelegene Burg als uneinnehmbar erweist. Aber auch die Feinde stürmen jetzt vor. Ganz Sachsen wird zum Schlachtfeld. Und immer weniger scheint auf lange Sicht hin der Herzog solch einem massiven Ansturm gewachsen zu sein. Eigentlich kann nur noch ein Wunder helfen.

Dieses Wunder geschieht. Allerdings ist es mehr eine Verkettung von Zufällen. Denn wenn nicht in Italien die Seuche gewesen wäre ... wenn Rainald von Dassel überlebt hätte ... wenn Barbarossa in Italien doch noch Sieger sein würde ...

Barbarossa hat aber nicht gesiegt. Er wird künftig Heinrich brauchen, wie Heinrich jetzt ihn braucht. So stellt er sich sofort auf die Seite des Löwen. Schon von Italien aus hatte er für den Winter 1167/68 einen Waffenstillstand durchgesetzt. Jetzt, im Mai 1168, befiehlt er Frieden.

Die Fürsten befinden sich noch im Siegesrausch und überhören zunächst die Stimme ihres Herrn, der sie zum Reichstag ruft. Doch ist Barbarossa kein Konrad III., der sich das von den Sachsen hätte bieten lassen müssen. Allgemeine Ernüchterung setzt ein, als der Kaiser so entschieden für den Herzog eintritt. Wie ertappte Schuljungen stehen die Fürsten schließlich am 29. Juni vor dem wutschäumenden Herrscher. Und

Barbarossas Wut ist echt. Seine letzte Chance wäre es gewesen, wenn nach der Seuche des Sommers 1167 Heinrich sofort mit all seinen Rittern nach Italien aufgebrochen wäre. Ebendas hatte der Fürstenaufstand verhindert. Jetzt müssen sich die Herren vom erbitterten Kaiser sagen lassen, dass sie die größere und wichtigere Sache zugunsten ihrer Privatinteressen verraten hätten.

Nicht nur deswegen stellt sich der Kaiser vor seinen Herzog. Schon jetzt plant er als ersten Schritt seiner neuen, stärker nach Deutschland hin orientierten Politik, seinen Sohn zu seinem Nachfolger wählen zu lassen. Für diese Wahl braucht er aber auch die Stimme Heinrichs des Löwen. Heinrich kann jedenfalls aufatmen. Seine Feinde indes resignieren. Schon beim nächsten Reichstag schließen sie offiziell Frieden mit ihm und bekräftigen ihn endgültig am 1. November 1168. Der »Herzog von Braunschweig« ist jetzt wieder, unangefochtener denn je, Herzog von Sachsen.

Aller Krieg hätte sich nun wieder in heiteren Frieden umgewandelt, merkt die ›Slawenchronik‹ an. Zu diesem Frieden gehört auch die Erkenntnis, dass dieser Herzog offensichtlich unbesiegbar ist. Aber so heiter sind bei genauem Hinsehen die Konsequenzen dieser Zeit doch wieder nicht. Die Ereignisse von 1167/68 sind, allem scheinbaren Triumph zum Trotz, für Heinrich kein wirklicher Erfolg, sondern bergen eine böse Erfahrung. Die zwanzig Jahre seiner herzoglichen Laufbahn, das zeigt sich nun, haben ihm Erfolge, aber keine Freunde gebracht. Er steht allein, wurde aber wiederum nicht derart unangreifbar, dass ihm kein anderer gefährlich werden könnte. Und auch der Kaiser weiß nun um Heinrichs Verwundbarkeit.

Nach außen hin steht Heinrich allerdings glänzend da. Seine wichtigsten Feinde sind tot oder außer Gefecht gesetzt. Bremen wird er endgültig in seine Gewalt bringen. Barbarossa steht fest zu ihm. Wer sollte ihn noch anzurühren wagen? Allenfalls …

Allenfalls der Kaiser selbst.

Der Staufer ist eigentlicher Sieger von 1168. Auch für ihn sind diese Ereignisse eine Erfahrung, allerdings eine höchst ermutigende und gute. Er hat sich als ein Herr der Fürsten gezeigt, wie es der Löwe nie sein wird. Daran knüpft sich aber gleich die Frage, was wohl sein würde, wenn der Kaiser seine Autorität nicht für, sondern gegen seinen Welfenvetter einsetzt. Doch dieses Problem steht noch weit im Hintergrund. Zunächst sind für Heinrich die Jahre der großen Kämpfe vorbei. Eine Zeit beginnt, die Heinrichs beste, glücklichste überhaupt sein wird.

Der Löwe steht in der Sonne.

# Der Löwe in der Sonne

»Also hast du den Ruhm, viel Kirchen gegründet zu haben. Kein Volk ist, das dich nicht bewundert, gedenkt es des Segens, den du hienieden verbreitest. Dich kennt das äußerste Thule, hat dir das Seine verehret; auch Griechenland hat dich gefeiert, und Jerusalem selbst, dein frommes Opfer erwägend, ehret dich dankbar, es schätzt dich der Patriarch und der Herrscher … »

*Aus dem Nachruf*
*Arnolds von Lübeck*

## *Das Haus des Herzogs*

Wenn Sonne auf ihn fällt, glänzt der aus Bronze gegossene, von einer dünnen Goldschicht überzogene Löwe goldgelb, leuchtendes Symboltier seines Herrn, dessen Bild Sachsens Herzog irgendwann in den Sechzigerjahren bei einem Meister des Braunschweiger Raums oder vielleicht auch bei einem eigens aus Italien herbeigeholten Bildhauer in Auftrag gegeben hat. Ein »Meister« aber muss es auf alle Fälle gewesen sein. Denn sicher hat er nie einen lebenden Löwen gesehen. Und doch gelingt ihm eine so lebensechte, ausdrucksstarke Arbeit, dass nur Spötter meinen, dieser Löwe sei wohl eher ein großer Hund.

1166 lässt Heinrich das Standbild im Hof seiner Braunschweiger Burg Dankwarderode aufstellen, und vom Tag an ranken sich Gerüchte um den Löwen. Ist er wirklich mit Gold gefüllt? Schaut er so zähnefletschend nach Osten, weil sich dort gerade die große Fürstenverschwörung zusammenbraut? Oder schnuppert er von den Gebieten jenseits der Elbe her Morgenluft? Fest steht nur, dass dieses Bild Heinrichs Anspruch auf die oberste Gerichtsgewalt in Sachsen ausdrückt. Fest steht auch, dass sich hier ein Fürst zum ersten Mal auf diese Weise verewigt hat. Und es dürfte schließlich feststehen, dass dieser Fürst nicht zufällig gerade Heinrich ist.

Er ist nun nicht mehr der stürmisch aufbegehrende Junge der frühen Jahre. Er wurde reifer, ruhiger, ein Mann Anfang vierzig, den seine Erfolge nicht weniger selbstbewusst, doch gelassener gemacht haben. Auch seine Zeitgenossen scheinen sich allmählich mit diesem Herzog auszusöhnen, und selbst Rahewin, Otto von Freisings Nachfolger als Chronist und kein Welfenfreund, entdeckt an ihm Eigenschaften wie Kraft und Verstand, Unbestechlichkeit, Sinn für Recht und Ordnung. Heinrich hat sich also als ganz eigene Persönlichkeit in seiner eigenen Welt durchgesetzt. Und hier in Braunschweig hat diese seine Welt ihren Mittelpunkt.

Seit der Gründung des Hagen hat sich die Stadt erstaunlich entwickelt, und bei Heinrichs Dankwarderode erinnert nur wenig an den schon etwas windschiefen Holzbau der Brunonen mit seinen angefaulten Wänden und mürbe gewordenen Fundamenten. Am Ufer der Oker wächst auf rund 28 000 Quadratmetern eine imposante Anlage heran, die alles einschließt, was die Residenz eines modernen Fürsten ausmacht, einen Palas als Repräsentationsraum, eine ausgedehnte »Kemenate«, die von Kaminen beheizten Privaträume des Herzogs und seiner Familie, dazu Wirtschaftsgebäude, Stallungen, Wohnhäuser für die Dienstmannen, ein Gerichtsgebäude, eine Kapelle, die Vogtei, Magazine und Speicher, auch Kerkergewölbe für Heinrichs Gefangene.

Aus hellem Backstein ist diese moderne, übersichtliche Szenerie gebaut. Davor rollt nun Tag um Tag das Schauspiel fröhlich-bunten Hoflebens ab. Im Hof warten Pferde neben dem Stein, von dem aus sich die Reiter in die Sättel schwingen. Boten jagen hinaus, Besucher treffen ein. Ministeriale hasten durch die Gänge, ausländische Gesandte sprechen vor. Bald sind es Schweden oder Dänen, bald Gesandtschaften aus England, den Slawenländern oder Russland. Einmal treffen Byzantiner ein, dann wieder Herren aus den übrigen Teilen des Reichs. Der herzogliche Hof ist immer für ein Schauspiel gut.

Oben in seinem Privatraum neben dem Palas residiert aber der Herzog inmitten allen Prunks, den sich ein reicher Mann leisten kann: Fenster aus farbigem Glas, kostbare gestickte Vorhänge an den Wänden, erlesen gewirkte Teppiche auf dem mit bunten Marmorplatten belegten Boden, geschnitzte Tische, üppig gepolsterte Ruhebetten, Gerätschaften aus Edelmetall. Höchstens noch der Kaiser hat solch eine Residenz aufzuweisen, und das ist kein Zufall.

Bei der Ausgestaltung Dankwarderodes geht Heinrichs Blick oft hinüber zu den kaiserlichen Pfalzen, nach Goslar vor allem. Der Monumentalbau dort aus der Zeit der Sachsenkaiser wird für Dankwarderode das Modell, mit dem Unterschied, dass hier, anders als im Umkreis des ruhelos umherziehenden Kaisers, höfisches Leben stattfinden, höfische Kultur entstehen kann.

Allerdings wäre auch Dankwarderode nur eine Residenz von vielen, würde sich nicht jemand finden, der allzu grelle, grobe Farben mildert, ihnen verhaltenere, noblere Töne hinzufügt. Diese Persönlichkeit hat Heinrich in seiner zweiten Frau.

In ihrer englischen Heimat heißt sie Maud. In Sachsen wird sie Mathilde oder Mechthild genannt, als Tochter Heinrichs II. ist sie für ihren Mann zunächst einmal die Bestätigung seines Ansehens sowie eine wichtige politische Beziehung. Doch ist Mathilde zugleich Tochter Eleonores von Aquitanien, der viel gerühmten, viel beklatschten »Königin der Troubadoure«, die ihre Residenz in Poitiers zum legendären Musenhof des 12. Jahrhunderts ausgestaltet hat. Die Jahre am Hof der Mutter haben bei der Tochter ihre Spur hinterlassen. Zwar ist sie im Gegensatz zu Barbarossas Frau Beatrix eine gänzlich unpolitische Natur. Dafür repräsentiert diese hochgewachsene blonde Frau ganz und gar den Typ der großen Dame ihrer Zeit.

Als Heinrich seiner um vieles jüngeren Braut erstmals im westfälischen Minden gegenübertritt, wo im Februar 1168 die Hochzeit stattfindet, sieht der reife Mann zunächst mal eine hübsche Zwölfjährige vor sich, die nur auf das eine vorbereitet ist: auf die Anpassung an ihren Gatten bis zur Selbstaufgabe. Und Mathilde passt sich an.

Sie wird eine gute Herzogin und gute Ehefrau, wird sechs Kinder gebären, zunächst, im Jahr 1173, die Tochter Richenza, von deren Schicksal man seltsamerweise nicht das Geringste weiß, dann den ersehnten männlichen Erben, schließlich noch die Söhne Otto, Lothar und Wilhelm sowie eine zweite Tochter, Mathilde. Sie tut also ihre Pflicht. Und sie tut noch mehr, so schwer ihr zunächst das Leben in Sachsen gefallen sein muss. An Frankreichs helle Farben gewöhnt, steht diese junge Frau nun unter drückend grauem Himmel. Sie durchreitet eine karge Landschaft ohne jede Lieblichkeit. Und auf unverwöhnte sächsische Gemüter mochte Dankwarderode wie ein Gipfel aller Herrlichkeit wirken – Eleonores Tochter konnte da sicher nur melancholisch lächeln.

Mathilde hat die großen Troubadoure ihrer Zeit gehört. Nun sind ihr Umgang Männer vom Schlag eines Gunzelin von Schwerin und Bernhard von der Lippe. Am Hof der Mutter wurde über Poesie und Philosophie diskutiert, hier über Krieg und Tribute aus dem Slawenland. Und Heinrich selbst mochte zwar eine imponierende Persönlichkeit sein. Idol eines jungen Mädchens war dieser untersetzte ältere Herr wohl kaum. Doch mit der Zeit gelingt es Mathilde, einen Teil des entschwundenen Glanzes in die neue Heimat hinüberzuretten. Nicht, dass Dankwarderode nun gleich ein Musenhof wurde wie Poitiers. Doch immerhin dachte man bei Heinrichs Residenz schon bald nicht mehr ausschließlich an Wirtschaft und Politik. Auch im kulturellen Leben, in dem sich im 12. Jahrhundert gleichfalls ein grundlegender Wandel vollzog, spielte sie eine Rolle.

Zu Beginn des Jahrhunderts war Literatur noch Sache der Geistlichkeit gewesen. Jetzt treten weltliche Adlige als Dichter hervor, und ihre Heimstatt werden Fürstenhöfe wie eben Dankwarderode. Auf Künstler wirkt solch ein Hof wie ein Magnet. Sie kehren ein, genießen seine Bequemlichkeit, mindern ihrerseits die Langeweile höfischen Treibens und haben in dem berühmten Herzog und seiner schönen, klugen Frau angenehme Gastgeber, die sie zu rühmen nicht vergessen. Der Herzog selbst ist kein musischer Mensch. Doch der wache Politiker erkennt nur allzu genau, welche Aufwertung seines herzoglichen Prestiges ein reiches, vielfarbiges Hofleben bedeutet.

Fast kann man in den Glanzjahren vergessen, dass Dankwarderode schließlich auch für den Kriegsfall als Festung gedacht und angelegt ist. Die kriegerischsten Unternehmen dieser Zeit bleiben in Dankwarderode die großen Turniere unten im Hof. Dann drängt sich das Gesinde auf dem Rundgang, nehmen die Ehrengäste auf der Freitreppe zum Palas Platz, und an solch festlich bunten Tagen zeigt der Herzog, dass er nicht nur zu arbeiten, sondern auch zu feiern versteht.

Schon von Dankwarderodes Westtor aus, dem allgemeinen Zugang zur Burg, fällt der erste Blick auf den drohend aufgereckten Löwen. Gebührend beeindruckt steht dann der Besucher vor der Front des Palas, steigt über die kolossale Freitreppe hinauf, vorbei am Dienstbotensaal im Erdgeschoss, und betritt den ersten Stock, eine einzige große Halle. Vierzig Meter lang erstreckt sie sich, mit bunt bemalter Balkendecke, mit Teppichen an den Wänden und auf dem Boden, mit breiten Türen, hohen Fenstern und zwei gewaltigen Kronleuchtern. In vielen Farben schimmert der Marmorboden, schwer hängen gestickte Vorhänge herab, und abends erstrahlt all diese Herrlichkeit im Schein Hunderter von Kerzen und Fackeln, während in zwei Kaminen große Feuer prasseln.

In der Mitte des Saals, leicht erhöht, steht Heinrichs Thronsessel. Von dort aus, in schwere Kissen hingelagert, empfängt er die Gesandtschaften fremder Herrscher, spricht zu seinen Vasallen, erteilt Rat und gibt Befehle. Hier unterzeichnet er Verträge und Urkunden, führt Verhandlungen und isst zuweilen auch im Kreis seines Hofs, der sich dann auf den breiten Bänken entlang der Wände niederlassen darf.

Hochzeiten, Weihnachtsfeste, Hoftage, Besuche hoher Herren werden in diesem Palas mit großen Festlichkeiten gefeiert, und oft ziehen sie sich über Tage, manchmal über Wochen hin. Dann werden Tische in die Halle getragen, zusätzliche Standleuchter aufgestellt. Blumen, Gras, Laub bedecken den Boden, Musikanten spielen auf, Dichter rezitieren ihre Verse, Spielleute kolportieren jüngsten Klatsch. Man tanzt, trinkt, isst. Zwar ist die Küche nicht sehr abwechslungsreich und gipfelt meist im Wildbret, das bei den großen Jagden im nahen Harz erlegt wird. Dafür dürfte umso reichlicher Wein geströmt sein, und Dankwarderode ist an solchen Abenden voll Musik, Geschrei und Lachen. Das alles, eine solche Hofhaltung mit allem Aufwand, verschlingt viel Geld. Doch hierbei zeigt Heinrich nie den Geiz, der ihm so oft angelastet wird, und zweifellos macht sich diese Investition bezahlt. Gerade der Glanz von Dankwarderode unterstreicht den Nimbus dieses Mannes, und das mag ihm als Zins genügen.

Herzogin Mathilde geht es aber um mehr als um den schönen Schein großer Feste. Ihr Hof soll Heimstatt der Künste werden, vor allem der Dichtkunst. So macht sie sich denn auf die Suche. Zu ihrer geistigen Mitgift gehören die großen Sagenstoffe ihrer Heimat. Die sollen nun auch in Deutschland heimisch werden, das ›Rolandslied‹ oder die bittersüße Geschichte um ›Tristan und Isolde‹. Aber was sich in Sachsen als mögliche Nachdichter anbietet, lässt sie nur indigniert die Schultern heben. Man muss schließlich bis Regensburg hinuntergehen. Dort wird im Pfarrer Konrad ein halbwegs brauchbarer Poet gefunden. Dem biederen Pfaffen gelingt zwar nur eine sehr deutsche, schwerfällige Version des ›Rolandslieds‹, aber ein Ansatz ist schon mal gemacht. Die deutsche Fassung der ›Tristan‹-Sage wird ihn fortsetzen. Eilhard von Oberg dichtet sie nach, den offenbar die psychologische Komponente des ›Tristan‹-Stoffs weniger interessiert. Eher formt er ihn in eine der üblichen Heldensagen um. Und germanisch-bieder gerät auch das Volksbuch vom Herzog Ernst, die dritte nennenswerte Dichtung dieser Ära.

Heinrich selbst dürfte von allen Künsten die Poesie am wenigsten gelegen haben. Ihn interessiert viel mehr die Wissenschaft, und bezeichnenderweise ist es denn auch ein wissenschaftliches Werk, mit dem sein eigener Name verbunden bleibt. Es gibt zwar schon Enzyklopädien, die das Wissen dieser Zeit zusammenfassen. Doch sind sie in der Regel lateinisch abgefasst. Heinrich wünscht sich aber ein solches Werk in deutscher Sprache. Er selbst ist nicht gebildet. Doch zieht es den hochintelligenten Mann zu gebildeten Menschen, und die findet er vor allem im Kreis seiner Geistlichkeit.

Aus ihrem Kreis rekrutieren sich dann die Autoren jenes Werks, das als ›Lucidarius‹, also ein »Erleuchter«, zum dreibändigen Volksbuch wird. Dort wird das Weltganze »erleuchtet«, der Kosmos mit Himmel, Hölle und der Erde, ihre Kontinente, die einzelnen Länder, Menschen und Tiere, schließlich noch die vier Elemente, das Meer, die Erkenntnisse über Wind und Witterung, am Ende der menschliche Organismus. Der zweite Teil befasst sich mit den wichtigsten Heilmitteln der Kirche. Im dritten Band geht es um die allerletzten Dinge, um das Leben nach dem Tod. Diese Lektüre wirkt aber genauso handfest wie Baukunst und Kunsthandwerk, jene anderen beiden Künste, für die der Herzog eine Vorliebe besitzt.

In Braunschweig entstehen große Gotteshäuser, in den zahllosen Werkstätten wird an deren Ausstattung gearbeitet, an Reliquiaren, Kruzifixen, schweren Leuchtern. Und wenn auch wenig erhalten blieb, so legt doch selbst noch dieses wenige Zeugnis von Reichtum und Vielfalt dieser Jahre ab.

Von der Löwen-Plastik ist schon gesprochen worden. Fast ebenso berühmt wird der riesige siebenarmige Leuchter mit seinen Löwenfüßen. Er findet seinen Standort im Dom, und dort hängt auch das Kruzifix des Imerward, die aus einem einzigen Eichenstamm geschnitzte Darstellung des Gekreuzigten. Andere Höhepunkte findet die herzogliche Kunst in der Buchmalerei. Hierfür liegt der Psalter vor, das Gebetbuch des herzoglichen Paares, und schließlich aus der Helmarshausener Werkstatt Herimanns berühmtes Evangeliar. Seine Darstellung des Herzogs sagt aber über Heinrich sowie über sein Gottes- und Weltverständnis mehr aus als die meisten Wertungen befangener Zeitgenossen. Denn dort sieht man ihn neben seiner Frau dargestellt, deutlich kleiner als sie und offensichtlich auf den Knien, wenn auch seine Haltung aufrecht und ungebeugt wirkt. In dieser Haltung empfängt er den Segen unmittelbar aus Gottes Hand, ein nicht allzu großer, doch fest in sich ruhender Mann, der seinem Schöpfer Dank, nicht Demut entgegenbringt.

Dank, nicht Demut prägt denn auch den Dom, der zu Heinrichs wahrem Denkmal wird. 1173 wird mit seinem Bau begonnen. Er ist nicht so sehr für Gottesdienste gedacht, wofür

Dankwarderodes Kapelle dient, sondern soll Monument und Grabmal für Sachsens Herzöge sein. Über zwanzig Jahre wird an diesem Dom gebaut, dessen Schutzheilige St. Blasius, Johannes der Täufer und schließlich noch Thomas von Canterbury sind, der erste Gewölbebau im norddeutschen Raum und nicht der einzige Dom im Sachsen Heinrichs des Löwen.

In Lübeck ist der Herzog dabei, als der Grundstein für den dortigen Dom gelegt wird, und als drittes großes Gotteshaus entsteht der Dom zu Ratzeburg. Der Dom zu Braunschweig aber, nicht mystisch geheimnisvoll wie der zu Köln, der das Versprechen einer anderen Welt in sich zu bergen scheint, dafür aber immer wieder packend in seiner herrischen Klarheit, bleibt Heinrichs bedeutendstes Bauwerk, mit dem ebenso herrisch klaren Löwen davor.

In dieser Zeit kann es sich Heinrich leisten, mit großer, selbstbewusster Geste vorzuzeigen, was seine Welt zu bieten hat. Und mit der gleichen selbstbewussten Geste tritt er jene Reise an, die zum Höhepunkt seiner goldenen Jahre wird. Im Jahr 1172 begibt sich Herzog Heinrich der Löwe auf Pilgerfahrt ins Heilige Land.

## *Einmal Orient und zurück*

In Braunschweig herrscht erwartungsvolle Unruhe, und Stunde um Stunde treffen prominente Besucher ein. Von Schwerin her kommt Graf Gunzelin geritten, von Mecklenburg her Fürst Pribislav, aus Lübeck der seit dem Fürstenaufstand wieder bemerkenswert diensteifrig gewordene Bischof Konrad. In der Stadt selbst bereiten sich Männer wie Abt Heinrich und Truchsess Jordan von Blankenburg auf eine lange Reise vor. Denn in diesem Januar 1172 rüstet Heinrich der Löwe zu seiner Pilgerfahrt ins Morgenland. Der Herzog kann sie sich in jeder Hinsicht leisten.

Über Sachsen liegt jetzt Frieden. Von Heinrichs Feinden sind die wichtigsten tot, Albrecht der Bär seit zwei, Hartwig von Bremen seit drei, Rainald von Dassel nun schon seit fünf Jahren. Außerdem schreibt das Gesetz einen »Gottesfrieden« für das Land dessen vor, der auf Pilgerfahrt weilt. So kann es sich Heinrich sogar erlauben, Sachsen samt Herzogin für die Zeit seiner Abwesenheit dem Magdeburger Erzbischof Wichmann anzuvertrauen. Mathilde selbst folgt ihrem Mann nicht ins Morgenland. Seit einigen Wochen schwanger, wird sie von Dankwarderode aus ihren Mann vertreten. Die Lage in Sachsen ist also geregelt.

Von Braunschweig aus bricht der Herzog nach Verden zu einem letzten Landtag auf. Dann reitet er nach Regensburg hinunter. Auch dort schließen sich noch Ritter dem Zug an, und schließlich sind es mitsamt dem Tross über zwölfhundert Mann, die ihrem Herzog folgen. Er hat viel Sorgfalt auf die Zusammenstellung dieses Gefolges verwandt. Geistliche und weltliche Fürsten, Grafen aus dem Osten, aus dem eigentlichen Sachsen und aus Bayern, persönliche Berater wie Jordan, insgesamt also ein repräsentativer Querschnitt durch die Führungsschicht seines Reichs, begleiten ihn, und all der Aufwand hat nur noch wenig mit einer Pilgerfahrt schlichter Glaubensbrüder zu tun. Eher liegt über allem ein Hauch Haupt- und Staatsaktion. Und in der Tat verspricht sich Heinrich viel von dieser Fahrt.

Was immer er bislang getan hatte, die Wiedergewinnung Bayerns, die Eroberung des Ostens, die Stärkung seiner sächsischen Position, das waren zwar Erfolge gewesen, doch nicht jener Art, die außerhalb seiner Herzogtümer zu schäumender Begeisterung hinrissen. Auf Vetter Barbarossa sieht alle Welt. Heinrichs Glanz findet hingegen mehr im provinziellen Winkel statt. Diese Reise soll nun aber seinen Rang vor aller Augen führen. Ihre Route ist deshalb auch nicht zufällig so umständlich ausgefallen. Denn möglichst viele Länder sollen durchzogen, möglichst viele berühmte Männer getroffen werden, und die erste Visite findet gleich hinter Bayerns Grenze statt. Im österreichischen Klosterneuburg empfängt den Herzog mit ausgebreiteten Armen sein einstiger Stiefvater Jasomirgott.

Waren Babenberger und Welfen je Todfeinde gewesen? Alles vergessen, nie geschehen. In diesen Tagen kann es keine intimeren Freunde als diese beiden Herren geben. Und Österreichs Herzog zeigt sich von seiner großzügigsten Seite, versorgt die

Sachsen mit allem nötigen Proviant für die Weiterreise, stellt Schiffe seiner eigenen Flotte für die Donaufahrt bereit und gibt sich schließlich die Ehre, höchstpersönlich die Gäste bis zur ungarischen Grenze zu geleiten.

Gemächlich treiben die Boote den Fluss hinunter, am Ufer führen die Trossknechte die Pferde am Zügel, und abends trifft man sich zu gemeinschaftlicher Rast. Die Reise verspricht ein Idyll zu werden. Doch sie wird ein Abenteuer. Das zeigt sich erstmals schon kurz hinter der ungarischen Grenze. Heinrich hat zwar noch von Sachsen aus Ungarns König Stephan III. um freies Geleit durch sein Land gebeten und dieser hatte das gern gewährt. Doch zunächst kommt man nur bis zur Festung Gran. Dort erwartet die Ritter eine böse Nachricht. Über Nacht ist König Stephan verstorben, und viel spricht dafür, dass ihn sein Bruder Bela hat vergiften lassen. Für Heinrich stellt sich nun die Frage, ob weiterhin die königliche Zusage gilt.

Er schickt seine Geistlichen nach Gran, wo man Stephans Begräbnis vorbereitet, und dort treffen sie auf Ungarns Primas, der sich seinerseits mit den ungarischen Adligen berät. Endlich fällt das erlösende Wort, an Stephans Zusicherung wird festgehalten, und die Deutschen dürfen unbehelligt weiterziehen. Erleichtert besteigen sie wieder ihre Boote, treiben die Donau hinunter und blicken zu den grünen Ufern der friedlich hingestreckten ungarischen Tiefebene hinüber. Das Wetter ist klar, der Strom ruhig. Doch hat er auch seine Tücken.

Bei Porecz springen Felsen in den Fluss vor, und dort gerät Heinrichs Schiff in einen Strudel. Gerade hat der Herzog mit Jordan von Blankenburg und dem Schweriner Grafen zusammengesessen, als das Boot herumwirbelt und gegen die Steine prallt. Sie selbst werden mitsamt Waffen und schweren Panzerhemden ins Wasser geschleudert und wären ertrunken, wenn nicht von einer nahen Festung aus der Unfall beobachtet worden wäre. Boote rudern heran, und Heinrich wird im letzten Augenblick aus dem Wasser gezogen.

Die Mündung der Braniczewa ist erreicht. Sand knirscht unter dem Kiel der Schiffe. Hier ist das Wasser für die Weiterfahrt zu flach, und die Ritter müssen über Land weiterziehen. Der Weg führt durch den berüchtigten Bulgarenwald, der schon byzantinisches Gebiet ist. Auch hierfür hat Heinrich vorgesorgt, indem er seine Boten nach Konstantinopel geschickt und Kaiser Manuel um friedliche Passage durch sein Reich gebeten hat. Doch scheren sich die Serben des Bulgarenwaldes darum nicht. Im Dickicht versteckt, beobachten sie hämisch, wie sich der Zug über die von der Schneeschmelze noch aufgeweichten Waldpfade vorwärtskämpft. Immer wieder bleiben die Wagen stecken, bricht ein Rad, kippt eines der schwerfälligen Fuhrwerke zur Seite. Endlich befiehlt Heinrich, so viel Lebensmittel wie möglich auf die Pferde zu laden und die Wagen mit den übrigen Vorräten zurückzulassen. Schon leicht lädiert trifft der Zug vor dem Städtchen Ravenell ein.

Dort stellen sich Ravenells Einwohner taub, ihre Tore bleiben verschlossen. Wutknirschend müssen sich die Ritter ihr Lager vor der Stadt suchen, und Heinrich hält eine empörte Rede: »Da diese Söhne Belials ... uns mit Krieg zu bedrohen scheinen, so lasst die Fahnen wehen und rückt vor! Der Gott unserer Väter, dem zu Ehren wir die Pilgerfahrt unternehmen und dessen Geboten gehorsam wir Haus, Weib, Kinder und Brüder verlassen haben, sei mit uns!« So zeichnet es Arnold von Lübeck auf, getreulichster Protokollant dieser Orientfahrt.

Die Situation kann aber nicht nur mit großen Worten bestanden werden. Zwölfhundert Männer in einem unbekannten Land stellen keine allzu bedeutende Macht dar, und die Serben wissen das. Schon schwärmen sie aus, um die Ritter aus dem Hinterhalt zu überfallen, und ein erster Pfeil schwirrt bereits ins Lager der Deutschen. Zugleich kommt vom Lager Bischof Konrads die Nachricht, dass dort zwei Ritter erschlagen worden sind. Heinrich behält die Nerven und schickt zwanzig Krieger zum Bischof hinüber. Sie halten den Ansturm der Serben auf und töten ihren Anführer. Das entscheidet über den Ausgang des nächtlichen Spuks. Die Angreifer flüchten in die Wälder zurück, die Deutschen können im klaren Morgenlicht nach Konstantinopel weiterziehen.

Am Karfreitag treffen sie ein, und Kaiser Manuels Kapitale zeigt an diesem Tag noch gedämpfte Farben. Zwei Tage später teilt sich aber der Vorhang über einer Szenerie kaum noch fassbaren Glanzes. Mit allem Prunk des Orients versetzt der Kaiser seine Besucher in ein wahres Märchenland. Inmitten der Großen des Byzantinischen Reichs erwartet er sie vor dem Hintergrund des Konstantinopler Hippodroms. Hier hat jeder dieser Großen sein Zelt aufgeschlagen, aus Purpurstoff, mit einer Goldkuppel geschmückt, und wie geblendet lassen sich die Deutschen in das Zelt des Kaisers führen, über purpurne Teppiche hinweg, im matten Schein goldener Ampeln, die von der Seidendecke herunterhängen. Der Herzog kann sich am Ziel aller Träume fühlen.

Hier ist der zweitmächtigste Herrscher der Christenheit, und er behandelt den Welfen fast wie seinesgleichen, lässt sogar ein Streitgespräch zwischen seinen Geistlichen und denen des Herzogs über Unterschiede und Vorzüge beider Kirchen zu. Natürlich gewinnen die Deutschen – oder es ist byzantinische Liebenswürdigkeit, die dem Gast das letzte Wort lässt. Auf den Herzog geht ein Regen üppiger Geschenke nieder, für den er sich nur kärglich mit gestickten Gewändern aus sächsischem Leinen, mit Waffen und einigen ausgesucht schönen Pferden revanchieren kann. Leuchtend bunte Felle, ballenweise kostbarer Samt werden vor die Deutschen hingelegt, und die Kaiserin selbst überreicht jedem Ritter einen Zobelpelz. Gipfel byzantinischer Freigebigkeit ist aber das Schiff, das die Pilger hinüber nach Vorderasien führt.

Akkon, die alte phönizische Hafenstadt, ist das Tor für alle Jerusalem-Fahrer. Nun öffnet es sich für Pilger Heinrich. Er hält sich dort nicht lange auf. Gleich geht die Reise zum Endziel hin, wo die Deutschen bereits erwartet werden.

Schon vor der Heiligen Stadt begrüßen Ritter des Templer- und Johanniterordens die Gäste. Gemeinsam reiten sie nach Jerusalem, und dort empfängt die versammelte Geistlichkeit den Zug mit wahren Jubelchören. Wie ein Triumphator durchreitet der Herzog die Straßen, und wie ein allererster Herrscher wird er sogleich von Jerusalems König Amalrich in seinen Palast geladen. Geschmeichelt lässt Heinrich alle Ehrungen über sich ergehen, um sodann zu den erhabenen Stätten der Christenheit zu schreiten.

Er kniet in der Grabeskirche, geht die Via dolorosa hinunter und steigt nach Golgatha hinauf. Er reitet nach Nazareth hinüber und nach Bethlehem, besucht den Ölberg, wagt sich in Gesellschaft ansässiger Ritter bis zum Jordan vor und steigt inmitten seines schließlich mehr erschöpften als ergriffenen Gefolges zum Berg Ephraim hinauf, wo einst der Versucher geflüstert hatte: »Dies alles will ich dir geben, wenn du niederfällst und mich anbetest.« Es bleibt müßige Überlegung, wie wohl Machtmensch Heinrich auf solch eine Versuchung reagiert hätte.

Im Übrigen ist der Herzog nicht mit leeren Händen nach Jerusalem gekommen, und seine Dotationen sind eines reichen Fürsten würdig. Tausend Silbermark erhalten Johanniter und Templer. Für die Grabeskirche stiftet Heinrich einen Mosaikboden sowie puren Silberbezug für die Türen und schließlich noch drei Ewige Lampen zur »Erlassung von seinen, seiner Gemahlin, seiner zukünftigen Erben und seines ganzes Geschlechts Sünden«. Noch lange soll man von diesem großzügigen Herzog und seinem Besuch sprechen.

Damit hat die Reise ihren Zweck eigentlich erfüllt. Doch hält es den Herzog noch länger auf dem fremden Kontinent. Er ist neugierig geworden. So wählt er denn für die Rückfahrt nicht wieder den Seeweg, sondern reist von Akkon aus nach Antiochia, wo Manuels Schwager Bohemund residiert und das eigentliche Abenteuer Morgenland erst beginnt.

Zwanzig Ritter in der bunten Tracht der Sarazenen stehen in Antiochia vor dem Herzog, der seine Rückreise nach europäischem Muster zu organisieren gedenkt: höfliche Bitten um freies Geleit an die Fürsten, deren Länder man durchzieht, mit der Gewissheit dabei, sich auf solche Versprechen verlassen zu können. So zeigt er sich sehr beruhigt, als ihm diese zwanzig Sarazenen als Abgesandte des Sultans von Armenien diese Zusicherung geben, und muss erst von Bohemund aufgeklärt werden, dass er auf dem besten Weg in eine Todesfalle ist. Denn dieser Sultan gehört zu Bohemunds schlimmsten Feinden und dürfte nur allzu begierig darauf warten, dessen Gast Heinrich ans Messer zu bekommen.

Zu Schiff setzt er nun nach Kleinasien über. Ikonium, das heutige Konya, wird dort seine nächste Station. Dabei lernt er wiederum ein ganz anderes Morgenland kennen, nach unberechenbarer Grausamkeit überströmende Gastfreundschaft. Ein alter, an beiden Beinen gelähmter Herr wird dem Herzog und seinen Begleitern entgegengetragen, der Sultan von Ikonium. Mit allem Überschwang des Orients umarmt und küsst er den Besucher und nennt ihn einen Blutsverwandten. Allerdings erweist sich diese Verwandtschaft als zu weitläufig, um weiter ernst genommen zu werden. Dafür umgibt nun den Herzog eine Welt, die zu bunt und fremd ist, als dass er sie ganz fassen könnte. Heinrich steht vor Zelten aus schwarzem Filz, sieht Sklaven und Kamele und kann nur benommen nicken, als der Sultan sechs solcher Zelte auf Kamele verladen lässt und diese kleine Karawane nebst dazugehörigen Sklaven seinem Gast als Präsent verehrt.

Auch ein Rock und ein Mantel aus schillernd bunter Seide werden dem Deutschen übergeworfen, der zu Hause diese Aufmerksamkeiten zu Priesterornaten verarbeiten lassen wird. Nicht viel mehr weiß er mit den beiden gezähmten Geparden anzufangen, die ihm der Sultan als Jagdtiere verehrt, ist jedoch so stolz auf sie, dass er sich später in ihrer Mitte auf einer Münze verewigt. Dann tänzeln achthundert Pferde vorüber. Große Geste des Sultans: Ein jeder Ritter möge sich ein Tier aussuchen. Ein zweiter Wink, und dreißig weitere Pferde werden herbeigeführt, mit silbernem Zaumzeug und Elfenbeinsätteln als spezielle Gabe für den Herzog. Das größte Geschenk macht der Gastgeber aber erst zum Schluss. Zu Ehren Heinrichs werden alle christlichen Sklaven in die Freiheit entlassen.

Das ist vielleicht zu viel, als dass es Heinrich ganz verstehen würde. Er begreift nicht, dass hier lediglich ein geschätzter Gast nach orientalischem Brauch ausgezeichnet werden soll, sondern meint ernsthaft, nunmehr die Seele dieses bezaubernden, wenn auch leider ungläubigen alten Herrn vor sicherer Verdammnis retten zu müssen.

Im Palast von Ikonium lagern Herzog und Sultan Seite an Seite, und Heinrich ereifert sich sehr. Eindringlich malt er alle Schrecken aus, die den Ungläubigen im Jenseits erwarten, nennt die Religion seines Gastgebers einen heidnischen Aberglauben und preist bewegt Vorzüge wie Richtigkeit des Christentums. Armer Heinrich! Als Redner macht er vor einer Schar kampfeslustiger Ritter bessere Figur als bei diesem klugen alten Mann, der Heinrichs Taktlosigkeit mit sehr orientalischer Ironie begegnet: »Es ist nicht schwer zu glauben, dass Gott, der den ersten Menschen aus Ton gebildet hat, in einer unbefleckten Jungfrau Fleisch geworden ist.« Dennoch sind es schöne Tage in Ikonium. Heinrich und seine Leute brauchen sie. Denn für den weiteren Weg hat der Herzog die gleiche Strecke gewählt, auf dem einst Konrad III. mitsamt seinem Heer fast zugrunde ging. Dort mag sich dann der Herzog ausmalen, was ihm damals alles erspart geblieben ist, Hitze, Fieber, Durst und die trostlose Monotonie einer verkarsteten, abweisenden Landschaft.

Noch einmal Konstantinopel, diesmal nur als kurze Zwischenstation: Manuel hält sich gerade in Manipolis auf, und dort begegnen sich die beiden Herren ein zweites Mal. Von Neuem überreicht der Kaiser Geschenke, vierzehn mit Gold, Silber und Seide beladene Maultiere. Heinrich lehnt bescheiden ab. Ihm seien einige Reliquien lieber, und Manuel erfüllt die Bitte, die so bescheiden wieder nicht ist. Denn Reliquien bedeuten für ihren Aufbewahrungsort verstärkte Besucherströme, und Kaufmann Heinrich dürfte das durchaus vor Augen gehabt haben. Mit schwerem Gepäck tritt er die eigentliche Heimreise an, wieder durch den Bulgarenwald, die Donau hinunter durch Ungarn nach Österreich und von dort heim nach Deutschland.

Was aber hat nun diese Reise gebracht? Heinrich kann zufrieden sein. Überall sah er sich als ein Erster Fürst bestätigt. Soweit war diese religiös gefärbte Goodwilltour ein voller Erfolg. Politisch hat sie allerdings kaum Bedeutung. Für den Herzog eröffnet sie keine neuen Perspektiven, weder politisch noch persönlich. Er kehrt ganz unverändert aus Ländern zurück, die zu fern und zu fremd sind, als dass sich ihre Eigenart seinem Wesen mitteilen könnte. So bedeutet also diese Pilgerfahrt ins Heilige Land, die am 13. Januar 1172 in Braunschweig begann und fast auf den Tag genau ein Jahr später an der gleichen Stelle endet, nicht mehr als »einmal Orient und zurück«. Heinrich muss jedoch erleben, dass das Aufregendste einer Reise die Rückkehr sein kann.

### *Vom Ende einer Freundschaft*

Heinrich ist höflich. Gleich nach seiner Rückkehr macht er in Augsburg Zwischenstation und erstattet dem Kaiser Bericht. Auch noch das Weihnachtsfest 1172 feiern sie gemeinsam. Erst dann reitet der Herzog nach Braunschweig weiter. Also herrscht wie immer herzliches Einvernehmen zwischen beiden Männern, Vertrauen, Höflichkeit. Doch der Schein trügt. Immer deutlicher wird, dass sich beider Freundschaft zu erschöpfen beginnt. Das ist nicht die Entwicklung eines Augenblicks. Es zieht sich über Jahre hin. Doch in diesen Jahren mehren sich die Anzeichen wachsender Entfremdung, und die Vettern betrachten sich mit immer größerer Skepsis. Wer ist der andere eigentlich? Hat man ihn vielleicht in seinem eigenen Schatten allzu groß werden lassen? Ist der Freund im Grunde nicht ein – Feind?

Vor diesem Hintergrund wirken selbst nicht so wichtige Vorgänge bedrohlicher, als sie es eigentlich sind. So kommt gleich nach seiner Rückkehr Heinrich eine Geschichte zu Ohren, in der Barbarossa eine recht merkwürdige Rolle spielt. Während seiner Abwesenheit soll der Kaiser einigen sächsischen Vasallen den Eid abgenommen haben, im Fall von Heinrichs Tod nur ihm selbst, Barbarossa, ihre Burgen zu übergeben. Eine Formsache, so scheint es. Und doch muss sich der Herzog seltsam berührt fühlen, dass sich sein bester Freund bereits so intensiv mit dem Gedanken an die Zeit nach seinem Ableben beschäftigt, zumal er um einige Jahre älter als Heinrich ist. Außerdem verstößt es gegen jenes ungeschriebene Gesetz ihrer Freundschaft, dass für den einen die Interessensphäre des anderen tabu ist.

Doch was heißt noch »Freundschaft«? Haben ihr nicht die letzten zwanzig Jahre völlig neue Vorzeichen gegeben? Und nicht nur die Situation im Reich, auch diese beiden Männer haben sich gründlich verändert.

Der Kaiser ist nun ein Mann nahe den fünfzig und kein strahlender Jüngling mehr. Der werbende Charme seiner frühen Jahre wirkt distanzierter, sein Pathos weniger überspannt. Mit gelassener Hoheit steht er als der Kaiser da. Seine Fehlschläge haben ihm nicht schaden können. Im Gegenteil: Sein Nimbus nimmt ständig zu. Und das ist eigentlich seltsam. Denn an seinen früheren Versprechungen gemessen hat Barbarossa eher wenig erreicht.

Trotzdem hat das Reich Grund, von diesem Kaiser begeistert zu sein. Das ganz große Italienspiel ist zwar misslungen. Doch wenigstens sind die furchtbaren Unsicherheiten, das allgemeine Gefühl von Untergang und Endzeit aus den Jahren Konrads III. vorbei. Im Reich herrscht weithin Frieden. Polen, Böhmen werden vom Kaiser abhängig, und die Ehe mit Beatrix hat Burgund in Barbarossas unmittelbaren Machtbereich gebracht. Das alles wertet die Kaiserwürde insgesamt so sehr auf, dass der Staufer getrost am weiteren Ausbau seiner Macht arbeiten kann.

Nach wie vor steht dabei Italien im Mittelpunkt seines Denkens. Nur die Methode wechselt. Mit Rainald von Dassel starb die Zeit der weit gespannten Konzepte. Rainalds Stelle als Erster Berater nehmen nun der stets in Schulden und Frauengeschichten verwickelte Christian von Buch sowie der wegen seiner Schönheit berühmte, wegen seines hemmungslosen Ehrgeizes berüchtigte Kölner Erzbischof Philipp von Heinsberg ein, zwei kluge, hochgebildete Männer, die aber doch den toten Kanzler nicht ersetzen können. Barbarossa steht allein. So kehrt er denn wieder zur typischen Staufer-Politik zurück, zu kleinen Schritten, geschmeidigen Kompromissen, fast unmerklichen Machtverschiebungen. Gezwungenermaßen konzentrieren sie sich nach der Katastrophe von 1167 allesamt auf Deutschland.

Schon immer hat Barbarossa die eine große Schwäche der Staufer zu beheben und den relativ geringen Besitz an eigenem Grund und Boden zu erweitern versucht. Im mitteldeutschen Osten entstand nun eine »Königslandschaft«. In der Schweiz wechselten Güter in staufischen Besitz über. Später kamen noch Gebiete in Ostfranken hinzu. Und wie der Vetter in Sachsen war auch Barbarossa bemüht, diesen Besitz auch wirklich fest in seine Hand zu bringen. Reichsburgen wurden gebaut, in Hagenau und Trifels, Kaiserslautern und Nürnberg, Dortmund und Gelnhausen, schließlich in Altenburg und Eger, den

Mittelpunkten jener östlichen »Königslandschaft«, daneben noch sogenannte »Dienstmannenburgen«, nicht so prächtig wie die Pfalzen, doch vielleicht noch wichtiger. Denn von dort aus verwalteten Reichsministeriale strikt nach Barbarossas Weisung die kaiserlichen Ländereien.

Nicht nur das erinnert an Heinrichs Versuche einer neuartigen Administration. Wie der Löwe schaltet sich auch Barbarossa in das Wirtschaftsleben ein, verhilft unter anderem Augsburg und Ulm zum Stadtrecht und fördert den Handel, um den stets leeren kaiserlichen Kassen neue Einnahmequellen zu erschließen. Darüber wird er kein »Bürgerkaiser« wie Heinrich ein »Bürgerherzog«. Er bleibt die hochfahrende Rittergestalt, allerdings mit nüchtern klarem Blick für Wirklichkeiten.

Schon 1169 wird sein Sohn Heinrich in Aachen zum König und Nachfolger gekrönt. Das ist schon mal ein wichtiger Schritt zum Erbrecht der Stauferdynastie. Zugleich verstärkt der Kaiser das Fundament dieser Dynastie. Geradezu makaber nutzt er dafür die Seuche von Rom. Mit dem Tod so vieler Ritter sind auch viele Lehen frei geworden, und Barbarossa kassiert sie allesamt. Zugleich schanzt er die schwäbische Herzogswürde, bis dahin in der Hand seines am Fieber gestorbenen Vetters Friedrich von Rothenburg, seinem ältesten Sohn, Heinrich, zu und bedenkt auch seine anderen Söhne großzügig. Rothenburg erhält sein Sohn Konrad, die Statthalterwürde von Burgund und Arelat sein Sohn Otto. Der jüngste schließlich, Philipp, wird mit Krongütern und kirchlichen Lehen ausgestattet. Zunehmend spannt sich über Deutschland ein immer dichteres Netz, dessen Fäden der Kaiser in der Hand hält. Der größte Brocken entzieht sich ihm aber, das Reich Heinrichs des Löwen in Nord und Ost.

Aufmerksamer denn je betrachtet der Kaiser seinen Freund aus dem Norden. Da steht also dieser Welfe als Herr zweier reicher, glänzend organisierter Herzogtümer. Er hat seinen Adel niedergezwungen, die Geistlichkeit unter seinen Einfluss gebracht und kontrolliert seinen Machtbereich, als sei kein Kaiser über ihm. Wie zeigt ihn doch sein Evangeliar aus den Sechzigerjahren? Zwar sieht man dort Heinrich auf den Knien. Aber er kniet vor Gott, nicht vor dem Kaiser. Und Gott, nicht der Kaiser, reicht ihm und seiner Frau die Kronen, wobei welfische Ahnen das Paar umstehen. Deutlicher lässt es sich nicht sagen, und der Text dieses Evangeliars musste gar nicht mehr eigens Sachsen als *imperium* auszuweisen, Heinrich brauchte sich auf Urkunden gar nicht erst ausdrücklich Herzog von Gottes Gnaden zu nennen. Dieses Bild spricht seine hinreichend klare Sprache. Heinrich der Löwe sieht sich als Erbe eines Welfenreichs, dessen höchster Rang, die Herzogwürde, ihm unmittelbar von Gott verliehen wird. Der Kaiser gerät darüber zur benachbarten Instanz, deren Obergewalt an den Grenzen des eigenen Reichs endet.

Solches Selbstverständnis wirkt sehr anmaßend. Doch darf man nicht vergessen, dass Heinrich 1152 durchaus berechtigte Ansprüche auf die höchste Würde im Reich zurückstellte, um von nun an einem bis dahin gleichrangigen Partner, eben dem Staufer Friedrich, ein loyaler Fürst zu sein. Nie will er selber Kaiser werden, diese zuweilen hervorgekramte Vermutung bleibt pure Spekulation ohne jeden Beweis. Aber er nimmt als Herzog von Sachsen einen Status in Anspruch, in den sich kaiserliche Rechte mischen, wie es einst sein Großvater Lothar als Kaiser und Herzog von Sachsen zugleich vorgezeichnet hatte. Und so verhält er sich auch.

Mit Königen verkehrt er wie mit seinesgleichen. Mit einer Königstochter ist er verheiratet. Seinen Söhnen gibt er Namen Erster Herrscher. Seine Burg baut er nach dem Muster einer Kaiserpfalz. Und erinnert nicht der Bronzelöwe vor Dankwarderode verdächtig an ein ähnliches Tierbild vor der Aachener Pfalz Karls des Großen?

Später wird es heißen, Heinrich hätte nach dem Königstitel gestrebt. Das wäre nicht einmal so abwegig gewesen. Warum hätte Heinrichs Sachsen eine Ausnahme machen sollen, da doch in dieser Zeit Böhmen Königreich wird und Jasomirgott für Österreich Ähnliches versucht? Das muss nichts mit Separationsbestrebungen zu tun haben. Nur hätte es dann innerhalb des Deutschen Reichs noch ein halbwegs oder weitgehend selbstständiges Königtum mehr gegeben, Dänemark oder Polen vergleichbar.

Es geht aber nicht um Titel. Es geht um den Status quo. Der

Barbarosssa der Jahre zwischen 1168 und 1176 muss sich zunächst damit abfinden, dass mit dem Sachsen Heinrichs des Löwen ein »Staat im Staat« herangedieh, dessen Herr nur bedingt unter kaiserlichem Einfluss steht. Das ist das eigentliche große Problem. Mit einem Reich, das sowohl Deutschland wie Italien umfasst, wäre solch ein internes Staatsgefüge wie das sächsische Herzogtum vereinbar gewesen. Anders sieht es aus, wenn für den Kaiser Deutschland das einzige Territorium seiner Macht darstellt. Hier fängt für Barbarossa das »Problem Heinrich« an, das die dritte und letzte Phase ihrer Freundschaft bestimmt.

In der ersten Phase hatte die strikte Gegenseitigkeit einer Interessengemeinschaft geherrscht. Dann war jene Zeit gefolgt, in der beider Interessen nebeneinanderliefen, ohne sich zu stören. Es war die vielleicht beste und fruchtbarste Zeit dieser Verbindung, und Heinrich konnte tatsächlich wie ein Zweit- oder Nebenkaiser wirken, als Herrscher im Schatten. Barbarossa billigte das. Für die Zeit seiner Abwesenheit während des zweiten Italienzugs war Heinrich ganz offiziell sein Stellvertreter und wurde sogar als möglicher Nachfolger deklariert. An Kaisers statt nahm Heinrich der Löwe in dieser zweiten Phase auch außenpolitische Interessen des Reichs wahr. Noch 1168 zog der Herzog in kaiserlichem Auftrag nach Rouen zu Heinrich II., um den unberechenbaren Engländer wieder fest auf den Kurs des Kaisers zu bringen. Diese diplomatische Mission brachte zwar kaum mehr als die erste persönliche Begegnung des Löwen mit seinem um einige Jahre jüngeren Schwiegervater. Doch markierte sie immerhin die politische Einheit von Kaiser und Herzog und machte zugleich Heinrichs Stellenwert für Barbarossa deutlich.

Jetzt aber braucht der Staufer keinen Stellvertreter mehr, und seine Erben – das steht inzwischen fest – werden seine Söhne sein. Damit beginnt die dritte Phase der Freundschaft zwischen Rotbart und Löwe. Die Gemeinsamkeit zerbrach. Es bleibt Rivalität. Beide Männer sind zu mächtig geworden, als dass in Deutschland noch lange Platz für zwei Machtmenschen ihres Schlags und Anspruchs sein kann.

Barbarossa rechnet kühl und genau. Italien muss er fürs Erste verloren geben. Hierfür braucht er also die Hilfe des Welfen nicht mehr. Ein Bündnis zwischen dem Löwen und Alexander III. ist seit dem Würzburger Schwur nicht mehr möglich. In Deutschland bedeutet dieser übermächtige Herzog nur eine Belastung der kaiserlichen Position. So bahnt sich unter neuem Vorzeichen ein alter, fast vergessener Konflikt wieder an, der Kampf zwischen Welfen und Staufern.

Barbarossa will nicht die Wiederbelebung des alten Zwists. So gehen zunächst noch seine Versuche, Heinrichs Macht zu schmälern, eher unauffällige Wege. Das seltsame Gelöbnis, das er während des Herzogs Orientfahrt den sächsischen Vasallen abgenommen hatte, ist dafür ein frühes Signal. Heinrich reagiert zutiefst gekränkt. Jedoch irrt er sich, wenn er es für einen einmaligen Fauxpas seines Kaisers hält. Wenig später muss er an einem zweiten Beispiel erkennen, dass Barbarossa durchaus nach System vorgeht. Anlass wird dafür beider Onkel Welf VI.

Für Welf VI., den ewigen Zweiten, den Mann immer wieder verpasster Gelegenheiten, war es ein furchtbarer Schlag gewesen, als sein Sohn vor Rom an Fieber starb. Denn an diesen jungen Mann hatten sich all seine ihm noch verbliebenen Hoffnungen geknüpft. Jetzt entschwanden auch sie. Dem war er nicht gewachsen, und vor aller Augen vollzog sich mit dem alten Haudegen ein grotesker Wandel. Seine Frau Uta jagte er davon. Die Ravensburg öffnete er jedem Spielmann, jeder Dirne, die vorüberzogen. Feste und Jagden ließ er sich ein Vermögen kosten und trat dabei mit Christian von Buch in den unedlen Wettstreit, größter Lebemann seiner Zeit zu sein. Dann wieder quälten ihn Gewissensbisse, und ein weiteres Vermögen schleuderte er für den Bau von Kirchen und Klöstern heraus.

Welf VI. ist reich genug, um sich Lotterleben und Wohltätigkeit eine Zeit lang leisten zu können. Doch kommt der Punkt, an dem der alte Mann bankrott ist. Da erscheint er vor Heinrich mit einem Angebot. All seine italienischen Güter soll der Löwe nach seinem Tod erhalten und als Erbe seiner deutschen Besitzungen eingesetzt werden, wenn er ihn das fröhliche Leben auf der Ravensburg weiterführen lässt. Dieser verlockenden Aussicht kann Heinrich zunächst nicht widerstehen. Er geht also auf das Angebot ein. Dann kommen ihm doch Bedenken. Verschleudert er nicht ein Vermögen für etwas, was ihm eines Tages ohnehin zufallen wird?

Ein wenig zu schlau ist der Herzog, als er zwar mit Welf VI. den Vertrag schließt, mit der Zahlung aber zögert, bis sein Onkel ungeduldig wird. Dem ist inzwischen eingefallen, dass er ja auch noch einen anderen Neffen hat, Kaiser Friedrich Barbarossa. Barbarossa greift sofort zu. Gold wechselt die Kassen, Welf VI. kann zu neuen Festen laden, und der Staufer ist jetzt offiziell Erbe des zweitgrößten Welfenbesitzes. Nun mustert aber auch Heinrich den Mann dort auf dem Kaiserthron mit wachsender Skepsis. Wird hier bereits in aller Stille an der gemächlichen Aushöhlung seiner Macht gearbeitet?

Vertrauen gegen Vertrauen hatte die beiden Männer bisher aneinandergebunden. Jetzt ist dieses Vertrauen erschüttert. Nun zieht Heinrich ebenso Bilanz. Auch er rechnet nach: Was hat er noch von diesem Kaiser zu erwarten? Mächtiger, als er ist, kann der Löwe nicht mehr werden. Zu Barbarossas italienischen Ambitionen hat er nie eine intensive Beziehung gehabt. Warum soll er also einen Mann bei der Ausweitung seiner Macht unterstützen, wenn der andere diese Macht gegen ihn auszuspielen beginnt?

Damit ist das Bündnis von 1152 endgültig absurd geworden. Die Freundschaft zwischen Friedrich und Heinrich, immer mehr ein Rollenspiel als Ausdruck irgendwelcher persönlicher Zuneigung, hat ihren Zweck erfüllt. Jetzt wenden sich seine Gesetze gegen die Beteiligten. Man wird sich also dieser Freundschaft entledigen müssen. Doch wird dabei einer auf der Strecke bleiben. Das steht fest. Das alles hat dabei nichts mit persönlichen Empfindungen zu tun. Selbst in den Zeiten schärfster Gegnerschaft wird sich kein Zeichen persönlichen Hasses zwischen diesen beiden Männern finden. Doch Persönliches stand nicht am Anfang des Bundes und wird auch nicht an seinem Ende stehen. In den Siebzigerjahren erkennen lediglich zwei Politiker, dass ihre Wege nicht mehr die gleichen sein können.

Zunächst scheint noch alles unverändert. Kaiser und Herzog

sind häufig beisammen, wechseln höfliche Briefe, nicken sich wohlwollend zu. Doch unter der Oberfläche braut sich etwas zusammen. Zu offener Gegnerschaft fehlt nur noch der Anlass. Er kommt und wird sich auf Ort und fast den Tag genau datieren lassen. Auf den Spätwinter 1176 im oberitalienischen Chiavenna.

## Der Prozess

»... wir haben daher nach erfolgter Beratung mit den Reichsfürsten, auf ihren gemeinsamen Rat hin, das Herzogtum, welches Sachsen heißt, in zwei Teile geteilt ...«

*Aus der ›Gelnhäuser Urkunde‹ vom 13. April 1180*

*Das Rätsel Chiavenna*

Im Frühjahr kann es am Comer See sehr schön sein. Jetzt ist noch Winter, als Heinrich der Löwe dorthin reitet, um in der kleinen Ortschaft Chiavenna seinen Kaiser zu treffen. Er kommt von Bayern her, Barbarossa trifft aus Pavia ein, seinem Standquartier während des fünften Italienzugs, zu dem er im Herbst 1174 aufgebrochen war. Zwar hatte es lange so ausgesehen, als sei dem Kaiser Italien nicht mehr so wichtig. In der Tat überschritt er in den Jahren zwischen 1168 und 1174 kein einziges Mal die deutschen Grenzen. Doch war diese ruhigste Ära seiner Laufbahn nur die Stille zwischen zwei Stürmen.

Der Schock von 1167/68 hatte sich wieder gelegt. Barbarossas Position im Reich blieb unberührt, und jenseits der Grenzen lockerte sich wieder die Isolation der Ära Rainalds von Dassel. Wichtigster wie unzuverlässigster Partner war zunächst noch Englands Heinrich II. Dann hatte dessen jahrelanger Streit mit dem Erzbischof von Canterbury in eine Katastrophe gemündet, als Thomas Becket 1170 im Dom von Canterbury ermordet worden war und alle Welt Heinrich II. die Schuld gegeben hatte.

Ganz Europa war damals von ihm abgerückt, voran Barbarossa. Alexander III. zeigte weniger Skrupel. Nachdem Heinrich hinreichend inbrünstig sein »Mea culpa« gerufen hatte, schloss ihn der Papst mit väterlicher Güte in die Arme und hatte einen diensteifrigen Anhänger mehr. Dafür nahm Barbarossa Verbindung zum bisher feindlichen Frankreich auf, wovon er sich vor allem die Aussöhnung mit Alexander III. versprach. Denn endlich, jawohl, wollte er Frieden mit dem Papst.

Das Schisma war längst Farce geworden. Jeder sah in Alexander den alleinigen und wahren Kirchenführer, wohl auch Barbarossa selbst, der zielstrebig auf einen Kompromiss hinarbeitete. Als 1168 Paschalis III. starb, hatten zwar seine Anhänger rasch einen der ihren als Kalixt III. zum neuen Gegenpapst gewählt. Doch zögerte diesmal der Kaiser lange, diesen Kalixt als »seinen« Papst wahrzunehmen – er sollte nicht zwischen ihm und der Aussöhnung mit Alexander stehen. Allerdings war da noch der Städtebund der Lombarden. Für den Frieden mit Alexander blieb er das Haupthindernis. Diesen engsten Partner konnte der Papst nicht um der Versöhnung mit Barbarossa willen preisgeben. Die Konsequenz für Barbarossa musste heißen, Papst und Lombardischen Bund voneinander zu trennen und den Bund selbst zu zerschlagen. Unter diesem Vorzeichen stand von nun an des Kaisers Italienpolitik.

Unmittelbar nach 1168 wäre der Gedanke an einen Sieg über die Lombarden Illusion gewesen. Damals hatte sich der Städtebund auf solcher Höhe befunden, dass seine Mitglieder über den Kaiser jenseits der Alpen nur lächeln konnten. Allmählich verlor sich jedoch wieder alle Schutz- und Trutz-Euphorie. Das von Neuem erstarkte Mailand machte Cremona den Führungsanspruch streitig. Einst kaisertreue Städte wie Pavia und Pisa sahen sich mehr wie Unterworfene als Verbündete behandelt und wollten ihren Kaiser Barbarossa wiederhaben. Barbarossa selbst blieb wiederum nicht untätig. In Rom war sein Einfluss weiterhin stark, und in Mittelitalien besaß er Stützpunkte, wo sich sein Kanzler Christian von Buch als glänzender Diplomat bewährte, der die Städte der Toskana fest auf die kaiserliche Seite ziehen konnte.

1172 ist es dann so weit. Erneut beschließt der Kaiser eine

Italienfahrt. Den stärksten Beifall erhält er dabei von der Geistlichkeit, die dringlich die Beendigung des Schismas wünscht. Die weltlichen Fürsten zeigen hingegen wenig Sehnsucht nach einer Wiederholung der Katastrophe von 1167. Ganze achttausend Mann sind es schließlich, die ihrem Kaiser im September 1174 über die Alpen folgen. Ein fünftes Mal macht sich damit Barbarossa auf den langen Weg in den Süden und stellt seine Umwelt wieder einmal vor die Frage: Was zieht nur diesen Mann in dieses unsichere, aufsässige Italien?

Vom germanischen Urtrieb zu Sonne und Wärme wird die Rede sein, auch schlicht vom staufischen Größenwahn. Doch so versponnen ist die Politik der Staufer auch wieder nicht. Nach wie vor braucht ein deutscher König zwischen den Machtblöcken seiner Fürsten die Erhöhung zum Kaiser. Zugleich braucht er die Lombardei als Einnahmequelle, wie sie Heinrich der Löwe in den Gebieten im Osten besitzt. Barbarossa hat diese Möglichkeit nicht.

Hat er sie wirklich nicht?

Später wird als das große Versagen der Staufer bezeichnet werden, dass sie den Osten als »wahren deutschen Lebensraum« verkannt hätten. Das ist absurd. Denn der Osten ist zunächst einmal Sumpf, Wald, unfruchtbares Land, und es hätte schon prophetische Gaben verlangt, hierin im 12. Jahrhundert eine Alternative zu einem so reichen, wirtschaftlich voll erschlossenen Land wie Italien zu sehen. Und auch Heinrich der Löwe ist gewisslich kein Prophet, als er sich dem Osten zuwendet. Die Gebiete jenseits der Elbe sind für ihn lediglich der nächstliegende Machtbereich. Ebenso wenig Prophet ist Barbarossa. Einem Kaiser wie ihm lässt seine Zeit gar keine andere Wahl, als sich immer wieder dem Süden zuzuwenden. Sonst würde er daheim in Deutschland zu einem Schattenherrscher absinken. Zumindest, solange es dort einen Konkurrenten wie Heinrich den Löwen gibt.

Von Genf her rückt der Kaiser nach Italien vor. In Susa gibt er sein schaurig-triumphales Debüt. Die Stadt geht in Flammen auf, worauf viele andere Städte ernsthaften Widerstand gar nicht erst riskieren. Das ist mehr, als Barbarossa hoffen durfte. Schon strömen dem kaiserlichen Heer Hilfstruppen aus Pavia und Montferrat zu. Der Kaiser meint jetzt, nur noch ein kräftiges Zeichen setzen zu müssen, um die gesamte Lombardei in die Knie zu zwingen. Dieses Zeichen soll die Unterwerfung Alessandrias sein, die 1168 entstandene und nach Papst Alexander benannte Zwingburg, Symbol lombardischer Unabhängigkeit. Sie ist zäher, als Barbarossa gehofft hatte, und wieder mal muss er sich zu einer langwierigen Belagerung entschließen. Sie zieht sich bis weit ins Frühjahr 1175, und der Kaiser wird nervös. Denn inzwischen haben sich die Lombarden von ihrem ersten Schrecken erholt.

Auf Alessandria marschiert ein lombardisches Heer zu. Es wagt noch nicht den offenen Angriff auf die kaiserlichen Truppen, da noch nie eine Bürgerarmee über die Panzerreiter eines Ritterheeres gesiegt hatte. Doch auch Barbarossa kann die Schlacht nicht riskieren. Dafür ist sein Heer zu klein und besteht überdies zum Teil aus nur bedingt zuverlässigen Söldnern. So wird zunächst noch nicht gekämpft, sondern verhandelt. Notgedrungen gibt sich der Kaiser bescheiden und will sich künftig in der Lombardei mit dem Status seines Vorgängers Heinrich V. zufriedengeben. Nur in zwei Punkten bleibt er hart. Alessandria muss zerstört werden. Und den Lombardischen Bund erkennt er offiziell nur an, wenn er nicht zugleich auch den Papst anerkennen muss.

In die Verhandlungen schalten sich die als neutral geltenden Konsuln von Cremona ein. Sie handeln einen Vertrag aus, der es den Betroffenen überlässt, ihn als besonders günstig oder ungünstig anzusehen. Barbarossa betrachtet ihn als günstig. In einzelnen Städten zeigt man sich jedoch von diesem Dokument empört und zerreißt es öffentlich. Eine neue Front erhebt sich gegen den Kaiser, und Barbarossa wägt ab.

Noch immer bleibt ihm in der Lombardei eine gute Chance. Zwar verfügt er über ein nur unzulängliches Heer. Doch die Alpenpässe befinden sich in seiner Hand, und der Kölner Bischof Philipp von Heinsberg macht sich bereits auf den Weg nach Deutschland, um Nachschub herbeizuführen. Noch wichtiger wäre jedoch ein nachhaltiges Signal, das die Lombarden sofort wieder in die Defensive drängt. Wenn jetzt zum Beispiel ein Mann auf der italienischen Szene erscheinen würde, dessen Nimbus allein schon jedem Italiener einen Schrecken einjagt ... ein Mann wie Heinrich der Löwe, der Held von Rom und Crema ...

Es ist inzwischen Herbst geworden. Barbarossas Überlegungen kreisen immer intensiver um den Vetter im Norden. Schließlich schickt er Boten über die Alpen. Sie treffen einen Herzog an, der zunächst nicht recht begreift, was der Kaiser eigentlich will. Wie so viele andere Fürsten hat er die Teilnahme an diesem Feldzug nicht beschworen. Sie fällt also nicht unter die Lehenstreue, die er dem Herrscher schuldet. Warum soll er nun den Retter in der Not spielen? Doch immer neue Boten treffen ein, und Heinrich kann Barbarossa nicht länger ignorieren. So begibt er sich denn schließlich in Begleitung Jordans von Blankenburg nach Chiavenna am Comer See. Man schreibt den Januar 1176.

Ahnt Heinrich, dass nun auch die Frage nach dem Sein oder Nichtsein seiner eigenen Laufbahn gestellt wird? Dass es mindestens im gleichen Maß um ihn selbst wie um Barbarossa geht? Das Rätsel Chiavenna beginnt. Und die dortige Situation ist so exemplarisch für die Beziehung der beiden mächtigsten deutschen Fürsten, dass ihre Begegnung wahre Heerscharen von Chronisten auf den Plan ruft. Jeder weiß dann aber besser als der andere, was sich damals genau zugetragen hat, bis hin zur Behauptung, dieses Zusammentreffen sei überhaupt nur eine einzige Erfindung.

Ende Januar, vielleicht Anfang Februar 1176, trifft also Heinrich in Chiavenna ein. Barbarossa empfängt ihn sofort im betont privaten Rahmen. Nur Jordan begleitet seinen Herrn, und in einer Ecke lehnt, kühl und schön wie stets, Kaiserin Beatrix. Ostentativ gibt sich Barbarossa nicht als Herrscher, sondern als Freund und Verwandter, ist ganz Charme und liebenswerte Herzlichkeit. Geschickt spielt er beider Freundschaft aus, ihre Blutsverwandtschaft, die Kumpanei der frühen Jahre. Heinrich wiederum weiß nicht recht, was er dem anderen sagen soll. Dass er das italienische Unternehmen für eine verfehlte Sache hält? Dass er für seine Truppen bessere Verwendung hat, als seinem Vetter die Kastanien aus dem lombardischen Feuer zu holen?

Das sagt er natürlich nicht. Dafür versucht er es seinerseits mit einem Schuss Komödienspiel. Müde sei er, zu alt zum Kriegsspiel, recht seltsame Auskünfte aus dem Mund eines Mannes, der acht Jahre jünger als der Kaiser ist. Barbarossa geht denn auch auf diese faulen Ausflüchte gar nicht weiter ein, sondern bringt nun seine Verdienste um Heinrich ins Spiel, die Vermittlung beim Fürstenaufstand, seine Parteinahme im Fall der Bremer Bischofswahl.

Dem Herzog wird immer peinlicher zumute. Barbarossa spürt das genau. Jetzt ist er ganz und gar in der Rolle des großen Bittenden, der dem anderen gegenüber seine Seele bloßlegt, und so erhebt er sich schließlich, geht auf den Herzog zu und sinkt, der Vetter vor dem Vetter, der Freund vor dem Freund, der Staufer vor dem Welfen, der Kaiser vor seinem Fürsten, in die Knie. Das ist schon peinlich genug. Noch peinlicher wird es aber, als sich in diesem Augenblick die Krone von Barbarossas Kopf löst und Heinrich vor die Füße rollt. Betretene Stille, die schließlich Jordans fröhliches Gelächter durchschneidet: »Da euch nun die Krone vor die Füße gefallen ist, Herr, wird sie euch bald auf das Haupt kommen!« Doch noch eine andere Stimme meldet sich zu Wort. Aus dem Halbdunkel ihrer Ecke herrscht Beatrix ihren fußfälligen Mann an: »Steh auf, und merk dir das, wie sich das Gott merken möge!«

Nach diesem Zwischenfall kann es nicht mehr beim ersten »Nein« bleiben. Das ist selbst Heinrich bewusst. Er lenkt also ein, wenn auch auf seine Art, und hat einen sehr probaten Vorschlag zur Hand. Zwar wird er nach Italien ziehen, allerdings zu einem angemessenen Preis. Der Preis heißt Goslar. Barbarossa meint nicht recht gehört zu haben. Ist es Heinrich ernst mit diesem Vorschlag? Glaubt er wirklich, seinem Kaiser auf diese Weise ein Lehen abpressen zu können? Dazu ein Lehen wie die Reichsstadt Goslar, den Standort einer der bedeutendsten kaiserlichen Pfalzen?

Jetzt ist es am Kaiser, schroff »Nein« zu sagen, und Heinrich schlägt plötzlich eine Kälte entgegen, die ihn mehr erschreckt als empört. Als ihn aber der Kaiser mit knapper Handbewegung aus dem Zimmer winkt, packt ihn der alte Jähzorn. So wird eben künftig der Staufer ohne den Welfen auskommen müssen.

So weit die wohl berühmteste Episode aus der Beziehung Barbarossa-Heinrich und eine der berühmtesten im deutschen Mittelalter überhaupt, immer wieder beschrieben, gemalt, mit viel Fantasie dabei. Aber was ist nun an der Geschichte glaubwürdig, was Erfindung?

Um 1176 hätte Barbarossa Heinrichs Unterstützung auf dem italienischen Schauplatz gut gebrauchen können. Heinrich wiederum kann nur wenig Neigung gehabt haben, sich von Neuem mit Barbarossas Papst- und Italienpolitik zu identifizieren. Die Voraussetzungen eines solchen Gesprächs waren also gegeben. Dass Barbarossa dabei seine flehentlichen Bitten bis zu einem Kniefall steigerte, bleibt bei seinem Sinn für theatralische Effekte immerhin glaubwürdig. Unglaubwürdig, wenn auch belanglos, sind dagegen Jordans Ausruf und Beatrix' höhnischer Einwurf.

Zweifellos gehört die Kaiserin spätestens von jenem Zeitpunkt an zu den Welfengegnern, da sowohl Barbarossa wie auch Heinrich männliche Erben haben und die kluge Politikerin befürchten muss, dass eines Tages die Söhne des Löwen ihren eigenen die Kaiserwürde streitig machen könnten. Das mag sie dazu veranlassen, dem Kaiser stets die Gefahr des Löwen fürs eigene Haus vor Augen zu führen. Dass sie das allerdings in Heinrichs Beisein tut, passt nicht recht zum Bild dieser sich stets im Hintergrund haltenden Herrscherin. Völlig abwegig wirkt der Ausruf Jordans von Blankenburg, es sei denn, es hätte sich bei Heinrichs Erstem Berater um einen ausgemachten Trottel gehandelt. Denn Jordans Worte sind nicht nur taktlos, sondern schlichtweg dumm: Die Krone, die in Chiavenna zu Boden gefallen sein könnte, war die eiserne Krone der Lombardei. Wann aber hätte der Herzog je nach gerade dieser Krone streben sollen?

Es bleibt die Forderung nach Goslar. Auch sie ist umstritten, klingt jedoch logisch. Schon einmal, wohl von 1152 an, hatte diese Stadt zu Heinrichs Machtbereich gehört, möglicherweise als Teil der Entlohnung für seinen Verzicht auf eine eigene Königskandidatur. 1168 hatte sie dann wieder Barbarossa übernommen, vielleicht als Lohn für seine Vermittlung im Fürstenaufstand. Es wäre ein stolzer Preis gewesen. Denn dieses im

Harz gelegene »Rom des Nordens« mit seinen über vierzig Kirchen war dank seiner Silber- und anderer Erzvorkommen Sachsens reichste Stadt. Für Heinrich wäre Goslar die perfekte Abrundung seines sächsischen Besitzes. Begreiflich, dass er die Stadt an sich reißen wollte. Für Barbarossa war Goslar wiederum der letzte Stützpunkt innerhalb Heinrichs Machtbereich. Also ebenso begreiflich, dass er ihn nicht hergeben konnte.

Dennoch: War seine Lage in Italien wirklich so ernst und er von Heinrichs Hilfe tatsächlich so abhängig, wäre auch Goslar kein zu hoher Lohn gewesen. Entscheidend ist vielmehr die grundsätzliche Haltung des Herzogs gegenüber seinem Kaiser. In Chiavenna verhält sich Heinrich wie ein Kaufmann, der sein gutes Geld dem schlechten seines Geschäftspartners nur bei entsprechend hohem Zinssatz nachzuwerfen bereit ist. So macht er ihm in schöner Unschuld klar, dass ihm der andere kaum mehr als ein gleichberechtigter Fürst. Das erst macht die Kränkung von Chiavenna aus.

Allerdings kann diese Erkenntnis für Barbarossa nicht völlig überraschend gekommen sein. Das Rätsel Chiavenna bezeichnet vielmehr ein anderes Problem. In diesem Winter 1176 steht Barbarossa zwischen Sieg und Niederlage seiner gesamten bisherigen Politik. Siegt er, wird er sich auch weiterhin mit dem Löwen arrangieren können. Unterliegt er aber, bleiben zwei Möglichkeiten. Er kann mit des Herzogs Hilfe weiterhin Italienpolitik betreiben und wird damit für Heinrich nach dem Muster von Goslar unbegrenzt erpressbar. Oder er gibt Italien endgültig verloren und behauptet sich nur noch in Deutschland. Das wird aber nur gegen Heinrich und nicht mit ihm möglich sein.

Was wirklich in Chiavenna geschah, ist deshalb gar nicht so wichtig. Diese Episode ist nur vorläufiger Endpunkt für die Krise zwischen Kaiser und Herzog, die sich schon seit Jahren abzeichnet. Und im Winter 1176 hat diese Krise einen solchen Punkt erreicht, dass sie nur noch der offene Kampf zwischen den beiden stärksten Mächten im damaligen Deutschland beenden kann. Es sei denn, Barbarossa bleibt in Italien Sieger. Davon hängt nicht nur für den Kaiser, sondern auch für Heinrich alles ab.

*Das Netz zieht sich zusammen*

Die Begegnung von Chiavenna ist vorüber. Ein missmutiger Heinrich, ein verdrossener Barbarossa bleiben zurück, ein jeder voll Groll auf den anderen. Aber eigentlich ist beider Stimmung eher gleichgültig, so wie es fast schon gleichgültig ist, ob ihre Schicksalsbegegnung nun tatsächlich stattgefunden hat oder nicht. Der Bruch ihrer Freundschaft war so oder so überfällig, und weniger der Name Chiavenna markiert ihn, eher schon der eines anderen Orts, dem bei Mailand gelegenen Legnano. Das kann allerdings nach dem Treffen am Comer See noch keiner der beiden ahnen.

Zunächst war Barbarossa nach Pavia zurückgekehrt, aller Enttäuschung über Heinrichs Verhalten zum Trotz immer noch mit guter Aussicht auf einen Sieg in der Lombardei. Nur muss es Philipp von Heinsberg gelingen, aus Deutschland genügend Truppen rechtzeitig über die Alpen zu führen. Tatsächlich trifft solch ein Heer ein, und Barbarossa reitet sofort in das Lager bei Como hinüber. Der Anblick ist allerdings nicht eben imposant. Denn zwar hat der Kölner Bischof in Wichmann von Magdeburg einen Verbündeten gefunden, aber schließlich sind es doch nur knapp zweitausend Mann, die sie ihrem Kaiser zuführen können. Jetzt kommt es auf schnelles Handeln an. Denn von Süden her rückt Christian von Buch mit einem Heer heran, und wenn es gelingt, diese Truppen mit den eigenen zu vereinen, kann der Kaiser den großen Angriff auf seine lombardischen Gegner wagen. Allerdings muss zu diesem Zweck Mailänder Gebiet durchzogen werden.

In Mailand kennt man diesen Plan. Man begreift, dass man den offenen Kampf riskieren muss, bevor die kaiserlichen Truppen das stark befestigte Pavia erreicht haben. So öffnen sich denn am Morgen des 29. Mai 1176 die Tore der Stadt, und die schwerfälligen »Carrocios« rumpeln heraus, gefolgt vom Fußvolk mit seinen langen Spießen. Bei jenem Legnano, einer jener historischen Stätten wie Cannae oder Waterloo, die niemand kennen würde, hätte dort nicht diese eine, entscheidende Schlacht stattgefunden, treffen sie auf Barbarossas Truppen. Barbarossas Ritter gehen sofort zum Angriff über und stürmen auf die Fußtruppen ein, die sich um die Carrocios zum spießbewehrten Block zusammengeballt haben. Schwerthiebe hageln auf die Mailänder Soldaten nieder. Immer tiefere Breschen schlagen die Ritter in die Kolonnen des Bürgerheeres. Was sind schon die Bürger dort unten am Boden mit ihren Spießen gegen Ross und Eisenschwert? Bürger mögen Handel treiben, ihre Geldsäckel füllen. Auf dem Schlachtfeld haben sie nichts verloren. Das scheint die Lektion von Legnano zu werden.

Die ersten gepanzerten Kämpfer haben bereits die Carrocios erreicht. Ganz vorn sieht man Barbarossa, das kaiserliche Banner flattert hoch über allen Häuptern. Die Schlacht scheint schon gewonnen zu sein. Jetzt aber bewährt sich die Taktik der Mailänder. Der einzelne Ritter findet sich in einem Meer von Spießen wieder. Von allen Seiten wird mehr noch auf sein Pferd als auf ihn selbst eingestochen, und wenn das Tier zusammenbricht, stürzt auch er zu Boden. Dort ist er aber in seinem schweren Panzer hilflos.

Auch Barbarossas Pferd ist zu Boden getaumelt und hat den Kaiser unter sich begraben. Kein Banner flattert mehr. Panik bricht aus. Die Flucht beginnt. Das ist das Ende von Legnano, der erste große Sieg von Bürgern über ein Ritterheer. Der Kaiser selbst gilt als tot, und in Como legte Kaiserin Beatrix bereits Trauerkleidung an.

Aber Barbarossa lebt.

Zu Fuß hat er sich bis Pavia durchgekämpft, wo ihm mehr Ritter geblieben sind, als er zunächst befürchten muss. Noch immer besteht die Aussicht, sich mit Waffengewalt in der Lombardei zu halten. Doch sucht er jetzt andere Wege. Schon heißt es, er sei unheilbarer Schwermut verfallen. Dabei sind seine Sinne so wach wie nie. Mit aller staufischen Geschmeidigkeit hat er sich auf die neue Situation eingestellt. Jedoch überstürzt er nichts und behält auch schon die fernere Entwicklung im Auge, vor allem seine Politik in Deutschland. Friede zunächst mit den lombardischen Städten. Der Kaiser zeigt sich zu äußerster Großzügigkeit bereit. Nur soll auch weiterhin Alexander III. aus allen Verhandlungen ausgeschlossen bleiben. Im feindlichen Lager sieht man sich erstaunt an. Wer ist denn noch dieser Kaiser, dass er solche Bedingungen zu stellen wagt?

Währenddessen ist aber schon eine Gesandtschaft des Kaisers unter Führung der Bischöfe Christian von Mainz und Wichmann von Magdeburg auf dem Weg zu Alexander III. In Anagni hat der Papst die Herren empfangen. Sie sahen einen verbrauchten Greis vor sich, der vor seinem Tod nur noch sein Haus bestellen will. Doch das stellt sich trübe dar. Die Finanzen der Kirche sind heillos zerrüttet, der Papst bankrott. Zudem weiß Alexander, dass weder er noch Barbarossa ihr höchstes Ziel je erreichen werden.

Nun machen ihm aber die Gesandten des Kaisers ein Angebot: Natürlich würde ihn der Kaiser anerkennen. Natürlich sollte der Kirchenstaat von der Reichshoheit befreit werden. Dafür müsste Alexander lediglich Barbarossa vom Bannfluch befreien und ihn samt Frau und Thronfolger zu Katholischen Majestäten erklären. Alexander wittert die Falle. Wie steht es denn um den Frieden mit den Lombarden? So findet er sich zunächst nur zu einer Art Vorvertrag bereit. Mehr braucht Barbarossa nicht. Einige gezielte Indiskretionen, und bei den Lombarden entsteht der Eindruck, Alexander habe sie verraten. Barbarossa muss nur noch warten. Denn nun werden sich wohl die Lombarden um einen günstigen Frieden bemühen.

Barbarossa beweist vorzügliche Nerven. Fast ein Jahr wartet er geduldig. In diesem Jahr dringt auch nach Deutschland, was unten in Italien geschieht. Heinrich wird immer sorgenvoller. Nichts ist seiner persönlichen Position gefährlicher als ein auf dem Schlachtfeld besiegter, am Verhandlungstisch erfolgreicher Barbarossa, der mit einem halben Sieg zurückkehren und dann versuchen würde, die andere Hälfte hier in Deutschland auszugleichen. Denn das kann nur auf Kosten des Löwen gehen.

Heinrich weiß nicht recht, woran er ist. Und hierbei zeigt sich bei ihm wieder jener Zug, der schon gelegentlich beobachtet werden konnte. Anders als in akuter Gefahr reagiert dieser Mann in unklaren Situationen seltsam unbeholfen und unentschieden. Zunächst sucht er Freunde und Verbündete, zeigt sich in Bayern um einige Kirchenfürsten wie Albrecht von Freising bemüht und macht ihnen Zugeständnisse, wie er sie sich zuvor nie hätte ablocken lassen. In Schwaben wird er wiederum bei den Grafen von Zollern und Veringen gesehen. Dort, in ihrem angestammten Herzogtum, wo sie nicht weniger emsig als Heinrich Besitz um Besitz an sich gerissen haben, sind die Staufer bei ihrem Adel ebenso unpopulär wie in Sachsen die Welfen. Zu dieser Staufer-Opposition sucht nun der Löwe Kontakt. Dann wieder trifft er im österreichischen Enns mit Jasomirgott zusammen und scheint ganz zu vergessen, dass vor allem er selbst Anlass zur Entfremdung von Staufern und Babenbergern gewesen war. Endlich schickt er noch eine Gesandtschaft zum Schwiegervater, Englands König Heinrich II. Aber auch dort erntet er wie in Österreich nur unverbindliche Höflichkeitsbekundungen. Einzig die frisch belebte Beziehung zum Dänenkönig Waldemar scheint zunächst mehr zu bringen.

Schon ist das Jahr 1177 gekommen, als sich der Nachbar aus dem Norden bei Heinrich meldet. Er bittet um Unterstützung gegen die Pommernherzöge. Unter anderen Umständen wären dem Herzog Waldemars pommersche Querelen von Herzen gleichgültig gewesen. Jetzt zeigt er sich aber erstaunlich diensteifrig und bricht an Waldemars Seite zu seinem letzten Feldzug im Slawenland auf, steht im Frühsommer 1177 an der pommerschen Grenze. Er belagert die Festung Demmin. Hier erreicht ihn eine Botschaft, bei der er weiß: Es ist so weit. Der Kampf mit dem Kaiser hat begonnen.

Barbarossa hat jetzt Zeit und Kraft dafür. Sowohl mit Sizilien als auch mit den Lombarden hat er langfristige Waffenstillstände abgeschlossen, die den Weg zur Aussöhnung mit dem Papst öffnen. Damit kann zur Beendigung des Schismas geschritten werden, und das Abendland wird sich in neuer Einheit präsentieren, wofür man sich auf Venedig als neutralen Schauplatz geeinigt hat. Dort wird ein Thronsessel auf den Stufen der Markuskirche aufgestellt, wo Alexander seinen neuen Freund erwarten kann. Der 24. Juli 1177 kommt.

Vom Meer her schwimmt eine Galeere in Richtung Markusplatz. An Deck thront in erhabener Würde der Kaiser. Das Schiff legt an. Langsam geht Barbarossa ans Ufer und steigt die Stufen zum Dom hinauf. Sein Blick fällt auf den Papst in seinem Thronsessel. Tränen überströmen sein Gesicht. Er sinkt in die Knie und liegt dem Mann zu Füßen, der eben noch sein Todfeind gewesen ist. Auch der erhebt sich, neigt sich zum Kaiser, richtet ihn auf, um ihn unter Tränen zu küssen und zu segnen, und während sich noch Papst und Kaiser weinend in den Armen liegen, stimmen die Umstehenden ein Tedeum an.

Es fällt schwer, diesen Tag von Venedig mit all seinem Pomp und seiner ausgeklügelten Theatralik nicht als ein einziges großes Schauspiel schillernder Verlogenheit abzutun. Doch wieder muss ans Glaubensbild des Mittelalters erinnert werden. Die mit dem päpstlichen Bannfluch verbundene Höllenangst des mittelalterlichen Menschen dürfte auch auf einem Mann wie Barbarossa über die Jahre hin wie ein einziger riesiger Albdruck gelastet haben, und in seinen Träumen wird bereits das Höllenfeuer geflackert haben. Jetzt aber darf er sich wieder von aller Angst befreit fühlen, und der Friede von Venedig bleibt für Papst wie Kaiser gleichermaßen der farbentrunkene Jubeltag.

In seinem Hintergrund wartet allerdings glanzlos harter Alltag, und seine Härte trifft vor allem Vetter Heinrich. Barbarossa braucht nur noch einen Anlass. Der ist rasch gefunden. Im Vertrag zwischen Kaiser und Papst gibt es einen scheinbar beiläufigen Passus. Er besagt, dass jenseits der Alpen zwei der nicht von Alexander geweihten Bischöfe ihrer Ämter enthoben werden sollen. Wie zufällig handelt es sich dabei um Gero von Halberstadt und Balduin von Bremen. Angeblich ist das eine Forderung des Papstes. Doch wäre es für Barbarossa ein Leichtes gewesen, diesen Passus zu verhindern. Schließlich sind sowohl Philipp von Heinsberg wie auch Christian von Buch als Bischöfe von Köln und Mainz nicht von Alexander geweiht worden. Alexander hat aber an sie nicht zu rühren gewagt. Warum nun bei den eher unbedeutenden Herren Gero und Balduin? Ahnt Alexander, dass Barbarossa für sie keinen Finger rühren wird? Hat ihn gar der Kaiser selbst unauffällig auf diesen Punkt gelenkt? Jeder weiß schließlich, dass sowohl Balduin wie Gero getreue Kreaturen Heinrichs des Löwen sind.

Doch während es sich hier noch um eine eher zufällige Missachtung herzoglicher Interessen handeln könnte, lässt der zweite Streich kaum noch Zweifel zu. An Geros statt soll wieder der von Heinrich verjagte Bischof Ulrich in Halberstadt einziehen. Ulrichs erste Tat wird aber sein, vom Herzog all die Lehen zurückzufordern, die sein Vorgänger dem Löwen nur allzu willig überlassen hatte. Das kann nichts anderes als Krieg bedeuten. Ulrich kehrt nach Halberstadt zurück und fordert sogleich, wie nicht anders zu erwarten, Heinrichs Lehen aus Halberstädter Besitz.

Das ist die Nachricht, die Heinrich im Sommer 1177 vor Demmin erreicht. Schleunigst bringt er die Belagerung zum Abschluss und kehrt nach Sachsen zurück. Dort hat der Bischof inzwischen mit dem Bau einer Festung begonnen, der Hornburg. Auch das eine Provokation des Herzogs, der in seinem Machtbereich Burgenbau als sein alleiniges Vorrecht ansieht. Heinrich nimmt den Fehdehandschuh auf. Er lässt die Burg zerstören. Doch das ist nicht nur eine seiner früheren prahlenden Posen. Er ist nervös geworden. Schon spürt er, wie sich mit dem Frieden von Venedig die politische Landschaft verändert. Von Schwerin aus hat bereits der sonst so loyale Berno beim Papst behutsam angefragt, ob er ihm wohl sein Bistum bestätigt. Seinen Herzog übergeht er dabei. Drüben in Bremen stirbt Balduin, und es zeichnet sich ab, dass doch noch Siegfried, Sohn Albrechts des Bären, in die wieder vakante Würde aufsteigt.

Ulrich von Halberstadt findet indessen für seinen Kampf mit dem Herzog überraschend zahlreiche Verbündete: Siegfrieds Bruder Bernhard von Anhalt, Otto von Meißen, schließlich als wichtigsten Partner Philipp von Heinsberg, Erzbischof von Köln. Philipp ist gerade aus Italien zurückgekehrt. In Kassel sitzen sich er und Ulrich gegenüber und beraten schon über ein reguläres Bündnis gegen Heinrich: »Wegen der vielen Beeinträchtigungen und Beschädigungen, die dieser Herzog der Kölnischen Kirche zufügte, verbinden wir uns mit weisem und klugem Rat durch das feste Band der Liebe und Freundschaft dem Herrn Bischof Ulrich von Halberstadt …« So die Kernsätze ihres Abkommens, das ganz an die Fürstenverschwörung von 1167 erinnert. Die Zahl der Feinde ist kaum geringer. Zu diesen Feinden gehört um diese Zeit noch nicht der gleichfalls aus Italien zurückgekehrte Wichmann von Magdeburg. Vielmehr betätigt er sich wiederholt als Friedensstifter. Aus unerwarteter Neigung zu Heinrich? Oder ebenfalls auf einen Wink des Kaisers hin?

Barbarossa hält die Fäden seines Netzes fest genug in den schlanken Händen, um sie gelegentlich lockern zu können. Nur nicht eine Entwicklung so beschleunigen, dass sie außer Kontrolle gerät, scheint des Kaisers Taktik zu werden. So könnte Wichmann als Korrektiv eingeschaltet sein, wo seinem Kölner Kollegen der Part des Provokateurs zufällt. Heinrich lässt sich nur allzu leicht provozieren. Schon befindet er sich mitten im Kleinkrieg mit seinen Nachbarn. In Westfalen kämpft Philipps Heerführer Graf von Altena gegen Bernhard von der Lippe. Dann dringen Kölner Truppen bis an die Weser vor. Heinrich schickt wiederum ein Heer gegen seine ostsächsischen Feinde und erleidet am Harzrand eine Niederlage. Und immer wieder geht es um die Burg, die Ulrich von Halberstadt, nun unter dem Namen »Bischofsheim«, auf dem Hopelberg bauen lässt. Eines Nachts ist sie in Flammen aufgegangen, und jeder bezichtigt den Herzog der Brandstiftung.

Heinrich muss sich inzwischen die eine und entscheidende Frage stellen: Wie steht der Kaiser zu diesen Kämpfen? Auf wessen Seite wird er sich schlagen, wenn er erst nach Deutschland zurückgekehrt sein wird? Barbarossa lässt sich aber Zeit. Dann greift er überraschend, noch von Italien aus, in die sächsischen Kämpfe ein, und das auch noch zu Heinrichs Gunsten, als dem Halberstädter Bischof der Wiederaufbau von Bischofsheim untersagt wird, bis der Kaiser die Lage geklärt hat. Das scheint eindeutig und ist doch von Barbarossas Manövern dieser ersten Zeit das vieldeutigste und geschickteste. Er legt sich nicht fest, nimmt nicht Partei. Jeder der Betroffenen kann den Kaiser auf seiner Seite meinen. Vor allem Heinrich darf sich der Illusion hingeben, die Situation von 1168 sei wiedergekehrt.

Über Burgund kehrt Barbarossa im Herbst 1178 nach Deutschland zurück. Schon dort hat er erfahren, dass die Niederlage von Legnano seinem Ruf innerhalb der Reichsgrenzen nicht im Geringsten geschadet hat. Von allen Seiten waren Fürsten ihrem Kaiser entgegengeritten, und hatten offenbar gar nicht erwarten können, Barbarossa wieder in ihrer Mitte zu haben. In Gesellschaft der Fürsten überschreitet er die Grenze und reist zunächst nach Speyer. Dort bittet er zum ersten Reichstag. Der Herzog hört von Barbarossas Ankunft. Jetzt will er wissen, wie Barbarossa zu ihm steht. Im November 1178 reitet er zu seinem Kaiser nach Speyer.

### *Der Löwe vor Gericht*

Heinrich steht vor Barbarossa. Er bringt vor, was er gegen seine Feinde, vor allem den Bischof von Köln, vorzubringen hat. Er fühlt sich dabei durchaus im Recht: Was geht den Kölner seine Auseinandersetzung mit Ulrich von Halberstadt an? Mit welchem Recht hatte der seine »Rotte«, eine besonders üble Bande Kölner Söldner, gegen Heinrich ins Feld geschickt? Nun also liegt die Entscheidung beim Kaiser: Ergreift Barbarossa jetzt Heinrichs Partei, kann der Herzog weiterhin auf die alte Freundschaft setzen. Eine Stellungnahme für den Bischof wäre jedoch eine klare Kampfansage an den Löwen. Aber im November 1178 hat der Kaiser noch nicht vor, sich schon jetzt in sein Spiel schauen zu lassen. Unbewegt hört er dem aufgeregten Vetter zu. Dann blickt er zu Philipp von Heinsberg hinüber, der dort zwischen den übrigen Fürsten steht. Keinen Augenblick wird dieser Mann zögern, sich später gegen Barbarossa zu stellen, als ihm das gerade günstig scheint. Einstweilen ist aber Heinrich der Löwe sein ärgster Feind.

Barbarossa nickt Philipp zu. Der Bischof hat das Wort. Das ist schon das erste bedrohliche Signal. Denn damit weicht der Kaiser von der Regel ab, sich vorbehaltlos auf Heinrichs Seite zu stellen. Philipp von Heinsberg beginnt zu reden. Eigentlich hat er nicht viel zu sagen. Von der Übernahme der Grafschaft Assel spricht er und von den Rechten seiner Schwester, die der Herzog dabei verletzt haben soll. Noch immer hat Barbarossa die Möglichkeit, diese Gegenklage kurz abzufertigen. Doch geschieht etwas Seltsames. Barbarossa scheint bei den Worten des Bischofs sehr nachdenklich geworden zu sein und verweist schließlich Klage und Gegenklage an das Fürstengericht des nächsten Reichstags. Damit hat er die Rolle des überlegenen, unparteiischen Beobachters gewählt. Nichts kann für Heinrich gefährlicher sein. Denn nun ist er der großen Rechtsunsicherheit in dieser Zeit ausgeliefert.

Das mag Heinrich begriffen haben, als er nach Sachsen zurückkehrt. Schon ist er weniger Kläger als Angeklagter, und seine Ankläger werden Männer sein, die sich in Italien an des Kaisers Seite trefflich bewährt haben, während er, der große Ungetreue, sich abseits hielt. Kein gutes Vorzeichen für den nächsten Reichstag, an dem es um seine Sache geht: Der Schauplatz ist Worms. Dort treffen sich die Fürsten in der zweiten Januarhälfte 1179, und sehr viele sind gekommen, besonders aus Sachsen. Außer dem angeklagten Kläger Philipp sieht man Bernhard von Anhalt, den Bischof von Halberstadt, auch Bischof Wichmann aus Magdeburg, der nun wieder zu Heinrichs Feinden gehört. Nur Heinrich der Löwe fehlt.

Siehe da: Der Herzog verweigert sich der vom Kaiser einberufenen Instanz und stellt sich außerhalb der von Barbarossa bestimmten Ordnung. Das wird jetzt seine Taktik sein, ein Vabanque-Spiel, das schon jetzt auf ein grundsätzliches Kräftemessen zwischen Kaiser und Herzog verweist. Und der Reichstag von Worms beginnt. Zunächst war dort Heinrichs Streit mit dem Kölner Bischof nur ein Punkt unter vielen gewesen. Doch zunehmend gerät er ins Zentrum. Schon ist Heinrich ganz und gar der Angeklagte, und viel, sehr viel kommt zusammen. Barbarossa ist zufrieden. Er setzt einen nächsten Reichstag fest, auf dem nun schon der »Fall Heinrich« einziger Punkt der Tagesordnung sein wird. Entsprechend die Wahl des Schauplatzes Magdeburg, im sächsischen Raum also und zugleich in der Residenz eines Hauptgegners des Löwen.

Auch diesmal will der Herzog nicht erscheinen. Doch gibt er sich schon weniger selbstsicher. Zwar kommt er im Juni 1179 nicht nach Magdeburg, doch wie zufällig nimmt er in unmittelbarer Nachbarschaft, in Haldensleben, Quartier. Den Kaiser erreicht aber eine diskrete Botschaft. Heinrich fragt an, ob man sich nicht wenigstens noch einmal sprechen könne. Bei Haldensleben treffen sich die Herren, und nun ist Heinrich der Bittende, sein Kaiser hört mit freundlicher Kühle zu. Doch begeht er nicht den taktischen Fehler schroffer Ablehnung.

Gern, nur allzu gern, beteuert er, sei er zu jedem Freundschaftsdienst bereit. Nur müsse es eben ein Freundschaftsdienst bleiben, er könne nicht das Gericht seiner Fürsten bevormunden, könne nur vermitteln. Das hätte natürlich seinen Preis. Heinrich will diesen Preis wissen. Barbarossa nennt einen präzisen Betrag: fünftausend Silbermark. Damit sollen alle von Heinrich angerichteten Schäden ausgeglichen werden. Eine Buße also, ein in Silbermark vorgelegtes Schuldbekenntnis. Und Heinrich schweigt dazu, wie in Chiavenna Barbarossa zu Heinrichs Forderung nach Goslar geschwiegen hatte. Dann reitet er davon, denn ihm »dünkte das Verlangen zu hart«, wie es Arnold von Lübeck nennt.

Man wird Heinrich Geiz vorwerfen. Doch geht es nicht allein um Geld. Wie damals Barbarossa sieht nun Heinrich die Folgen dieses nur scheinbar großherzigen Angebots. Vor aller Welt hätte er als der Sünder dagestanden, der sich nur mit Geld das Wohlwollen seines Kaisers erhalten kann. Von da an wäre er aber Freiwild für alle Feinde gewesen, und ebendas machte Barbarossas Verlangen »zu hart«, man kann auch sagen: unannehmbar.

Der Tag von Haldensleben verläuft also ohne Ergebnis. Aber auch den Tagen von Magdeburg droht das gleiche Resultat. Der Prozess gegen den Herzog mit den immer gleichen Klägern, gleichen Klagen gerät allmählich in einen Leerlauf. Barbarossa spürt diese Strömung. Eine spektakuläre Wendung ist nötig. Sie kommt so genau aufs Stichwort, dass man kaum an Zufall glauben möchte. Dietrich von Landsberg, Markgraf in der Lausitz, meldet sich zu Wort, ein Feind Heinrichs, aber nicht weiter wichtig. Der Herzog hatte sich denn auch im Jahr zuvor nicht sonderlich besorgt gezeigt, als sich auch Dietrich gegen ihn stellte, und lediglich die Wenden auf ihn gehetzt. Jetzt kommt für Dietrich der Tag der Vergeltung.

Die Versammlung zuckt zusammen, und auch der Kaiser wirkt verstört, als sich der Markgraf zum Hauptankläger aufschwingt. Er wirft aber dem Herzog nichts Geringeres als Hochverrat vor, eine ungeheuerliche, den Rahmen aller bisherigen Beschwerden sprengende Anklage. Man will es nicht glauben. Man ruft nach Beweisen. Die fallen Dietrich offenbar schwer.

Dafür fordert er den abwesenden Löwen zum Zweikampf heraus. Gott selbst würde dann zeigen, wer im Recht sei.

Nie wird klar, was Dietrich eigentlich mit seinem Wort vom Hochverrat gemeint hat. Sicher nicht die von Heinrich gesteuerten Überfälle der Wenden, da die Wenden nicht als Reichsfeinde gelten. Nein, der Herzog müsste schon mit gleichsam offiziellen »Reichsfeinden« wie den Byzantinern, Lombarden oder Engländern konspiriert haben. Dieser Punkt verdient nähere Betrachtung.

Ein hartnäckiges, bis in unsere Zeit nachgeschwatztes Gerücht besagt, Heinrich hätte vielleicht schon in den Sechzigerjahren, spätestens aber nach dem Tag von Chiavenna Hochverrat betrieben. Als »Beweise« gelten seine Verbindungen zu den Plantagenets sowie nach Italien und der Besuch in Byzanz sowie die vorausgegangene Visite der byzantinischen Gesandtschaft in Braunschweig. Dabei wurde beharrlich übersehen, dass jeder dieser »Beweise« leicht widerlegt werden kann. Die Bindung an den englischen König geschah auf Barbarossas eigenen Wunsch hin. Die Lombarden sahen spätestens nach Tortona und Crema im Herzog keinen Freund mehr. Die byzantinischen Kontakte wurden zu einer Zeit geknüpft, als auch Barbarossa an einem Ausgleich mit Kaiser Manuel interessiert war. Doch was vor allem hätte sich Heinrich der Löwe von solch einer Verschwörung gegen den Kaiser versprechen können? Die Krone fürs eigene Haupt? Nichts lässt auf solche Ambitionen schließen.

Doch selbst wenn an all diesen Gerüchten etwas Wahres gewesen wäre: Warum bringt sie dann ausgerechnet ein kleiner Markgraf zur Sprache? Hätte nicht ein Mann wie Philipp von Heinsberg als Kanzler einen ganz anderen Einblick in weltweite Zusammenhänge gehabt und wäre damit weit eher für eine solche Anklage prädestiniert gewesen? Braucht Barbarossa wirklich erst einen Mann aus der Lausitz, um über das hochverräterische Treiben seines Vetters aufgeklärt zu werden?

Der Kaiser hätte kalt abwinken können. Doch zeigt er sich der Kölner Königschronik zufolge von *fraus et perfidia* des Vetters, von Betrug und Arglist des Welfen, zutiefst erschüttert. Der Prozess hat damit aber wieder allen nötigen Schwung, den er fast schon eingebüßt hatte.

Ein dritter Reichstag wird angesetzt. Diesmal soll Kayna Schauplatz sein, ein ostsächsischer Ort und so unbedeutend, dass Historiker diesen dritten Reichstag kurzerhand nach Goslar verlegen. Doch hat der Kaiser Kayna mit Bedacht gewählt. Er liegt in nächster Nachbarschaft zur Lausitz, dem Machtbereich Dietrichs, ein Signal, wie ernst Barbarossa die Anklage des Markgrafen und seine Herausforderung zum Zweikampf nimmt. Dieser Zweikampf findet allerdings niemals statt. Denn Heinrich erscheint auch in Kayna nicht. Damit hat er sich selbst das Urteil gesprochen. Nach dreimaliger Weigerung trotz ausdrücklicher Ladung vor Gericht zu erscheinen, gilt ein Angeklagter automatisch als schuldig. Barbarossa braucht denn auch gar nicht erst auf die Anklage Dietrichs einzugehen.

Dafür wendet er sich treuherzig an die Versammlung: Was denn eigentlich das Gesetz für einen solch widerspenstigen Angeklagten vorsehe. Dort sitzen aber Bernhard von Anhalt aus der Sippe der Askanier und Philipp von Heinsberg, der sich bereits seinen Anteil an der Beute ausgerechnet haben dürfte. Dort sitzen Wichmann von Magdeburg, Ulrich von Halberstadt, Landgraf Ludwig von Thüringen, Dietrich von Landsberg. Alle Feinde des Löwen sind versammelt, und einstimmig tönt ihr Chor: Solch ein Mann gehört in die Acht! Barbarossa ist am Ziel.

Dennoch zögert der Kaiser, diese Acht samt allen Folgen jetzt schon auszusprechen. Denn in diesen Augusttagen von Kayna werden Stimmen laut, die auf einen möglichen Formfehler im Verfahren verweisen. Dem Gesetz nach ist Heinrich Schwabe. Er kann verlangen, auf schwäbischem Boden und von schwäbischen Fürsten gerichtet zu werden. Doch waren weder in Magdeburg noch in Kayna Schwaben zugegen. Barbarossas bisher so bravourös durchgehaltene Taktik des gleichsam neutralen Beobachters gerät jetzt in eine Krise.

Bis dahin hat er sich so souverän aus dem Prozess heraushalten können, weil er nach Landrecht geführt wurde und damit eine innersächsische Angelegenheit blieb. Dieser Prozess war spätestens mit dem Tag von Kayna abgeschlossen. Barbarossa musste zweifeln, ob sich bei der Vollstreckung des Urteils die sächsischen Großen gegen den noch immer mächtigen Löwen durchsetzen würden. Und so zwingt ihn gleich zweierlei zum persönlichen Eingreifen. Erstens kann nach einer Verurteilung der Kaiser als Kläger selbst all seine Autorität im Kampf mit dem Löwen einsetzen. Zweitens kommt Heinrichs mögliche Forderung, nur in Schwaben abgeurteilt zu werden, hinzu. Denn ein Prozess nach schwäbischem Landrecht hätte wenig Aussicht auf Erfolg. Die Richter wären dann Schwaben, die wenig Grund haben, gegen Heinrich eingenommen zu sein.

So wird nun aus dem Prozess ein Lehensverfahren, zu dem die Fürsten des gesamten Reichs, nicht nur Sachsens oder Schwabens, zugelassen sind. Danach kann dann von allen, auch vom Kaiser selbst, gegen den Verurteilten vorgegangen werden. Wobei man auf Barbarossas Klage gespannt sein darf. Wird nun wieder vom Hochverrat die Rede sein oder wenigstens von der verweigerten Hilfeleistung beim Italienzug? Doch denkt der Kaiser gar nicht daran, seinen Gegner zum politisch ebenbürtigen Rivalen aufzuwerten. Hinter verschlossenen Türen mag er von Heinrichs Erpressung, von der Demütigung des Kaisers sprechen, denn so was macht Stimmung. Mehr allerdings auch nicht. Rechtlich bleibt das alles ohne Belang. Denn rechtlich hat sich Heinrich in Chiavenna nicht gegen den Kaiser vergangen. Und so liest sich denn auch recht bieder, was Barbarossa als Klage gegen seinen Vetter vorzubringen hat. Weitgehend übernimmt er die Anklagen der Fürsten. Persönliche Zutat ist nur die Wendung *reus maiestatis*, mit der hier Heinrich bezeichnet wird. Der Herzog steht als Beleidiger der Majestät da, was alles oder sehr wenig bedeuten kann, zum Beispiel nur Heinrichs dreimaligen Affront gegenüber einem vom Kaiser einberufenen Fürstengericht.

Würzburg und der Januar 1180 werden für den nun beginnenden Lehensprozess festgesetzt. Bis dahin vergeht nach Kayna fast noch ein halbes Jahr. In dieser Zeit zeigt Barbarossa bemerkenswerte Geduld. Die sächsischen Fürsten sind ungeduldiger. Schon in Kayna hatten sie eine Heerfahrt gegen den Herzog beschlossen. Im Herbst 1179 ziehen sie gegen ihn ins Feld. Vor Haldensleben marschieren sie auf, von Magdeburg her Wichmann, den der Thüringer Landgraf und auch Christian von Buch unterstützen, von Köln her Philipp von Heinsberg.

Wieder ziehen seine Rotten durch das Land, morden, schänden und brandschatzen. Aller Brutalität zum Trotz wird jedoch der erste große Sturm auf Heinrich kein Erfolg.

Denn Haldenslebens Kommandant Bernhard von der Lippe versteht sich aufs Kämpfen, und im Übrigen brechen unter den Belagerern schon bald Zwistigkeiten aus, bis sich schließlich das gesamte Bündnis auflöst. Philipps Rotten rücken wieder ab, Wichmann sieht sich aber nun in seinem Magdeburger Bistum der Rache des Löwen ausgeliefert. Jetzt fallen die Scharen des Herzogs ihrerseits ins feindliche Gebiet ein. Schon zuvor hatte Heinrich mit der Eroberung von Halberstadt einen anderen Erfolg gehabt.

Kurz nach Kayna hatte Heinrich ein Heer in Bischof Ulrichs Gebiet geschickt. Bereits im September war es wieder zurückgekehrt. In nur wenigen Tagen war Halberstadt gefallen, und die Stadt samt allen Gotteshäusern ging dabei in Flammen auf. Einer wurde dabei aus den qualmenden Mauern gerettet, Bischof Ulrich selbst. Heinrichs Leute führen ihn im Triumph nach Braunschweig. Der Löwe jedoch zeigt sich zunächst über diesen Sieg mehr entsetzt als erfreut. Schon einmal hatte ihn Ulrich in den Bann getan, und gegen seine sonstige Gewohnheit hatte Heinrich damals kniefällig um Loslösung gebeten. Auch in ihm wirkte noch der Schock von Barbarossas Unterwerfung unter Alexander III. nach.

Jetzt empfängt der Herzog seinen prominenten Gefangenen mit ausgesuchter Höflichkeit, und zu Weihnachten 1179 kommt es sogar zu einer Art Friedensschluss, wobei noch einmal Heinrich Sieger zu sein scheint, da ihm Ulrich alle Lehen überlässt, die er nach seiner Rückkehr in sein Bistum vom Herzog zurückgefordert hatte.

An diesem Weihnachtsfest kann Heinrich eine recht befriedigende Bilanz ziehen. Die feindliche Koalition war an sich selbst zerbrochen und der eine Feind fast zum Freund geworden. Da meint der Herzog mit Gelassenheit dem neuen Jahr entgegenblicken zu können. Aber auch Barbarossa sieht diesem Jahr gelassen entgegen. Ihm kann es nur recht sein, wenn dem Löwen genügend Spielraum bleibt, um sich immer stärker ins Unrecht zu setzen. Umso leichter wird es dann sein, die übrigen Fürsten des Reichs von der Notwendigkeit seiner Verurteilung zu überzeugen.

Am 15. Januar 1180 beginnt in Würzburg der Reichstag, der für Heinrich den Löwen die Entscheidung bringen soll. Er präsentiert zugleich das Lehenswesen in neuer Form. An der Spitze steht nun der Herrscher, den einer seiner Lehensleute gekränkt haben soll. Über den Angeklagten haben jetzt aber seine Standesgenossen zu befinden, ungeachtet ihrer Zugehörigkeit zu einem bestimmten Herzogtum. Der neue Stand der »Reichsfürsten« hat damit seinen ersten großen Auftritt. Es fehlt wieder nur einer in diesem Prozess: der Angeklagte.

Heinrich hat den Fürsten als Klägern getrotzt. Nun trotzt er dem Kaiser selbst. Das ist schon die direkte Konfrontation von kaiserlicher und herzoglicher Gewalt. Gegen Heinrich stehen jetzt alle Kräfte des Reichs. Ihr Urteil liegt bald fest. Einstimmig wird Herzog Heinrich von Bayern und Sachsen für schuldig befunden, »offensichtlich« die Majestät beleidigt zu haben. Ferner gilt, dass der Angeklagte die Freiheit von Kirchen Gottes und von Edlen des Reichs schwer unterdrückt hat, »ihre Besitzungen an sich riss und ihre Rechte schmälerte« und auch nicht aufhörte, »die Kirchen Gottes und die Freiheit der Reichsfürsten zu verletzen«. Dafür werden ihm nun alle Lehen aberkannt und er selbst in die Acht getan.

Dieses Urteil hält jenes Dokument fest, das drei Monate nach dem Spruch von Würzburg in der Kaiserpfalz von Gelnhausen angefertigt wird. Dorthin hat Barbarossa den engeren Kreis der beteiligten Fürsten gebeten, und dort geht es nur noch um die Aufteilung der Beute. Jetzt zeigt der Kaiser, worauf es ihm von Anfang an bei diesem Prozess angekommen ist. Die Beseitigung des Löwenreichs verschafft dem Kaiserhaus endlich die vorrangige Stellung in Deutschland.

*Divide et impera!* Nach diesem bewährten Prinzip geht Barbarossa in Gelnhausen vor und später noch einmal in Altenburg, wo über das bayerische Herzogtum verfügt wird. Dabei achtet dann der Kaiser darauf, dass die beiden mächtigsten bayerischen Sippen, die Wittelsbacher und die Andechser, zu gleichen Teilen begünstigt werden, indem den Wittelsbachern das eigentliche Bayern zufällt, der Graf von Andechs jedoch zum Markgrafen von Istrien und Herzog von Meranien erhoben wird. Auch die Steiermark steigt zum eigenen Herzogtum auf. Damit ist vollendet, was sich schon nach der Abtrennung Österreichs anbahnte. Das bislang größte deutsche Herzogtum ist nunmehr als Einheit zerschlagen. Teile und herrsche!

In Gelnhausen geht es aber zunächst einmal um Sachsen. Am 13. April 1180 hat man sich geeinigt, was mit Heinrichs eigentlichem Reich geschehen soll. Vor den Herren liegt, mit roter Seide und leuchtend goldenem Siegel prachtvoll ausgestattet, das Dokument zur Unterschrift bereit:

»Im Namen der heiligen und unteilbaren Dreieinigkeit Friedrich von Gottes Gnaden römischer Kaiser.

Da das menschliche Gedächtnis unzuverlässig ist und für die Fülle der Ereignisse nicht ausreicht, so hat die erhabene Autorität der erhabenen Kaiser und Könige der Vorgänger unserer Zeit bestimmt, schriftlich aufzuzeichnen, was das Alter der vergangenen Zeiten dem Wissen der Menschen zu entfremden pflegt. Deshalb soll die Gesamtheit sowohl der augenblicklichen als auch der künftig Getreuen des Reichs wissen, wie Heinrich, einstmals Herzog von Bayern und Sachsen, es unterließ, vor unserer kaiserlichen Majestät zu erscheinen, obwohl er aufgrund einer gegen ihn erhobenen Klage der Reichsfürsten und der meisten Edlen durch dreimalige Ladung berufen war, und wie er sich wegen dieser Versäumnis als Spruch der Reichsfürsten und seiner schwäbischen Standesgenossen unsere Acht zuzog …«

Von nun an wird es zwei Sachsen geben. Der eine Teil, aus der Kölner und der Paderborner Diözese zusammengesetzt, wird zum Herzogtum Westfalen erhoben und dem Erzbischof von Köln unterstellt. In den Rest zieht als neuer sächsischer Herzog Bernhard von Anhalt ein. Das sind die wichtigsten Folgen des Urteils von Gelnhausen, unter dem das Zeichen des »Herrn Friedrich« prangt, des »stets siegreichen römischen Kaisers« – »gegeben auf einem feierlichen Hoftag zu Gelnhausen im Mainzer Gebiet an den Iden des April.«

Der Prozess ist abgeschlossen. Man wird ihn den ersten großen politischen Prozess in der deutschen Geschichte nennen, bei dem nicht Macht vor Recht gegangen ist, sondern Recht im

Dienst der Macht gestanden hat. Ein böse flammendes Signal weit in die Zukunft hinein, mit unmittelbaren dramatischen Folgen. Heinrich wird nun »friedlos«. Jeder kann gegen ihn Krieg führen, ohne damit den »Reichsfrieden« zu verletzen. Er ist erledigt.

Allerdings ist er es zunächst nur auf dem Papier. Nun muss sich zeigen, wie stark Heinrichs Löwenhöhle ist und welche Macht er tatsächlich besitzt. Die Treibjagd durch Sachsen beginnt.

### *Treibjagd durch Sachsen*

Noch herrscht der Waffenstillstand, den Heinrich bei seinen Feinden durchgesetzt hat. Am 27. April 1180 soll er enden. Doch schon nach dem Prozess in Würzburg steht fest, dass danach kein Frieden kommt. Heinrich hat die Wahl. Er kann sich in Sachsen aus eigener Kraft zu behaupten versuchen. Oder er muss nach Partnern im übrigen Europa Ausschau halten. Als Verbündete wären England, Dänemark und die Slawen denkbar.

Die Slawen hatte der Herzog schon gegen Dietrich von Landsberg eingesetzt. Jetzt scheint es, als würde der pommersche Herzog Kasimir Heinrichs wichtigster Verbündeter sein. Doch Kasimir stirbt in der zweiten Jahreshälfte von 1180, sein Bruder und Nachfolger Bogislaw zieht sich von Heinrich zurück und wird sich schließlich ganz auf Barbarossas Seite schlagen. Auch die Mecklenburger Obotriten werden keine Bundesgenossen sein. Denn nach Pribislavs Tod im Jahr 1178 hatte sich sein Sohn Heinrich Borwin nicht recht gegen seinen energischeren Vetter Niklot durchsetzen können. Der junge Niklot hat aber wenig Anlass, dem Mörder seines Vaters Wratislav beizustehen.

Es bleibt Waldemar von Dänemark. Im Frühjahr 1180 sieht man Heinrich wieder einmal am Ufer der Eider stehen. Bisher hatte er dabei streng auf das Zeremoniell geachtet und war dem dänischen Kollegen nur bis zur Mitte der Brücke entgegengekommen. Diesmal eilt er aber auf das andere Ufer, redet lebhaft auf Waldemar ein und malt die Möglichkeiten eines

Bündnisses in den lockendsten Farben. Doch bleibt der Däne kühl und sieht offensichtlich wenig Grund, sich des Herzogs wegen mit dem Kaiser zu überwerfen, der schließlich offiziell sein Lehensherr ist. Eher erkennt er die Chance, seinen großen Rivalen im Slawenland für immer auszuschalten. Aber das wagt er so direkt nicht auszusprechen. Lieber flüchtet sich der große Unklare aus dem Norden in Frömmelei. Nicht den Kampf mit dem Kaiser scheue er, wohl aber den Kampf mit Gott, den Heinrich beleidigt hätte, indem er kirchliche Lehen einbehielt. Heinrich begreift, dass bei Waldemar nichts auszurichten ist. Mit dem zornigen Ausruf, am Zorn der Pfaffen liege ihm weniger als an der eigenen Macht, reitet er wieder heim.

Beim Schwiegervater in England scheint er zunächst größere Resonanz zu finden. Doch auch Europas zweitmächtigster Herrscher ist vorsichtig. Für einen Krieg gegen den Kaiser sind weitere Verbündete nötig, und so fühlt Heinrich II. behutsam in Flandern und Frankreich vor. In Frankreich findet er den stärksten Nachhall. Dort herrscht nun der junge, energische Philipp August und ist fast schon zum Pakt gegen Barbarossa bereit. Dann folgt er aber doch seinen Ratgebern, die ihn warnen: Dieses Spiel würde nur dem englischen Nachbarn nützen, könnte zugleich aber den eigenen Adel auf dumme Gedanken bringen, wenn sein König einen fremden Fürsten im Kampf gegen den eigenen Herrscher unterstützt. Mit Philipp Augusts Absage hat aber auch Heinrich II. das Interesse an diesem Abenteuer verloren.

Heinrich begreift, dass von seinen ausländischen Trümpfen kein Einziger recht stechen will. Illusion war es gewesen, sich jenseits der Grenzen für etwas anderes und Größeres zu halten als die übrigen Fürsten des Reichs. Im Kampf gegen Barbarossa, das weiß er jetzt, wird er allein sein.

Ein schwächerer Charakter würde bei dieser Aussicht kapitulieren. Doch sieht sich dieser Mann erst vor unausweichliche Tatsachen gestellt, reagiert er wieder mal mit einer niederschmetternden Wucht, die seinen Gegnern den Atem nimmt. So auch jetzt, als in Gelnhausen für den Sommer 1180 der allgemeine Reichskrieg gegen den Löwen beschlossen wird.

Heinrich wartet diesen Krieg nicht erst ab. Gleich nach dem Ende des provisorischen Waffenstillstands bricht sein Heer auf. Das erste Ziel heißt Goslar. Diese Bastion Barbarossas mitten im Sachsenland hat sich der Löwe nicht erhandeln können. Nun lässt er ihre Mauern berennen und die Hüttenwerke, Quell ihres Reichtums, rücksichtslos zerstören. Das ruft sofort seine Gegner auf den Plan, Thüringens Landgrafen Ludwig und den neuen sächsischen Herzog Bernhard. Blitzschnell lässt Heinrich von Goslar ab. Er bricht in Thüringen ein. Am 14. Mai stehen seine Truppen nahe der Unstrut dem feindlichen Heer gegenüber, und so erbarmungslos dringt der Herzog auf die Gegner ein, dass ihre Front beim ersten Ansturm zersplittert und sie bis nach Mühlhausen gejagt werden.

Sehr zufrieden zieht der Löwe nach Braunschweig zurück. Blickt er hinter sich, sieht er viele Hundert Gefangene in seinem Gefolge. Auch der Landgraf und dessen Bruder gehören dazu, und es bleibt nicht Heinrichs einziger Erfolg. Gleich nach Gelnhausen haben in Westfalen einige Grafen eine welfenfeindliche Allianz gebildet. Simon von Tecklenburg, bisher Freund des Herzogs, gehört dazu. Siegessicher belagern sie Osnabrück, als plötzlich ein Heer des Löwen erscheint, mit dem Ratzeburger Grafen Bernhard, Gunzelin von Schwerin und dem blutjungen Schauenburger Adolf, Nachfolger seines Vaters in Holstein, als Anführern. Und zumal Adolf prescht mit seinen berüchtigt wilden Holsteiner Kriegern so unerbittlich vor, dass er am Abend der siegreichen Schlacht als Held der Stunde dasteht. Die Allianz der westfälischen Grafen ist damit zerschlagen. Zwei Siege binnen kurzer Frist. Alle Welt zeigt sich beeindruckt. Nur der Kaiser nicht. Für Barbarossa sind die Siegesmeldungen aus dem Norden noch lange kein Grund, unverzüglich in das Kriegsgeschehen einzugreifen.

Mit wahrhaft majestätischer Ruhe begibt er sich noch im Sommer 1180 hinunter nach Regensburg. Dort wird im Kreis der bayerischen Großen der Prozess gegen den Löwen ein zweites Mal durchgespielt, und alle Versammelten nicken zu dem Beschluss, dem Welfen nun auch sein zweites Herzogtum abzusprechen. Dann erst zieht Barbarossa selbst gegen den Vetter in den Krieg.

Heinrich sieht dem Angreifer ruhig entgegen. Jetzt will er bis zum Letzten kämpfen und glaubt dafür gerüstet zu sein. Immerhin sind sechzig Burgen in seiner Regierungszeit entstanden, auf jeder Einzelnen kommandiert ein zuverlässiger Ministeriale. Diese Löwenhöhle kann auch ein Kaiser nicht aufbrechen. Das meint jedenfalls Heinrich.

Doch lässt sich Barbarossa mit dem Sturm auf Heinrichs Festungen viel Zeit. Schon ist es August, als er in Werla an der Oker eintrifft und zum Hoftag bittet. Dort gibt er eine Erklärung ab. Alle Vasallen des Herzogs werden aufgefordert, sich spätestens bis zum 11. November kampflos zu ergeben. Sonst würden auch sie ihre Lehen verlieren und gleichfalls in die Acht getan. Besorgt blicken sich die Ministeriale an. Gewiss verdanken die meisten ihrem Herrn alles. Doch fragen sie sich jetzt beklommen, was wohl von der früheren guten Zeit unter Heinrich übrig bleibt, wenn sie sich nun für ihren Herrn entscheiden. Dort wartet aber mit lächelnder Geduld der Kaiser und lässt anklingen, dass er mit Überläufern großmütig verfahren will. Seufzend erheben sich die Herren und lassen ihre Pferde satteln. Bis Werla ist kein weiter Weg, und einer nach dem anderen fällt von Heinrich ab. Den Herzog trifft ihre Treulosigkeit tief.

Am meisten schmerzt ihn vielleicht, dass zu den ersten Überläufern ausgerechnet Adolf von Schauenburg gehört. Allerdings trifft weniger den jungen Grafen als ihn selbst die Schuld. In der Schlacht bei Osnabrück waren viele Gefangene gemacht worden. Das hatte gutes Lösegeld versprochen, und Heinrich, auf seine Kasse bedacht wie stets, forderte denn auch prompt diese Gefangenen für sich. Sowohl Bernhard von Ratzeburg wie Gunzelin von Schwerin waren dieser Weisung gefolgt, nur Adolf nicht. Der Feldzug in Sachsen hatte ihn ruiniert, er brauchte das Lösegeld.

Heinrich hätte das verstehen müssen. Er verstand es nicht. Zwischen ihm und dem Grafen war es zum Streit gekommen, bis sich der junge Graf weinend davonschlich und geradewegs in Barbarossas väterlich tröstende Arme flüchtete. Alle übrigen Vasallen Heinrichs hatten aber ein weiteres einprägsames Beispiel für die Dankbarkeit ihres Herzogs.

Bisher hat Barbarossa kaum einmal das Schwert erheben

müssen und kassiert doch schon in Werla seinen ersten Sieg. Mit einem Gleichmut, als handle es sich nicht um den Kampf mit dem gefürchtetsten seiner Fürsten, zieht er im Herbst in den Süden nach Altenburg. Dort findet der Reichstag von Gelnhausen sein schon erwähntes bajuwarisches Gegenstück. Auch dieses Herzogtum wird zerstückelt. Otto von Wittelsbach kassiert den Preis für jahrzehntelange Treue und sieht sich mit der Herzogswürde ausgezeichnet, und in Bayern beginnt damit in diesem Herbst 1180 die rund siebenhundert Jahre währende Wittelsbachische Herrschaft.

In Sachsen sinkt jedoch Heinrichs Reich immer mehr zusammen. Schon bleibt ihm nur noch nackte Gewalt, und seine Wut richtet sich zunächst gegen Holstein, wo Plön erobert, die Festung Segeberg belagert wird. In Segeberg führt Adolfs Mutter Mathilde den Befehl, und die wehrhafte Dame macht ihre Sache so gut, dass eine langwierige Belagerung beginnt. Am Ende muss den Belagerten freier Abzug gewährt werden, und die Gräfin selbst reitet voran, hinunter zu ihren Schauenburger Besitzungen in Westfalen. Von dort aus hat inzwischen ihr abtrünniger Sohn den Angriff auf Heinrich eröffnet.

Die Jahreswende 1180/81 kommt. In seiner Lüneburger Residenz feiert Heinrich das Weihnachtsfest, und die Herzogin ist an seiner Seite, sehr ruhig, würdevoll, ganz Tochter der großen Eleonore, deren Haltung auch Unglück nichts anhaben kann. Man wahrt den Schein, begeht das Fest so glanzvoll wie stets. Doch hinter diesem Glanz verbirgt sich bereits nackte Verzweiflung. Heinrich hatte gemeint, Barbarossa wenigstens in Sachsen trotzen zu können. Jetzt winkt aber dieser Staufer nur lässig mit der Hand, und schon gerät eine viele Jahrzehnte hindurch geformte und gefestigte Macht ins Wanken. Der Tatmensch Heinrich neigte gewiss nicht zu schwermütiger Grübelei. Doch in diesen Weihnachtstagen müssen ihn Depressionen gepackt haben, gepaart mit äußerster Gereiztheit. Anders ist der Auftritt kaum zu verstehen, den er sich jetzt leistet.

Nicht allzu viele Freunde haben sich in Lüneburg eingefunden. Einer der wenigen ist Bernhard von Ratzeburg, der sich betont zuversichtlich gibt und die Gastfreundschaft des Herzogs mit einer Einladung zu einem Fest in Ratzeburg erwidert.

Da geschieht es. Vor versammeltem Hof überlässt sich der Herzog einem hysterischen Wutanfall. Mit dem Finger weist er auf den völlig überraschten Bernhard und bezichtigt ihn, bei diesem geplanten Fest ihn und seine Frau ermorden zu wollen. Schon zerren Heinrichs Knechte den Grafen in den Kerker. Wenig später bricht Heinrich nach Ratzeburg auf. Mitten im Winter erscheint er vor den Toren der Stadt und erzwingt ihre Übergabe. Der Graf selbst wird zwar wieder freigelassen, doch noch immer gibt sein Herzog keine Ruhe. Ein zweites Mal will er Bernhard gefangen nehmen lassen. Der Graf flüchtet sich aber zu dem neuen Sachsenherzog in den Süden.

Wieder zieht Barbarossa heran. Ein starkes Heer begleitet ihn, doch eigentlich braucht er es gar nicht. Burg um Burg öffnet sich ihm, auch die restlichen Vasallen des Herzogs strecken kampflos ihre Waffen. Heinrich erleidet indessen Fehlschlag über Fehlschlag. Haldensleben hat bisher allen kaiserlichen Lockungen widerstanden. Nun marschiert dort wieder einmal Wichmann auf, begleitet von Halberstadts neuem Bischof Dietrich, dem Nachfolger des 1180 verstorbenen Ulrich. Mit Dietrich ist denn auch wieder ein zuverlässiger Welfenfeind an der Macht, und gemeinsam mit Wichmann geht er jetzt daran, den Streitpunkt Haldensleben für immer aus dem Weg zu räumen.

Zwei Flüsse umspülen diese Stadt. Das nutzt Wichmann aus, lässt einen Damm bauen, und das aufgestaute Wasser dringt durch die Mauern in die Stadt, überflutet die Straßen, ergießt sich in die Häuser. Bis zu den Dächern steigt es schließlich hinauf, und schon können die Angreifer auf Booten an die Befestigungsanlagen herantreiben. Haldensleben ist zum Schauplatz eines gespenstischen Kampfs gegen die Natur geworden, dem gegenüber sich selbst der tüchtige Bernhard von der Lippe machtlos zeigt. Bernhard flieht. Haldensleben aber wird vollständig zerstört und erlebt nie wieder eine ähnliche Blüte wie zu Heinrichs Zeit.

Im Juni 1181 steht das kaiserliche Heer tief in Sachsen. Heinrichs Harzfestungen sind gefallen. Im Land hält außer Braunschweig und Lüneburg nur noch Blankenburg stand, das schließlich einem Angriff Dietrichs von Halberstadt zum Opfer fällt. Nun wären eigentlich Braunschweig und Lüneburg fällig. Doch schenkt sich der Kaiser ihre Eroberung und postiert lediglich Truppen in ihrer Nachbarschaft. Dann marschiert er auf die Elbe zu. Dort ist dem Herzog noch Holstein mit Lübeck geblieben. Der Krieg wird zur Treibjagd. Heinrich hetzt durch sein Herzogtum, die Verfolger dicht auf seiner Spur. Allerdings kennt er sich in diesem Land besser aus als sie, findet noch Schlupflöcher und Schleichwege. Als er in Lübeck eintrifft, fühlt er sich stark genug, einen letzten Gegenschlag wagen zu können.

Von Neuem zieht er nach Ratzeburg, und die Tore öffnen sich ihm sogar. Beruhigt will er weiterziehen. Doch kaum hat der Letzte seiner Männer das Stadttor passiert, als es wieder zufällt und sich knirschend ein Riegel davorschiebt. Auf den Mauern erscheinen aber hohnlachend Anhänger des Grafen Bernhard, die den Herzog endgültig ausgesperrt haben. Rasend vor Wut wendet er sich wieder gegen die Stadt. Doch dringt schon die Nachricht durch, das kaiserliche Heer sei in der Nähe. Also weiter, hin zum nächsten Schlupfloch. Außer Atem trifft Heinrich in Artlenburg an der Elbe ein, sieht auf die wenigen, die noch zu ihm halten. Halten sie wirklich zu ihm? Wer wird der nächste Verräter sein?

Heinrich ist in Panik. Keine Sicherheit für ihn, nirgends, auch nicht hier in Artlenburg, wo er, gottgleich, so oft die Slawenfürsten um sich versammelt hatte. Jetzt ist dieser Halbgott nur noch ein gehetzter Mensch, der nirgends mehr eine Höhle zu finden scheint, in der er sich verkriechen könnte. Flammen lodern auf. Heinrich hat sich entschieden. Er wird nicht hier in Artlenburg bleiben. Auf seinen Befehl hin steckt man die Festung in Brand. Er selbst begibt sich wieder auf die Flucht.

Die Elbe treibt ein Boot hinunter. Auf seinem Boden kauert Heinrich, ein Flüchtling, der vielleicht noch entkommen kann. Aber seine Laufbahn als Herzog schließt mit dieser Flucht ab und endet dort, wo für den Flüchtling einmal sein Aufstieg zu einem der reichsten und mächtigsten Männer seiner Zeit begonnen hatte: in Stade.

## *Das Urteil wird vollstreckt*

Ende Juni ist Heinrich in Stade gelandet. Wenig später überschreitet Barbarossa die Elbe und marschiert mit seinem Heer auf Lübeck zu. Hier wird es noch einmal gefährlich. Denn Lübeck ist Heinrichs Stadt und will es bleiben. Einige Getreue des Herzogs haben sich dort noch eingefunden, Bernhard von Wilpe, der Graf von Oldenburg und Markrad, Plöns bisheriger Befehlshaber. Das Oberkommando führt aber ein Mann, der vor einem Jahr zur Allianz der westfälischen Grafen gehört hatte: Simon von Tecklenburg; eines der wenigen Beispiele dafür, dass Heinrich auch geschickt mit Menschen umgehen konnte. Denn diesen Simon hatte der Herzog so für sich eingenommen, dass er dem Grafen seine wichtigste Stadt anvertrauen kann. Doch hätten Simon und die anderen wenig ausrichten können, hätten sie nicht die Lübecker hinter sich gewusst. Jener Bürgersinn meldet sich jetzt, wie er sich in Heinrichs Städten herangebildet hat. Allen politischen Wechselfällen zum Trotz wollen sich diese Menschen ihren Herrn immer noch selber wählen. Das bleibt bemerkenswert.

Bei Heinrichs Ministerialen hat Barbarossas Ultimatum von Werla genügt. Bischöfe im Slawenland quittieren den Wechsel der weltlichen Obergewalt mit einem Achselzucken. Von den Slawenfürsten steht keiner zum Herzog. Die Städte sind aber die Ausnahme. Haldensleben hatte erst unter Wasser gesetzt werden müssen, bevor es sich ergab. Braunschweig und Lüneburg halten bis zuletzt stand. Stade bietet dem Flüchtling bereitwillig Obdach. Und in Lübeck zeigt man sich nun entschlossen, es notfalls auch mit einem Barbarossa aufzunehmen.

Der Kaiser beginnt mit Lübecks Belagerung. Doch liegt die Stadt am Meer und kann vom Land aus nicht vom Wasserweg abgeschnitten werden. Der Kaiser braucht also eine Flotte, wenn er die Lübecker niederzwingen will. Da fällt ihm Dänenkönig Waldemar ein. Er könnte ihm als seinem Lehensmann befehlen, seine Flotte zur Verfügung zu stellen. Doch Barbarossa kennt Waldemars Empfindlichkeit, weiß von seinen Verbindungen zum Welfen. Hier will wieder einmal mit den Fingerspitzen gearbeitet werden. Den Dänen erreicht ein verlockendes Angebot: Barbarossas Söhne sollen sich mit Waldemars Töchtern verloben. So ganz ernst ist es damit Barbarossa wohl nicht. Doch tut die Offerte ihre Wirkung. Ein sehr geschmeichelter Waldemar erscheint im Lager des Kaisers, und über die Ostsee segelt seine Flotte der Holsteiner Küste entgegen.

Barbarossa versprüht Charme und Herzlichkeit. Der Däne schreitet daher wie auf Wolken, als er vom Kaiser in sein Zelt gebeten wird. Das ist wahrhaft ein anderer Stil als Heinrichs ruppige Aufdringlichkeit. Später legt sich diese Euphorie allerdings wieder. Waldemar wird sehr blass, als er von der Mitgift hört, die der Kaiser für die beiden Prinzessinnen erwartet. Doch sofort präsentiert Barbarossa einen seiner Kompromisse. Dann wird es eben nur eine statt zwei Verlobungen geben. Waldemar atmet auf, das Bündnis wird beschworen. Bedrohlich kreuzen nun die schlanken dänischen Schiffe vor der Travemündung. Damit ist die Stadt eigentlich verloren.

Doch noch immer geben die Bürger nicht auf. Sie gehen zu ihrem Bischof, dem einstigen Braunschweiger Abt Heinrich. Ob nicht der allseits geachtete Mann dem Kaiser klarmachen kann, aus welch guten Gründen sie sich ihrem Herzog verbunden fühlen und ohne seine Weisung die Stadt dem Kaiser nicht ausliefern dürfen. Der alte Bischof ist zum schweren Gang bereit, und Barbarossa zeigt sich liebenswürdig-zugänglich, hört sich geduldig an, was ihm der Kirchenfürst zu sagen hat. Der trifft genau den empfindlichsten Punkt seines Gesprächspartners.

Von der engen Verwandtschaft zwischen Kaiser und Herzog spricht er, von den Verdiensten, die sich der Löwe schließlich auch erworben hat, und das alles ist Barbarossa äußerst peinlich. So sorgsam hat er nun darauf hingearbeitet, nur ja nicht als der böse Vetter zu erscheinen, der einen Freund aus persönlichen Motiven vernichten will, und in der Tat hat noch niemand den Kaiser gefragt, warum er denn dem Herzog auf einmal all das so verübelt, was er jahrzehntelang bei ihm geduldet hat. Jetzt aber appelliert der Bischof ausgerechnet an das, woran Barbarossa am wenigsten erinnert werden möchte.

Der Kaiser reagiert sehr heftig und ausführlich. Wortreich unterstreicht er die unendliche Geduld, die er mit seinem Vetter gehabt hat. Schließlich beschwört er Gott selbst als eigentlichen Richter des Löwen, »denn eines so Übermächtigen Sturz ist nicht durch unsere Macht bewirkt, sondern vielmehr eine Vergeltung aus der Hand des allmächtigen Gottes«. Dennoch erfüllt er den Wunsch der Lübecker. Sie dürfen den Herzog selbst um die Erlaubnis zur Übergabe bitten. Sofort reitet eine Gesandtschaft zu Heinrich nach Stade hinüber.

Dort hat der Herzog wohl anfangs noch gehofft, wenigstens Barbarossas Übergang über die Elbe zu verhindern. Eine Flotte ist ausgerüstet worden, doch schon bei der Nachricht vom Herannahen des kaiserlichen Heeres haben ihre Kommandeure schleunigst die Anker gelichtet und sind weit auf die Nordsee hinaus geflohen. Heinrich bleibt zurück, nur mit Gunzelin von Schwerin an seiner Seite. Gemeinsam gehen sie daran, Stade für den Fall eines Angriffs zu rüsten und unter anderem die Türme der Stadt abtragen zu lassen, womit »jene prächtige Festung Stade« einiges an Pracht einbüßt. Doch sind das nur letzte Regungen eines schon geschlagenen Mannes. Der Anfrage aus Lübeck begegnet er nur mit müdem Achselzucken. Er kann die Eroberung der Stadt ohnehin nicht mehr verhindern.

Wieder stehen Gesandte aus Lübeck vor dem Kaiser. Doch bieten sie nicht etwa die bedingungslose Übergabe an, sondern stellen sehr genaue Forderungen, und Barbarossa stimmt den meisten sogar zu. Denn hier zeigt sich ihm die unwiederholbare Chance, in dieser reichen Stadt unauffällig Heinrichs Nachfolge anzutreten. So wird Lübeck samt allen bisherigen Rechten freie Reichsstadt, gehört damit unmittelbar zum kaiserlichen Machtbereich, und dem Kaiser schlägt aufrichtige Begeisterung entgegen, als er in die Straßen der Stadt einreitet. Mit zufriedenem Lächeln darf er zurückgrüßen. Behutsam hat er dieses Juwel aus der alten Fassung gelöst und dem eigenen Kronreif hinzugefügt.

Inzwischen zieht Heinrich Bilanz. Nach dem Fall von Lübeck stehen außer Stade nur noch Braunschweig und Lüneburg auf seiner Seite. In der Nähe von Braunschweig lagern aber schon die Rotten des Kölners, und nach Lüneburg, dem Quartier der Herzogin und ihrer Kinder, marschiert jetzt Barbarossa. Heinrich selbst könnte fliehen, zu Schiff hinüber nach England, und vielleicht wäre diese Lösung dem Kaiser am liebsten.

Doch Heinrich flieht nicht. Er gibt auf. Auf dem Zeltberg bei Lüneburg, wo Barbarossa sein Lager aufgeschlagen hat, trifft der Bote ein, der um freies Geleit für seinen Herrn bittet. Heinrich will zum Kaiser nach Lüneburg kommen.

Barbarossa weiß: Der Krieg mit Heinrich ist zu Ende. Und er ist gewonnen. So durchreitet der Herzog in diesem Herbst das Land, das eben noch ihm gehört hatte. Über Sachsen liegt aber eine seltsame Stimmung, als sei alle Angst und Anspannung der letzten Monate in euphorische Erleichterung umgeschlagen. Im Lager des Kaisers schwingen sich Ritter in die Sättel, und als sie den kleinen Zug des Herzogs erreichen, wetteifern sie miteinander in Höflichkeiten, bieten Schutz und Begleitung an. Heinrich lächelt melancholisch: »In diesem Land war ich gewohnt, Geleit zu geben, nicht anzunehmen!«

Die unverhofft aufwallende Sympathie für den gestürzten Löwen bleibt nicht auf seine engere Heimat beschränkt. Alle Welt scheint plötzlich um Heinrichs Schicksal besorgt zu sein. Als Erster schickt sein Schwiegervater Gesandte, lässt Barbarossa um Vergebung für Heinrich bitten. Später treffen auch aus Flandern und vom französischen Hof Fürbitten für den geschlagenen Herzog ein. Barbarossa beobachtet diese überraschende Entwicklung nicht ohne Sorge. Zu Recht fürchtet er eine Situation, die ihm gar nichts anderes übrig lässt, als Heinrich vor aller Welt und in aller Form zu vergeben. Deshalb zieht er die eilige Abreise nach Goslar vor, als sich Heinrich Lüneburg nähert. Er weiß, dass solch eine persönliche Begegnung nicht ohne Aussöhnung enden dürfte.

Leider weiß das auch Heinrich und bittet immer dringlicher um die direkte Aussprache. Schließlich setzt Barbarossa einen Reichstag in Quedlinburg fest. Dort ist dann Heinrich fast wieder der Alte und bietet dem ebenfalls anwesenden Bernhard von Anhalt eine Szene, die an seine schönsten Streitigkeiten mit Albrecht dem Bären erinnert. Schleunigst bricht Barbarossa diesen Reichstag ab, ohne sich selbst blicken zu lassen. Heinrich begreift, dass er zu weit gegangen ist. Zum nächsten Termin lässt er sich dann gehorsam von seinem alten Feind Wichmann begleiten. Man schreibt den 11. November 1181. Schauplatz ist Erfurt.

Heinrich betritt den Platz, wo Kaiser und Kaiserin auf ihn warten. Er geht auf den Thron zu, sinkt schweigend vornüber, greift nach dem Fuß des Kaisers und drückt seinen Kuss darauf. Der Löwe liegt vor Barbarossa auf dem Boden. Das besiegelt seinen Sturz. Wer aber, fragt sich in diesem Augenblick, hat nun Heinrich den Löwen wirklich gestürzt?

Natürlich ist das zunächst einmal Barbarossas Werk. Doch wird man nie erfahren, wann genau ihn der Kaiser endgültig beschlossen hatte. Denn dieser Meister diplomatischer Taktik ist auch ein Meister im Spurenverwischen, und allen Ernstes wird es heißen, der Kaiser hätte Heinrichs Sturz gar nicht gewollt, sei vielmehr von den Fürsten gedrängt, vom Löwen provoziert worden, Sklave seines Amtes, der dafür sogar den Freund und Vetter opfert. Ein hübsches Bild, doch leider falsch.

Natürlich hat Heinrich viele Richter gehabt. Doch heißt es Barbarossa unterschätzen, wenn man in ihm lediglich das Werkzeug einer gegen Heinrich verschworenen Clique sieht. Und spätestens die klassische Kriminalistenfrage *Cui bono?* gibt eine klare Antwort. Von Heinrichs Sturz hatte niemand so viel Nutzen wie der Kaiser selbst, außen- wie innenpolitisch. Denn Barbarossas größte Sorge muss zu dieser Zeit die Einkreisungstaktik Heinrichs II. sein, der mit Byzanz und den Lombarden konspiriert. In diesem Zusammenhang hatte Barbarossa stets zu befürchten, Heinrichs des Löwen sächsisch-bayerisches Reich könne plötzlich zum innerdeutschen Bollwerk englischer Interessen werden. Dieses Problem ist mit Heinrichs Sturz gelöst.

Noch größer ist der innenpolitische Nutzen. Es geht dabei gar nicht einmal um die gegenwärtige Situation im Reich. Dort kann sich Barbarossa zutrauen, den Löwen zu seinen eigenen Lebzeiten in seinen Schranken zu halten. Doch der Barbarossa dieser Zeit ist bereits ein Mann, der die Zukunft vor Augen hat, nicht die eigene, wohl aber die der gesamten Stauferdynastie und ihren Anspruch auf die erste Position im Reich. Für diese Zukunft stellt aber Heinrichs Imperium die größte Belastung dar. Denn vor dem Hintergrund dieses so starken und mächtigen Reichs lässt sich sogar vorstellen, dass die Welfen auch wieder zur Kaiserkrone greifen würden. Das ist der eigentlich heikle Punkt und zugleich tieferer Grund für diesen Prozess.

In den Jahren zwischen 1179 und 1181 wird nicht so sehr Heinrich dem Löwen selbst der Prozess gemacht. Heinrichs »Staat im Staat« steht vor Gericht. Er muss in Stücke geschlagen werden. Das ist spätestens in Erfurt vollzogen. Dem Menschen Heinrich kann der Kaiser danach wieder die alte Herzlichkeit zuwenden.

Barbarossa hat sich erhoben. Er neigt sich zum Liegenden herab. Während er ihn aber zu sich behutsam hinaufzieht, drückt er ihm einen Kuss auf die Wange, und die Umstehenden sehen Tränen in Barbarossas Augen. So endet auch dieses Spiel mit einer großen Stauferpose. An den politischen Konsequenzen ändert sich nichts.

Anders steht es mit den persönlichen Folgen. Nach dem Versöhnungskuss kann Barbarossa schlecht wieder zum erbarmungslosen Richter werden, der das ursprüngliche Urteil, totale Aberkennung aller Lehen und allen Allodialbesitzes, aufrecht hält. Also bleiben Braunschweig und Lüneburg Besitz des Löwen. Es bleibt ihm auch der Herzogtitel, allerdings nur als Herzog von Braunschweig, wie ihn schon einmal seine Gegner ahnungsvoll tituliert hatten.

Nur über den einen Punkt kann auch der Kaiser nicht einfach hinwegsehen, über die Schuld, die sich Heinrich mit seinem Widerstand in einem »Reichskrieg« aufgeladen hat. Doch auch dafür findet Barbarossa einen eleganten Kompromiss. Heinrich wird für einige Zeit nach England verbannt, wo ihn sein Schwiegervater in allen Ehren aufzunehmen verspricht. Die Tage von Erfurt sind vorbei. Heinrich kehrt nach Braunschweig zurück. Barbarossa hat all seine Ziele erreicht.

Heinrichs sächsisches Reich gibt es nicht mehr. Es gibt nur noch die beiden Herzogtümer aus der Gelnhäuser Urkunde, ferner die Marken Holstein und Ratzeburg. Stade übernimmt der Bremer Bischof Siegfried aus dem Haus der Askanier, während der Thüringer Landgraf Ludwig seinen Bereich um die Sommerschenburger Grafschaft vergrößert sieht. Losgelöst Lübeck, losgelöst die Slawenlande, losgelöst von herzoglicher Oberhoheit auch die Bistümer. Jetzt finden sich lauter kleine

Herren auf eigenen kleinen Territorien, über die der Kaiser wie nie zuvor über Heinrich den Löwen gebieten kann, hier in Sachsen wie unten im gleichermaßen zerstückelten Bayern. Das ist Barbarossas eigentlicher Erfolg.

Doch noch einmal muss man fragen: *Cui bono?* Wem nützt nun wirklich diese Zertrümmerung eines bisher geschlossenen Machtbereichs unter einheitlicher Führung? Barbarossa, der einem einigen deutsch-römischen Reich im Geist des großen Karl zu dienen glaubt, kann nicht wissen, dass ausgerechnet er künftiger deutscher Kleinstaaterei den Weg geebnet hat. Doch genau das ist der Fall, und eigentliche Gewinner sind die Reichsfürsten. Vom Kaiser unmittelbar belehnt, werden sie zu Herren staatenähnlicher kleiner Gefüge, und auf deutschem Boden wird es nie einen so geschlossenen »Nationalstaat« wie Frankreich oder England geben.

Das also ist das Schicksal des Welfenreichs. Das Schicksal seines Schöpfers nimmt vorläufig einen geruhsameren Weg. Er bereitet sich auf seine Zeit in der Verbannung vor. Die Herzogin wird ihn begleiten, auch seine Tochter Mathilde, auch die beiden ältesten Söhne Heinrich und Otto, während der jüngste, Lothar, wohl als eine Art Geisel zurückbleibt. Geleit gibt ihm auch eine stattliche Schar sächsischer Ritter. Zwar nur mehr symbolisch, da sie hinter der Grenze wieder umkehren wird, doch immerhin freiwillig. Fast scheint es, als sei der Löwe doch noch populär geworden.

In der einen Stadt wird Heinrich allerdings niemals populär, in Bardowick, die über Lübeck fast vergessene »nostra civitas« von einst. Diesen Absturz in völlige Bedeutungslosigkeit haben die Bardowicker dem Herzog nie verziehen. Jetzt aber hören sie, Heinrichs Weg würde an ihrer Stadt vorüberführen. Sie stürzen aus ihren Häusern, drängen sich auf den Mauern. Jeder will den gestürzten Löwen sehen, alle möchten ihm noch ein Schimpfwort nachrufen, eine Schmähung hinterherspucken. Als dann aber der herzogliche Zug die Stadt passiert, erreichen Johlen und Toben ihren Höhepunkt. Und die Bardowicker lassen ihre Hosen herunter, strecken dem Herzog die nackten Hintern entgegen, ein letzter Gruß für den Löwen. Er murmelt einen Fluch zu Bardowicks Mauern hinauf.

# »Ein recht sehenswertes Grab … «

> »Wie die Seinigen über den Tod nicht geringe Trauer hatten, so empfanden seine Feinde große Freude. Jedoch haben wir hernach diejenigen, welche ihn gehasst haben, den Ruhm und die Tapferkeit des Fürsten loben hören, und sie wünschten aufs Sehnlichste, dass er lebe …«
>
> *Aus der ›Chronik von Stederburg‹*

*Löwe im goldenen Käfig*

Nur rund einen Monat dauert die Reise in die Normandie, und doch scheint Heinrich in eine andere Welt überzuwechseln, um dort eine Familie kennenzulernen, neben der sich Welfen und Staufer geradezu kleinbürgerlich ausnehmen.

Heinrich II. hält sich gerade in Poitou auf, als er von der Ankunft seines Schwiegersohns erfährt. Sofort reitet er zu seinem Empfang nach Chinon hinüber. Es ist ihre zweite persönliche Begegnung, und nicht nur der Löwe, sondern auch Schwiegervater Heinrich II. hat an Glanz eingebüßt. Nach außen hin steht zwar sein England prachtvoll da als zweifellos mächtigster europäischer Staat nach dem Reich mit weiten Teilen Frankreichs, der Normandie und der Bretagne, mit Anjou, Maine, Touraine und der Mitgift seiner Frau, dem Herzogtum Aquitanien. Doch hinter der prunkenden Fassade stimmt nichts.

Schon lange sind Eleonore und Heinrich nicht mehr das Paradepaar unter Europas Fürsten. Und während sich Heinrich in der Gesellschaft von Huren, Gauklern und Hofnarren Vergnügen seines Geschmacks suchte, schuf sich Eleonore ihren

Musenhof zu Poitiers, ließ sich von Troubadouren umschwärmen und hetzte nebenher ihre Söhne zielbewusst gegen den Vater auf. Ein trotz allem bedeutender Herrscher und zugleich ein engstirniger Despot, tiefinnerst ein armer Hund, mit Frau und Söhnen, die ihn hassen, und der Ermordung Thomas Beckets als lebenslanger Gewissenslast – das alles ist dieser Heinrich II., der nun im August 1182 Tochter, Schwiegersohn und Enkel an die Brust drückt. Zugleich stellt sich die Frage, wovon die Ankömmlinge eigentlich leben sollen.

Großzügig hat Barbarossa dem Herzog gestattet, einen Teil seiner Einkünfte auch im Ausland zu beziehen. Doch noch einmal fünfzig Pfund setzt der englische König als tägliche Rente für den Lebensunterhalt der herzoglichen Familie aus, und in den Abrechnungen dieser Jahre finden sich immer wieder Posten für die Pferde der Herzogin, für Gastmähler und einmal drei Pfund für »Gerste, Korn und Honig zur Bereitung von Bier für den Gebrauch des Herzogs von Sachsen«. Als weitere Frage stellt sich, was eigentlich dieser überaktive Mann mit dem plötzlichen Übermaß an Ruhe und Müßiggang anfangen soll. So begibt er sich, kaum angekommen, gleich wieder auf Reisen und startet zur zweiten Pilgerfahrt seines Lebens.

Mit kleinem Gefolge zieht er in den Süden, überschreitet die Pyrenäen und reitet nach Galizien. Sein Ziel ist die galizische Hauptstadt Santiago de Compostela, wo sich das legendäre Grab des Apostels Jakobus befinden soll. Alljährlich ergießt sich dorthin ein Strom gläubiger Pilger, und in diesem Herbst 1182 gehört auch Heinrich dazu, wohl voll dunkler Erinnerungen an die andere, um so vieles glanzvollere Reise damals ins Heilige Land.

Seine Frau scheint hingegen weit weniger unter der Verbannung als ihr Mann zu leiden. Nach Santiago ist sie nicht mitgereist. Für diese Zeit nimmt sie Quartier in Argentan in der Normandie und findet dort wieder, woran sie von Jugend an gewohnt war. Man huldigt ihr, überschüttet sie mit Komplimenten, und auch ein Troubadour stellt sich ein, der blutjunge Bertran de Born. Gedichte entstehen, glühend, schmachtend. Da wird die »holde, liebevolle Gestalt« der Herzogin angeschwärmt, ihr »süßes, frommes Antlitz«, und Mathilde darf sich sehr geschmeichelt fühlen. Diese Sprache versteht sie.

Weniger Verständnis hat Heinrich nach der Rückkehr von seiner Wallfahrt, und schon bald danach muss Bertran den Hof von Argentan verlassen, mit dem ironischen Stoßseufzer, wer denn nun noch die Reize der schönsten aller Herzoginnen angemessen besingen solle. Mit grimmigem Seufzer sieht ihm der alternde Herzog nach. Endgültig wird er jetzt in den Kreis seines Schwiegervaters einbezogen, nimmt zu Weihnachten 1182 an einem Hoftag in Caen teil und lernt hier seine Schwäger kennen, den strahlend schönen Henry, den beliebten und liebenswerten Gottfried und zwischen ihnen den hochgewachsenen Richard, später »Löwenherz« genannt, eine blendende Erscheinung auch er und Männern in einer Weise zugetan, die später noch zu vielen Skandalen führen soll.

Aufstand der Söhne Heinrichs II., der Tod des jungen Henry: 1183 wird ein unruhiges Jahr nicht nur in der englischen Geschichte. Auch im übrigen Europa, wo inzwischen Alexander III. gestorben ist und sich unter seinem Nachfolger Lucius III. neue Spannungen zwischen Kaiser und Kurie abzeichnen, gärt es. Doch was braucht das den Mann dort in der Normandie noch anzugehen?

Es ist die stillste Zeit in Heinrichs gesamter Laufbahn überhaupt und so ereignislos, dass die Chroniken nicht das Geringste über ihn zu berichten wissen. Allenfalls trifft noch gelegentliche Nachricht aus Deutschland ein, die aufmerken lässt. So zum Beispiel, dass Bayerns Herzog Otto von Wittelsbach gestorben ist. Das heißt nun, dass das bayerische Herzogtum wieder zur Verfügung steht.

Der englische König nimmt sogleich Kontakt mit Barbarossa auf und schlägt vor, Heinrich wieder als Herzog von Bayern einzusetzen. Der Kaiser scheint nicht völlig abgeneigt zu sein, zumal Bayern immer schon die unproblematischere der beiden Welfenhochburgen war. Die Verhandlungen bleiben dennoch ohne Resultat. Jedoch kursiert für diese Zeit das Gerücht, der Herzog hätte seine Verbannung unterbrochen und sei selbst zum Kaiser gereist. Hintergrund sei das berühmte Mainzer Hoffest gewesen.

Dieses Ritterfest findet im Mai 1184 statt. Um die gleiche Zeit hat sich Heinrich II. in der Normandie gegenüber seinen aufsässigen Söhnen endgültig behauptet und kehrt ins eigentliche England zurück. Am 10. Juni geht er in Dover an Land. Seine Tochter Mathilde begleitet ihn, gerade wieder schwanger, nachdem sie im Winter zuvor eine Fehlgeburt erlitten hatte. Einen Monat später trifft auch Heinrich in Dover ein, zieht nach Winchester weiter und begegnet dort ein erstes Mal seiner Schwiegermutter. Eleonore ist nun schon eine Frau um die sechzig. Doch wird noch immer ihre Schönheit gefeiert, und Heinrich versteht sich mit der imposanten alten Dame recht gut. Man sieht sie bei gemeinsamen Ausritten oder in kleiner Familienrunde, und fast mehr noch als ihre Tochter wirkt Eleonore wie die eigentliche Gefährtin ihres nicht viel jüngeren Schwiegersohns.

Ebenso problemlos entwickelt sich der Kontakt zu Heinrich II. Im Herzog findet der König einen Kumpan für wild dahintobende Jagden durch die Wälder der Normandie oder über Britanniens grüne Felder. Dann wieder sitzt man gemeinsam beim Essen, und Heinrich kann sich überzeugen, dass die königliche Tafel wirklich so miserabel ist wie ihr Ruf. Nur manchmal geht es dort festlicher zu, so beim Weihnachtsfest 1184. Schauplatz ist Westminster, und seit langer Zeit sieht man wieder die gesamte königliche Familie beisammen. Auch Heinrich findet sich mit den Seinen ein, man reserviert ihm einen Ehrenplatz, und doch wirkt er nun vollends wie ein nicht weiter wichtiger Hofmann seines Schwiegervaters. Englische Chronisten fragen sich denn auch, was wohl je diesen Mann so berühmt gemacht haben könnte.

Viel intensiver als mit dem Herzog selbst beschäftigt sich der Politiker Heinrich II. mit seinen Enkeln. Unauffällig werden sie in das englische Hofleben integriert, denn des Königs Überlegung zielt schon dahin, die Welfen endgültig an die Plantagenets und England zu binden. Zugleich versucht Heinrich II. wiederholt, in Sachen Löwe wieder mit dem Kaiser ins Gespräch zu kommen.

Die erste Gelegenheit ist der Tod des Wittelsbachers. Dann trifft im Spätsommer 1184 überraschender Besuch aus Deutschland ein. Dieser Besuch ist niemand anderer als Philipp von Heinsberg, eben noch ärgster Feind des Löwen. Aber wieder einmal hat sich an Barbarossas Hof das Kräfteverhältnis verschoben. Zunächst war dort Philipp der große Herr gewesen, der an allen anderen mit herablassendem Kopfnicken vorüberrauschte, wenn er zu vertraulicher Unterredung mit seinem Kaiser schritt. Allmählich aber war er von Barbarossa skeptischer betrachtet worden und ist nun bei seiner England-Visite nicht mehr allzu gut auf seinen Herrn zu sprechen.

Hier setzt Heinrich II. an. Natürlich geht es bei seinen Verhandlungen mit Philipp nicht vorrangig um den Löwen. Doch bringt er auch hierauf das Gespräch und schlägt die Versöhnung der beiden alten Feinde vor, ja sogar ein reguläres Bündnis, wenn erst der Herzog wieder nach Sachsen zurückgekehrt sein wird. Der gemeinsame Gegner würde aber niemand anderer als der Kaiser sein. Hiervor schreckt Philipp nun doch zurück. Immerhin hält er als guten Rat bereit, sich an Papst Lucius III. zu wenden, um über ihn eine Verkürzung der Verbannungszeit zu erreichen. Sogleich entsendet Heinrich II. eine Delegation.

Im Winter 1184 hält sich Heinrich gerade im Schloss seiner Schwiegermutter auf, als ihn Boten eilends an den königlichen Hof rufen. Dort erwartet ihn gute Nachricht. Denn die Delegation hat in Verona nicht nur den Papst, sondern auch Barbarossa selbst angetroffen; der Kaiser stimmte schließlich einem Ende der Verbannung im nächsten Jahr zu, und im Sommer 1185 überqueren acht Schiffe den Kanal. An Bord des einen steht Heinrich. Im Oktober 1185 erreicht er die Grenze des Deutschen Reichs. Es wird die Heimkehr in ein fremdes Land.

## *Heimkehr in ein fremdes Land*

Noch schreibt man das Jahr 1184, als in Deutschland Barbarossa wieder einmal darangeht, aller Welt kaiserlichen Glanz vor Augen zu führen. Anlass ist die »Schwertleite«, die Mündigkeitserklärung seiner beiden ältesten Söhne, und Resultat wird jenes Ritterfest sein, zu dessen Gästen auch Heinrich der Löwe gehört haben könnte, das größte Fest in diesem Jahrhundert überhaupt. Zu Pfingsten 1184 findet es statt. Schauplatz ist Mainz.

An jede Größe im Reich gehen Einladungen hinaus, und auch aus dem Ausland treffen Gäste ein, bis schließlich rund vierzigtausend Ritter hierher nach Mainz kommen, über siebzigtausend Gäste insgesamt. Die Stadt selbst kann ihren Strom gar nicht fassen, und so wird draußen auf den Mainwiesen eine Zeltstadt aufgeschlagen, samt Palas, Kapelle und riesigem Turnierplatz.

Hier rollt nun das wohlorganisierte Schauspiel ab: Gottesdienst als Auftakt, dann der Ritterschlag für die Kaisersöhne, schließlich zwei Tage lang das Turnier, zu dem nicht weniger als zwanzigtausend Kämpfer antreten, und am Rande hocken die fahrenden Sänger, unter ihnen der Ritter und Poet Heinrich von Veldeke, der später notiert: »Dem Kaiser Friedrich geschah so viel Ehre, dass man noch über hundert Jahre von ihm singen und sagen wird …« Barbarossa hat den Gipfel erreicht. Jetzt darf er sich so darstellen, wie er sich selber sieht, als Erster Ritter einer ritterlichen Welt. Unvergleichlich, wie der Kaiser in vollem Ornat an der Spitze seiner Familie zum Gottesdienst schreitet. Unnachahmlich, wie er beim Ritterschlag das juwelengeschmückte Schwert führt. Der Höhepunkt ist aber das Turnier. Der Kaiser selbst prescht dabei über den Platz, schwingt die Lanze und zeigt sich aller Welt als immer noch strahlender Jüngling von einst.

Doch haben diese strahlenden Tage auch böse Stunden, so am Abend des Dienstag, als plötzlich ein Sturm aufkommt und die Zelte und leichten Holzgebäude in die Luft wirbelt. Ein Trümmermeer bleibt zurück, Tote und Verletzte müssen davongetragen werden, und Festtagsjubel schlägt für Augenblicke in Panik um. Fast wirkt das wie ein Symbol mehr in dieser symbolträchtigen Zeit. Denn so unerschütterlich festgefügt ist Barbarossas Welt auch wieder nicht, wie es auf den flüchtigen Blick hin scheint, und seine politische Bilanz fällt nicht ganz so strahlend aus, wie sie sich im Prunk von Mainz zu spiegeln vorgibt. Paradoxerweise ist aber allen Fehlschlägen zum Trotz des Kaisers größter Erfolg doch noch der Süden geworden, als 1183 Barbarossa mit den Lombarden seinen Frieden macht und im nächsten Jahr ein geradezu sensationelles Bündnis mit dem alten Gegner Mailand schließt.

Zwei Jahre später folgt die nächste Sensation, als in Mailand pompös Hochzeit gefeiert wird. Vor dem Altar steht Barbarossas ältester Sohn Heinrich und reicht einer schon älteren Dame die Hand zum Lebensbund. Diese Konstanze ist aber Tante des Königs von Sizilien und hat ihrerseits Anspruch auf den sizilischen Thron. Damit wird für die künftige Italienpolitik der Staufer ein Ansatz geschaffen, von dem aus noch einmal Weltpolitik gemacht werden kann.

Düster sieht es hingegen in Nord und Ost aus. Dort rächt sich jetzt der Sturz des Löwen. Denn wo bis 1180 der eine Herr geherrscht hatte, versuchen sich nun viele in der Rolle des Löwen. Zwischen allen steht aber der unselige Herzog Bernhard, Albrechts des Bären unfähiger Sohn. Einmal spielt er den Tyrannen, dann fügt er sich wieder in kleinlaute Kompromisse. Das Land wird so zu einem einzigen großen Kampfplatz, und die Bevölkerung schwärmt bereits von der Ära des Löwen als einer »guten alten Zeit«. Am übelsten sieht es aber im Osten aus. Dort bekriegen sich die beiden Wendenvettern Heinrich Borwin und Niklot. Im Hintergrund steht aber schon Knut VI. von Dänemark bereit, um inmitten aller Wirren die Rolle des lachenden Dritten zu übernehmen.

Als 1182 König Waldemar gestorben war, ließ er sein Land als festgefügte Einheit zurück, und sein Volk dankte ihm mit dem Beinamen »der Große«. Knut will aber diesem Land endgültig den Zugang nach dem Osten öffnen und Dänemark um die Slawenlande erweitern. Sein Reich soll eine Großmacht werden, die auch den Kaiser nicht zu fürchten braucht. Schon weigert sich Knut, von Barbarossa seine Krone als Lehen entgegenzunehmen. Auf Knuts Seite steht aber als dänische Königin Heinrichs des Löwen älteste Tochter Gertrud und befeuert Knut in seinen Expansionsplänen. Er ist im Osten eigentlicher Erbe des Löwen, und in solchen Augenblicken mag selbst Barbarossa Heinrichs Zeiten zurücksehnen.

Denn dessen Sachsen war zwar für das Reich des Kaisers eine Gefahr, doch zugleich Schutz und Stütze im Norden und Osten gewesen. Nie hatte sich Barbarossa mit den dortigen

Nachbarn auseinandersetzen müssen und es Vetter Heinrich überlassen dürfen, mit Dänen und Slawen fertig zu werden. Nun gab es keinen Löwen mehr, der diesen Nachbarn gewachsen wäre. Ähnlich düstere Gedanken können Barbarossa auch bei einem anderen Erben Heinrichs kommen, bei Philipp von Heinsberg, Erzbischof von Köln.

Schon beim Mainzer Hoffest fing es an. Dort hatte sich bei der Festtafel Philipp mit der ihm eigenen Selbstverständlichkeit neben den Kaiser gesetzt, obgleich dieser Platz Privileg des Abts von Fulda war. Tumult, Missverständnisse auf allen Seiten, und Philipp war mit seinem Gefolge tief gekränkt davongerauscht. Die Angelegenheit konnte später bereinigt werden. Doch ein Stachel blieb, und von nun an wartet der Erzbischof nur darauf, seinem Kaiser zu zeigen, was er an ihm hat. Den Anlass bringt dann der noch immer schwelende Zwist mit dem Papsttum.

Unter Alexander III. hatte sich bereits die Harmonie von Venedig wieder verflüchtigt, und auch die Beziehung zu Alexanders Nachfolger Lucius III. bleibt nicht ohne Spannung. Nun ist Lucius ein schon hinfälliger Greis. Unter seinem Nachfolger Urban III., der 1185 Petri Stuhl besteigt, wird der Ton wieder schärfer. Im gleichen Jahr noch zögert Urban keinen Augenblick, in eine innerdeutsche Bischofswahl in einer Weise einzugreifen, dass der empörte Kaiser seinen Sohn kurzerhand den Kirchenstaat besetzen lässt. Urbans Antwort kommt prompt. Er mobilisiert im Reich eine Opposition gegen den Kaiser, und sein wichtigster Partner wird Philipp von Köln.

In Köln kursiert bereits das Gerücht, Barbarossa werde die Stadt belagern, und der Bischof lässt eilends Lebensmittel herbeischaffen, Truppen ausrüsten und die Befestigungsanlagen verstärken. In Worms wettert wiederum der Kaiser gegen diesen »Kölner Pfaff«, von Italien her droht Urban III. mit erneutem Bannstrahl, und der Kampf scheint unvermeidlich, als 1187 Urban stirbt und danach die innerdeutsche Opposition auseinandergetrieben werden kann. Beim Mainzer Hoftag von 1188 liegt Kölns Bischof vor seinem Kaiser wieder demütig auf den Knien. Viele vermuten damals, dass zu der Opposition auch der Löwe gehörte, der von 1185 an wieder in seinem

Braunschweig residiert. Doch fällt an Heinrich dem Löwen in dieser Zeit eher auf, dass er ganz und gar nicht auffällt.

Im Osten toben wieder Kämpfe, wie sie während seiner Herrschaft undenkbar gewesen wären. Im sächsischen Raum gibt es keine übergeordnet gültige Instanz mehr, und Heinrich muss froh sein, wenn wenigstens sein eigener Besitz in Ruhe gelassen wird. Doch nicht einmal das ist der Fall. Der Herzog schreibt aber lange Episteln an den Kaiser, bittend, fast demütig, erwartet nichts als Gerechtigkeit und Schutz vor seinen zudringlichen Nachbarn. Barbarossa antwortet in vielen schönen Worten. Nichts ändert sich dadurch. Der Kaiser hat andere Sorgen als die Nöte seines halb vergessenen Vetters in Braunschweig.

Erst 1188 kommt ein Wechsel. Heinrich erfährt, dass ihn der Staufer bei seinem nächsten Reichstag in Goslar aus dringendem Anlass zu sprechen wünscht. Dieser Anlass liegt auf der Hand, denn in Europa grassiert wieder einmal der Kreuzzuggedanke. Seit dem Jahrhundertdesaster Konrads III. war er ein wenig vergessen worden. Doch 1187 erhielt er neuen Auftrieb. Denn im Oktober dieses Jahres hat Seldschuken-Sultan Saladin Jerusalem erobert. Christi Grab ist wieder einmal in der Hand der Heiden.

Barbarossa ist davon in besonderer, sehr persönlicher Weise angerührt, und das nicht nur in Sorge um Christi Grab. Vor allem wird ihm hier am Abend seines Lebens die Chance geboten, als Befreier der heiligen Stätten doch noch an die Spitze der *ecclesia* zu treten. Es würde die Krönung seines Lebens sein. Und so bittet er im März 1188 seine Fürsten zu einem »Hoftag Jesu Christi« nach Mainz; die Herren ahnen, dass sie die Aufforderung, ins Heilige Land zu ziehen, erwartet, und noch einmal erweist sich dabei der Kaiser als der große Regisseur, der trefflich mit Stimmungen und Gefühlen spielen kann. Bis ins Mobiliar erstreckt sich seine Regie mit den zwei bereitstehenden Thronsesseln, der eine für den Kaiser, der andere, leere, für Christus selbst.

Das Schauspiel läuft ab. Zunächst predigen wackere Herren wie der Würzburger Bischof Gottfried den Kreuzzug. Dann heftet sich Barbarossas Sohn Friedrich als Erster das Kreuz an die

Schulter, als Zweiter der Kaiser selbst. Doch fragt er zunächst noch mit ernster Stimme, ob man nicht lieber erst im nächsten Jahr aufbrechen wolle, und die Versammelten stimmen eifrig zu. Genau das hat Barbarossa gewollt. Er braucht hinreichend Zeit, um die im Reich anstehenden Probleme in Ruhe lösen zu können. Eines davon ist der Vetter in Braunschweig.

Heinrich war nicht nach Mainz gekommen. Der Kaiser sucht ihn nun wie zufällig in Sachsen auf, im Rahmen eines Reichstags zu Goslar. Im Juli 1188 stehen sich die Vettern ein letztes Mal gegenüber. Barbarossa hat es eilig. Rasch kommt er zur Sache, wobei er sich offenbar schon sehr gründlich Gedanken um das Schicksal des Vetters gemacht hat. Denn erstaunlich genug: Auch noch auf der Höhe seiner Macht hat der Kaiser vor diesem alten Mann dort, einem Schatten seiner selbst, noch immer Angst. Für die Zeit seiner Abwesenheit will er ihn außer Landes wissen.

Heinrich darf wählen. Er kann am geplanten Kreuzzug teilnehmen, und der Kaiser würde sogar die erheblichen Kosten tragen. Oder er muss noch einmal in die Verbannung gehen, für drei Jahre zu seinem Schwiegervater in die Normandie. Heinrich wählt die Verbannung. Das ist seltsam. Denn die höchst ehrenvolle Einladung zum Kreuzzug an Barbarossas Seite bedeutet nach erfolgreicher Heimkehr auch die Rückerstattung mancher früheren Rechte, ja, es könnte seine Rückkehr in die erste Reihe der Fürsten an der Seite Barbarossas sein. Dennoch verzichtet der Löwe auf diese Möglichkeit.

Er mag die körperliche Strapaze eines solchen Kreuzzugs scheuen. Vielleicht, immerhin möglich, erwägt er von Anfang an die frühzeitige Rückkehr aus der Verbannung, sobald die Zeit dafür reif und der Kaiser weit genug außer Landes ist. Vielleicht aber spricht aus dieser Entscheidung für das erneute Exil auch nur grenzenlose Verachtung für den Staufer. Nichts mehr will sich der Löwe vom Kaiser schenken lassen und in gar keiner Weise an seinen Plänen teilhaben. Der Visionär und der Realist haben nichts mehr miteinander gemeinsam. Endgültig gehen sie getrennte Wege. Heinrichs Weg führt im April 1189 zum zweiten Mal in die Normandie zu Heinrich II. In Braunschweig bleibt als Statthalterin Heinrichs die Herzogin zurück. Einen Monat später bricht von Regensburg aus der Kaiser auf. Der dritte Kreuzzug hat begonnen.

Wenigstens drei Jahre soll er dauern. Schon nach einem Jahr ist er für Barbarossa zu Ende. Um diese Zeit durchkämpfen die Ritter gerade Kleinasien und haben den Saleph erreicht, einen Gebirgsstrom, der sich durch steile Felsenwände der Mittelmeerküste entgegenwindet. An seinem schmalen Ufer macht am Abend des 10. Juni 1190 die Vorhut des Kreuzfahrerheers Rast. Müde und verschwitzt lagern die meisten Ritter auf dem feuchten Sand. Nur Barbarossa will noch unbedingt ein Bad nehmen. Staunend sehen die anderen dem bald Siebzigjährigen nach.

Unerschütterlich scheint seine Gesundheit zu sein, und auch jetzt zeigt er sich in bester Verfassung, springt in das eiskalte Wasser. Wenig später ziehen seine Leute einen Leichnam an Land. Friedrich I., genannt Barbarossa, ist nicht mehr. Es ist ein ganz untragischer Tod.

Barbarossa stirbt, wie er gelebt hat, ein Götterliebling, dem niemand ernstlich böse sein kann. So blieb sein Bild auch durch die Jahrhunderte, mochten Historiker immer wieder sein politisches Sündenregister aufblättern, die Zerstückelung des Reichs, die Vernachlässigung des Ostens, sein verfehltes Italienkonzept. Nichts wird diesem Herrscher ernstlich verübelt, ja, ausgerechnet er, fast ein Witz, zieht als Mahner deutscher Einheit in das Sagenreich am Kyffhäuser ein. So bleibt denn Barbarossa die erste wirklich populäre Herrschergestalt deutscher Geschichte, ein Mythos schon zu Lebzeiten und erst recht nach seinem Tod.

Der Kaiser stirbt im Sommer 1190. Zu diesem Zeitpunkt hält sich Heinrich der Löwe schon über ein halbes Jahr nicht mehr in der Normandie auf, wo im Juli 1189 sein Schwiegervater gestorben war. Wenige Monate später, im Oktober 1189, kehrt er, ein klarer Wortbruch, nach Braunschweig zurück.

Immerhin gibt es dafür einen Grund. Eine Woche vor dem Ableben ihres Vaters starb in Braunschweig Heinrichs schon lange kränkelnde Frau Mathilde, und das bedeutet unmittelbare Gefahr. Denn nun sind Heinrichs sächsische Besitzungen ohne jeden Schutz. Dennoch bleibt die Rückkehr ein Rechtsbruch.

Und unversehens findet sich Heinrich in seinem letzten großen Kampf wieder, wobei es der Herzog nicht mehr mit seinem Generationsgenossen Barbarossa zu tun hat, sondern mit dessen Sohn Heinrich, Sechster seines Namens und des Löwen letzter großer Feind.

## *Der letzte Feind*

Er ist blond und blauäugig wie der Vater. Dennoch erinnert der 1165 geborene Heinrich VI. nur wenig an Barbarossa. Um diesen kleinen, zarten Mann ist ein Hauch von Kälte und Grausamkeit, der selbst seine Anhänger schaudern lässt. Vierundzwanzig ist er, als ihm Barbarossa das Reich hinterlässt, hochgebildet, in Diplomatie wie Kriegführung bestens bewandert. Mit ihm kommt zugleich eine neue Zeit an die Macht, die Generation nach Barbarossa, die das Ansehen des Herrschers bereits ganz selbstverständlich nimmt. Für sie ist Heinrich der Löwe nur noch ein Relikt vergangener Zeiten, und so kann bei der Nachricht von dessen vorzeitiger Rückkehr Heinrich VI. nur die fein geschwungenen Brauen in die Höhe ziehen: Was bezweckt der alte Mann damit? Etwa die Rückeroberung entschwundener Macht?

Genau das hat Heinrich vor. Der allgemeine Empfang in Sachsen bestärkt ihn in dieser Hoffnung. Beifall rauscht auf, wo immer er sich in diesem Oktober 1189 zeigt, und neuer Glanz scheint ihn zu umgeben. Denn ein Heinrich, der brav seine Verbannung abgesessen und sich dann verschüchtert in seiner Residenz verkrochen hatte, galt als erledigt. In diesem Heinrich aber, der nur dem einen, eigenen Gesetz folgt, erkennt man jenen Löwen wieder, den man bewundert und gefürchtet hatte. Wieder scharen sich seine Leute um ihren Herzog. Der getreue Bernhard von der Lippe stellt sich ein, aus Schwerin kommt Gunzelins Sohn Helmold herbeigeritten, in Ratzeburg vergisst der alte Graf Bernhard seinen Groll und meldet sich als Verbündeter zur Stelle.

Verbündete auch im Norden. Dort sind die Holsteiner und Stormarner mit dem Regime des Schauenburgers so unzufrieden, dass sie sich fürs Erste Heinrich anschließen. Der wichtigste Partner kommt aber aus Bremen, wo Erzbischof Hartwig II. 1185 dem verstorbenen Erzbischof Siegfried im Amt gefolgt war. Als Heinrichs einstiger Hofnotar gehörte Hartwig zu jenem Beamtenstab, den der Herzog im Gefolge Balduins ins Bremer Erzbistum eingeschleust hatte. Doch nach der ersten Rückkehr des Herzogs ließ sich Hartwig, schlau, machtgierig und korrupt, nicht einmal zu einer Unterredung mit seinem einstigen Herrn herab. Vier Jahre später sieht es anders aus. Eilfertig bietet ihm Hartwig Stade als Lehen an, und Heinrich greift sofort zu. Er befindet sich in Hochstimmung. Sein Blick richtet sich nach Holstein. Adolf von Schauenburg befindet sich auf dem Kreuzzug, sein Stellvertreter Adolf von Dassel dürfte dem Löwen kaum gewachsen sein. Also zur Elbe hinauf!

Das ist kein Krieg mehr, sondern ein einziger Siegeszug. Festungen wie Plön, Itzehoe, schließlich Hamburg ergeben sich so rasch, dass sich der Herzog schon nach wenigen Wochen eine erste Atempause gönnen darf. Dabei findet er aber vollends wieder zu sich selbst, im Guten wie Bösen, ebenso als kluger, in die Zukunft denkender Organisator und Geschäftsmann wie als unbeherrschter Gewaltmensch ohne Maß und Grenze. So ist er denn gut zu Hamburg, das von ihm allerlei städtische Privilegien erhält. Den anderen Heinrich lernt man wiederum in Bardowick kennen. Die Kränkung von damals hat er nie vergessen.

Am 28. Oktober 1189 steht vor den Bardowickern ein Sieger, der sie erbarmungslos allesamt in die Gefangenschaft treibt, wenn er sie nicht gleich an rasch errichteten Galgen aufhängen lässt, und über die Stadt geht ein Feuersturm nieder, der nur den Dom verschont. »Vestigio leonis – des Löwen Spur« wird dort später eine Inschrift verkünden, und was sie ausdrückt, stimmt. Mit dieser totalen Vernichtung einer eben noch blühenden Stadt hat der Löwe noch einmal seine unverwechselbare Spur in den sächsischen Boden gegraben.

Von Bardowick nach Lübeck, von den einstigen Feinden zu den einstigen Freunden. An der Trave bangt man vor einem ähnlichen Schicksal. Doch will man auch nicht das Gesicht verlieren. Denn in Lübeck hält sich außer Adolf von Dassel die gräfliche Familie auf, darunter die hoch angesehene Mutter des Grafen, und die Bürgerschaft fordert vom Herzog ihren ungehinderten Abzug, bevor sie sich kampflos ergeben will. Prompt wird aus dem eben noch tobenden Tyrannen der mildversöhnliche Landesvater, der freundlich zu den Bedingungen der Lübecker nickt, und unbehelligt dürfen die Leute des Schauenburgers abziehen. Dann erst betritt er selbst die Stadt und schlürft gierig den aufbrandenden Jubel der Menschen. Dieser Jubel ist echt. Denn mit dem Löwen scheint die gute alte, die beste Zeit zurückgekehrt zu sein.

Der kleine Mann auf dem Königsthron bleibt aber sehr ruhig. In den Augen Heinrichs VI. hat sich nicht ein gestürzter Titan zu neuer Größe erhoben, sondern ein nicht weiter wichtiger Provinzfürst eines Rechtsbruchs schuldig gemacht. Diesen Fürsten wird man eben bestrafen müssen. Wieder geht ein Reichsheer auf Löwenfang. Der König selbst reitet an der Spitze, zielt gleich auf den Kern, will im Sturm Braunschweig nehmen. Doch noch ist Heinrich VI. kein Barbarossa, auf dessen Wort hin sich bereits alle Tore öffnen. So kommt sein Vormarsch schon in Braunschweigs Umgebung wieder zum Stillstand, und bei Einbruch der ersten Winterkälte zieht der König in den Süden ab. Allerdings hat Heinrich VI. erreicht, dass nach seinem persönlichen Eingreifen die Verbündeten des aufsässigen Herzogs nicht mehr ganz so bedingungslos zu ihm stehen. Schließlich muss sich Heinrich wieder bis hinter die Elbe zurückziehen, und von allen Eroberungen der ersten Stunde bleibt ihm nur Lübeck. Das ist das Ende der rauschhaften ersten Euphorie.

Viel hat der Löwe im ersten Anlauf erreicht, das meiste aber wieder verloren. Einiges immerhin ist ihm geblieben. Will er sich dieses wenige erhalten, muss er mit Heinrich VI. Frieden schließen. Er findet Barbarossas Sohn entgegenkommender, als er befürchten musste. Das liegt nicht am Herzog. Vielmehr lässt die internationale Lage um diese Zeit einen weiteren Kampf mit dem Löwen nicht ratsam erscheinen. Heinrich VI. braucht Ruhe im Norden. Denn im Süden wird es gerade wieder interessant.

Als sich 1186 Barbarossas Sohn mit der deutlich älteren

Konstanze verkuppeln ließ, war es einigermaßen unwahrscheinlich gewesen, dass er je von ihren Ansprüchen auf den sizilischen Thron Gebrauch machen könnte. Schließlich war der regierende König Wilhelm II. ein noch junger Mann und hatte eine sehr junge Frau. Doch als Wilhelm II. 1189 stirbt, hinterlässt er keine Erben, und Heinrich VI. ist nun König des Normannenreichs, ein Gedanke, der die sizilischen Adligen so entsetzt, dass sie schleunigst einen der Ihren, Graf Tancred von Lecce, zum neuen Herrscher wählen.

Heinrich VI. fühlt sich betrogen. Aber er ist nicht der Mann, der sich betrügen lässt. Heinrichs VI. Programm lautet jetzt: rascher Zug nach Italien, dort die Krönung zum Kaiser und Nachfolger des inzwischen verstorbenen Barbarossa, dann Vormarsch in den Süden. Jedoch lässt es sich nur mit einem befriedeten Reich im Rücken durchführen. Also zunächst einmal Frieden mit Heinrich dem Löwen. Im Juli 1190 wird er in Fulda geschlossen.

Der Herzog kommt dabei glimpflich davon. Ihm bleibt sogar der Besitz von Lübeck, obwohl er die Hälfte dem Schauenburger überlassen muss. Von erneuter Verbannung oder irgendeiner anderen Strafe für seinen Rechtsbruch fällt kein Wort. Lediglich seine Söhne Heinrich und Lothar müssen sich dem König als Geiseln zur Verfügung stellen. Lothar bleibt in Augsburg, während der junge Heinrich dem Staufer nach Italien folgt. Alles in allem kann also der Löwe in den Beschlüssen von Fulda durchaus einen Erfolg sehen. Ohnehin scheint um diese Zeit der alte Welfe den jungen König noch nicht ganz ernst zu nehmen.

Heinrich VI., das Genie im Zenit der Stauferzeit, der das Ziel einer universalen Monarchie um jeden Preis durchzusetzen gedenkt, will aber sehr ernst genommen werden. Am 15. April 1191 setzt er die Kaiserkrönung durch und schreitet an der Seite Konstanzes im Glanz der neuen Würde aus dem Petersdom zu Rom. Bald darauf marschiert sein Heer vor Neapel auf. Ein Siegeszug scheint sich anzubahnen. Doch vorläufig steht noch ein unseliger Stern über Heinrichs VI. Weg zur staufischen Universalmonarchie.

Vergeblich wird Neapel berannt. Vergeblich hat der Kaiser

aus Pisa und Genua eine Flotte herbeigeordert. Und im Lager der Deutschen geht wieder einmal der Feind um, an dem schon Barbarossa gescheitert war: Das Fieber grassiert. Nach Hunderten, schließlich nach Tausenden zählen die Opfer, und auch Philipp von Heinsberg ist darunter wie einst vor Rom sein Vorgänger Rainald von Dassel. Als der Kaiser im August die Belagerung von Neapel schließlich aufgeben muss, ist sein Heer auf ein Zehntel zusammengeschmolzen.

Auch Heinrich VI. selbst bleibt nicht verschont, und schon verbreitet sich das Gerücht, der Kaiser sei am Fieber gestorben. Zu den Ersten, die diese Nachricht übermitteln, gehört Heinrichs des Löwen Sohn. Die Katastrophe vor Neapel hat er auf seine Weise genutzt, ist aus der Fieberhölle desertiert und nach Deutschland heimgekehrt. Dort steht er zunächst an der Bahre seines Bruders Lothar, der auf nie recht geklärte Weise im kaiserlichen Asyl gestorben war. Von Gift munkelt man, von einem Mord auf Befehl des Kaisers, und die Gerüchte werfen ein recht bezeichnendes Licht auf den Ruf von Barbarossas Sohn.

Der junge Heinrich reitet nach Braunschweig und kann dort den Vater mit einer Nachricht vom Papst trösten. Die Kaiserkrönung hat den inzwischen auf Petri Stuhl gekommenen Coelestin III. nicht eben zum Freund Heinrichs VI. gemacht. Nun lässt der Papst den alten Herzog wissen, dass künftig kein anderer als er selbst den Bann über ihn oder einen anderen aus seiner Familie aussprechen darf, fast schon die unverhohlene Aufforderung zum Kampf gegen Heinrich VI. Der Löwe kann denn auch wieder große Pläne schmieden.

Im Dezember 1191 kehrt Heinrich VI. nach Deutschland zurück. Doch hat das Fiasko von Neapel seinen Ruf lädiert, und nicht wenige im Reich glauben schon an das Ende der Stauferzeit. Eine immer stärkere Opposition formiert sich gegen den Kaiser. Das ist die Chance Heinrichs des Löwen. Er nimmt den Kampf wieder auf, gewissermaßen an zwei Fronten, von denen sich die eine quer durch Sachsen zieht. Dort hat es der alte Herzog vor allem mit Adolf von Schauenburg zu tun, der auf die Nachricht von der Rückkehr des Löwen hin eilends die Teilnahme am Kreuzzug abgebrochen hatte und nun seinerseits ins Reich zurückgekehrt war.

Zunächst scheint seine Position noch aussichtslos. Doch findet der Schauenburger Freunde, in Herzog Bernhard natürlich, dann in Otto von Brandenburg, schließlich im jüngsten Sohn des Ratzeburger Grafen, alles noch junge Männer, die dem alternden Löwen wie einem Fossil der Vergangenheit gegenüberstehen. Doch auch bei den Welfen findet ein Generationswechsel statt. Zunehmend tritt nun sein Sohn Heinrich in den Vordergrund. Das heißt allerdings nicht, dass sich sein Vater schon auf das Altenteil zurückgezogen hat. In diesen Jahren 1192/1193 ist der Herzog noch einmal so aktiv wie kaum zuvor und spinnt von seiner Burg Dankwarderode aus eifrig an dem großen Netz, das sich bereits um den Stauferherrscher zu legen scheint.

Es ist dies die gewiss eigenartigste Verschwörung des gesamten Jahrhunderts, und die ursprünglichen Gründe lassen sich nur vermuten. Barbarossas Tod und der damit gesunkene Rang des Kaisertums, die mangelnde Popularität Heinrichs VI., das zunehmende Selbstbewusstsein der Fürsten – das alles dürfte mitgespielt haben. Im Januar 1192 scheint allerdings diese Verschwörung ihren allerersten Schwung wieder eingebüßt zu haben. Zu diesem Zeitpunkt zeigt sich auf einem Reichstag zu Worms Heinrich VI. erstmals wieder seinen Fürsten, und selbst seine Gegner müssen zugeben, dass der Kaiser noch immer eine Macht darstellt, die nicht einfach beiseitegefegt werden kann. Doch unterläuft ihm zugleich ein verhängnisvoller Fehler.

In Lüttich hatte ein neuer Bischof gewählt werden müssen, und Heinrich VI. hatte dabei einen seiner Parteigänger, Lothar von Hochstaden, zu lancieren versucht. Das empörte aber einen der abgeschlagenen Kandidaten, einen Bruder des Herzogs von Brabant, so sehr, dass er den Papst selbst anrief, und Coelestin nutzte sogleich die Gelegenheit, dem Kaiser seine Schranken aufzuweisen. Nicht nur, dass er diesen Albrecht von Brabant als Bischof bestätigte. Er erhob ihn auch noch zum Kardinal. Hochgemut nahm Albrecht in Reims Quartier und wartete, dass der Rivale Lothar freiwillig das Lütticher Bistum räumte.

So weit ist diese Geschichte für Heinrich VI. zwar peinlich, aber noch nicht gefährlich. Doch geschieht etwas, das die staufische Macht bis in ihre Grundfesten erschüttert. In Reims sprechen einige Ritter bei Albrecht vor, angeblich Emigranten wie er. Der Bischof empfängt sie freundlich, unterhält sich mit ihnen, geleitet sie schließlich wieder zur Tür. Dort wenden sich aber die Besucher noch einmal um, in ihren Händen blinken Dolche auf. Blutüberströmt sinkt der Bischof auf der Schwelle seines Hauses zusammen und voll Abscheu und Entsetzen starrt ganz Europa auf den zerhackten Leichnam dieses persönlich untadeligen Mannes. Der Fall Becket scheint seine gespenstische Parallele gefunden zu haben, und wie damals fragt alle Welt wieder nach dem eigentlichen Mörder.

Zunächst wird Lothar von Hochstaden verdächtigt, dann sein Bruder Friedrich, engster Vertrauter des Kaisers, schließlich der Kaiser selbst. Die Verschwörung gegen ihn erhält neuen Auftrieb. In Sachsen findet sie ebenso Widerhall wie am Niederrhein, in Thüringen wie in den Bistümern von Köln und Mainz. Sogar der sächsische Herzog Bernhard wendet sich jetzt gegen den Kaiser, und die Fäden spinnen sich bis weit ins Ausland hinein. Dort gehören zu den Sympathisanten der Papst, Tancred von Sizilien, Ottokar von Böhmen. Eine gewaltige Allianz zeichnet sich ab. Heinrich der Löwe nimmt dabei eine Schlüsselstellung ein. Denn er unterhält die engsten Beziehungen zum wichtigsten ausländischen Bündnispartner, zu seinem Schwager Richard von England.

Richard hatte sich 1189 gemeinsam mit Philipp August von Frankreich dem dritten Kreuzzug angeschlossen und dort zunächst den Babenberger Leopold von Österreich, dann auch Philipp August so gründlich gekränkt, dass beide tief verletzt in ihre Heimat zurückgekehrt waren. Ihrem Abgang begegnet Richard mit gleichgültigem Achselzucken, der beste Sportsmann und größte Tollpatsch, der je auf englischem Thron gesessen hat. Doch zunächst lässt sich noch alle Welt von diesem Prahlhans täuschen. Vor allem die gegen Heinrich VI. verschworenen Fürsten setzen auf ihn alle Hoffnung und erwarten ungeduldig den Tag, da Richard aus dem Heiligen Land zurückkehrt. Da geschieht es aber.

Am 21. Dezember fällt im Dörfchen Erdberg bei Wien ein Mann auf, der in ungewohnter ausländischer Währung zahlt, und als man nach deren Herkunft fragt, verweist der Knecht auf seinen Herrn, einen ausländischen Kaufmann. Diesen Kaufmann sehen sich die Erdberger näher an und stehen vor keinem anderen als Richard Löwenherz, der mit üblicher sportlicher Bravour für den Rückweg aus dem Heiligen Land ausgerechnet die Strecke gewählt hat, die ihn mitten durch den Machtbereich seines Erzfeindes Leopold von Babenberg führt. Österreichs Herzog ist vom hohen Gast entzückt und quartiert ihn auf der Festung Dürnstein ein. Noch entzückter ist aber Heinrich VI. Nachdem er den Gefangenen erst einmal dem Österreicher abgehandelt und ihn in Trifels komfortabel untergebracht hat, hält er mit Richard einen Trumpf erster Güte in der Hand.

Ein Spiel beginnt, an dessen Ende der entschieden kleinlauter gewordene Richard froh sein darf, wieder in die Heimat entlassen zu werden. In dieser Zeit sinkt aber die Verschwörung der Fürsten wie ein Kartenhaus zusammen, und ein Gegner nach dem anderen stellt sich bei Heinrich VI. ein, ernüchtert und beschämt. Nur Heinrich der Löwe bleibt zurück. Von Neuem steht er allein. Schwiegersohn Knut aus Dänemark bleibt freundlich-distanziert. Richard Löwenherz genießt vorerst kaiserliche Gastfreundschaft auf Trifels. In Sachsen hat der Herzog keinen starken Verbündeten mehr, und spätestens nach der Gefangennahme Richards stellt sich die Frage, wann sich wieder der Kaiser selbst gegen den Löwen wenden wird, den mitsamt seiner Familie endgültig zu vernichten er angeblich geschworen hat. Doch gibt es noch einmal eine Wende. Es ist nicht die Erste, sicher aber die originellste in Heinrichs Leben, ein Zwischenspiel mit jungen Liebenden.

### *Zwischenspiel mit jungen Liebenden*

In Heinrichs Leben hat es schon manche überraschende Wendung gegeben, und meist waren Tod oder Krieg der Anlass. Nur diese letzte Wende macht die Ausnahme. Hier steht am Anfang etwas so Unpolitisches wie die innige Zuneigung zweier junger Menschen. Es kann also eine Liebesgeschichte erzählt werden, zart, rührend und ein wenig komisch.

Sie spielt um die Jahreswende 1193/94. Ihr Anfang liegt jedoch noch weiter zurück. Heinrich befand sich noch auf der Höhe seiner Macht, als sich seine Frau Mathilde mit der Frage beschäftigte, wer nun für ihre Kinder die beste Partie sein könnte. Vor allem ging es dabei um den ältesten Sohn Heinrich. Und da es schon erste Spannungen zwischen Kaiser und Herzog gegeben hatte, schien es geraten, auf diese Weise gleich auch den brüchigen Kontakt zu den Staufern zu festigen.

Die Wahl fiel schließlich auf Agnes, die Tochter des Pfalzgrafen Konrad vom Rhein, Barbarossas Bruder. In der Folge war die Verlobung vor allem das Werk der beiden Damen Mathilde und Heinrichs künftiger Schwiegermutter Irmengard, und nach dem Brauch der Zeit wurden Heinrichs Ältester und Konrads Einzige einander schon im Kleinkindalter versprochen. Das Paar dürfte sich also kaum gekannt haben, und doch sollte sich mit den Jahren die kleine Agnes in ihren Verlobten schwärmerisch verlieben. Das war nicht weiter seltsam. Temperamentvoll und eigenwillig, kein Schönling, doch mit der kräftigen Statur des Herzogs und den klaren Zügen der Mutter, ist der junge Heinrich schon von früh an eine bemerkenswerte Persönlichkeit, die seit der tollkühnen Flucht aus dem neapolitanischen Heerlager des Kaisers noch ein zusätzlicher Nimbus von Abenteuer und Wagemut umgibt.

Natürlich weiß Heinrich VI. von der geplanten Ehe, nimmt aber diesen Plan schon lange nicht mehr ernst. Das Reich ist ihm wieder sicher, er darf erneut in internationalen Kategorien denken. Sein besonderer Trumpf ist dabei die enge Verbindung zum französischen König Philipp August, und auch Philipp wünscht verstärkten Kontakt mit den Staufern, will eine Blutsverwandte des Kaisers heiraten. Dafür kommt nur die kleine Agnes in Betracht.

Der Kaiser ist hocherfreut und gibt der Verbindung bereitwillig seinen Segen. Allerdings lässt sich ein Sohn Heinrichs des Löwen nicht so beiläufig abservieren. Mit Nachdruck erkundigt er sich bei den Brauteltern, wie es mit der geplanten Heirat stehe. Seine Verlobte weiß wiederum nicht, worüber sie verzweifelter sein soll, über die scheiternde Verlobung mit Heinrich oder die bevorstehende Ehe mit dem Franzosenkönig, der erst kurz zuvor seine erste Frau, die Dänin Ingeborg, verstoßen hatte und auch sonst nicht gerade im Ruf eines idealen Gatten stand.

Als die Anfrage des jungen Welfen eintrifft, hält sich der alte Pfalzgraf gerade am Hof des Kaisers auf. Im Stammschloss Stahleck am Rhein wird aber Brautmutter Irmengard sehr nachdenklich. Der Winter 1193 hat begonnen, als in Sachsen Heinrich Antwort auf sein Drängen erhält. Absenderin ist Irmengard, und der junge Mann sieht sich aufgefordert, so rasch wie möglich nach Stahleck zu kommen. Sofort macht er sich auf den Weg und trifft schließlich nach einem wahren Gewaltritt quer durch Deutschland am Rhein ein, wo ihn Irmengard ungeduldig erwartet.

Die Braut wird hereingeführt und erfährt erst jetzt, dass sie in wenigen Augenblicken Frau ihres Jugendidols werden soll. In der Kapelle steht schon ein Priester bereit, um den Bund zu weihen. Am Neujahrstag 1194 wird die Hochzeit des Jahres vollzogen, während sich der ahnungslose Brautvater noch vom Neffen Heinrich VI. die Vorzüge der französischen Verbindung auseinandersetzen lässt, und seine Rückkehr muss komödienreif gewesen sein. Vielleicht erst im Schlosshof erfährt er die sensationelle Neuigkeit. Wütend stapft er in die Burg hinein, schreit nach Weib und Kind. Die beiden Damen wagen sich aus ihren Räumen vor, und in ihrer Mitte lächelt höflich ein junger Mann, der sich als Schwiegersohn des Hausherrn vorstellt.

Konrad findet sich schließlich damit ab, dass hier nichts mehr zu ändern ist, und hat nach dem ersten Schrecken Verstand und Herz genug, sich in das Unvermeidliche zu fügen. Dem jungen Paar gibt jetzt auch er seinen Segen und überlegt nur seufzend, wie er das alles dem kaiserlichen Neffen klarmachen soll. Heinrich VI. tobt natürlich und verlangt die sofortige Annullierung der Ehe. Konrad kann nur mit den Achseln zucken. Die Kirche hat gesprochen und ihren Segen gegeben. Das muss auch ein Kaiser einsehen.

Heinrich VI. sieht es schließlich ein. Er begreift vor allem, dass es politisch töricht wäre, diesen Fall zur Staatsaffäre aufzubauschen. Nach der Ermordung des Bischofs Albrecht hat die Kirche gerade auf ihn ein waches Auge und könnte es sehr übel nehmen, wenn dieser Kaiser gewaltsam gegen das Sakrament der Ehe angehen würde. Konrad aber, mit feiner Witterung für unerwartete Möglichkeiten, trägt gleich noch ein anderes Anliegen vor.

Seine Söhne sind tot, Agnes ist das einzige Kind und ihr Mann der einzige männliche Erbe. Wäre es nicht gut, ihn gleich mit der rheinischen Pfalzgrafschaft zu belehnen, um die Nachfolge zu sichern? Und damit es nicht allzu seltsam aussieht, dass der Kaiser den Sohn belehnt, während der Vater in Ungnade beiseitestehen muss, sei es doch eine gute Gelegenheit, Staufer und Welfen endlich wieder miteinander auszusöhnen. Der Kaiser soll dem alten Mann dort in seinem Braunschweig die Friedenshand entgegenstrecken.

Heinrich VI. dürfte bei diesem Vorschlag erst einmal geschluckt haben. Dann erscheint er ihm gar nicht so dumm. Mit einer eleganten Geste, die zu nichts verpflichtet, würde ein Jahrhundertkonflikt beigelegt werden, ein Plan, der von Vater Barbarossa hätte sein können. Der kluge alte Pfalzgraf wird also in Gnaden entlassen. In seiner Hand hält er die kaiserliche Aufforderung an den Löwen, sich demnächst auf einem Reichstag einzufinden. Für diesen geplagten Schwiegervater ist damit das Schlimmste noch nicht ausgestanden. Er muss weiter nach Braunschweig ziehen, um dem alten Heinrich in seinem vereinsamten Dankwarderode die Aufwartung zu machen und ihn von der Eheschließung seines Sohnes in Kenntnis zu setzen. Hatte Konrad aber gemeint, der Herzog würde in Rührung zerfließen, sieht er sich herb enttäuscht.

Dem alten Herzog ist eigentlich nur eines geblieben, sein harter, unerbittlicher Stolz. Wenigstens ihn will er sich bewahren und ist über die Ehe seines Sohnes mit einer Angehörigen des Stauferhauses vielleicht noch wütender als der Kaiser. Ein zweites Mal braucht Konrad alle Geduld, um den tobenden Herzog zu beruhigen. Doch endlich hat er es geschafft. Grimmig nickt der Löwe, gibt dem Bund seinen Segen und erklärt sich zur Begegnung mit Heinrich VI. bereit. Aber vielleicht ist bisher alles zu glatt verlaufen. Vielleicht braucht jede Geschichte um Welfen und Staufer ihren Schnörkel am Rande. So auch hier.

Für den Februar 1194 ist der Reichstag festgesetzt. Schauplatz soll Saalfeld sein, nicht allzu weit von Braunschweig entfernt. Für einen Heinrich früherer Jahre wäre solch ein Ritt nur ein kurzer Ausflug gewesen. Der Löwe dieser Zeit spürt aber schon die Last seiner fünfundsechzig Jahre. Ächzend lässt er sich in den Sattel heben. Der Schnee liegt hoch, der kleine Zug bahnt sich nur mühsam seinen Weg. Endlich ist die Höhe von Bothfelde erreicht. Plötzlich stockt der Zug.

Auf dem verharschten Boden ist Heinrichs Pferd ausgeglitten, und der Herzog kann sich nicht im Sattel halten. Er stürzt auf die gefrorene Erde hinunter, wo ihn das ebenfalls zu Boden taumelnde Ross unter sich begräbt. Als dann das Gefolge dem stöhnenden alten Mann wieder aufhilft, kann er sich kaum bewegen. Sein Oberschenkel ist gequetscht, vielleicht gebrochen. Schleunigst bringt man den Herzog in das nahe Kloster Walkenried, und von dort gehen Boten an den Kaiser ab. Ein sehr ungeduldiger und ungnädiger Kaiser empfängt sie. Ein Unfall? Nicht eher eine Finte? Soll nun wieder das Spiel der großen Verweigerung beginnen?

Ein neues Zerwürfnis droht, und der geachtete Stederburger Propst Gerhard muss vermittelnd eingreifen. Missmutig setzt der Kaiser einen neuen Termin fest. Das Frühjahr hat schon begonnen, als es endlich so weit ist. Im März tritt Heinrich der Löwe zum letzten Mal vor seinen Kaiser, und auch sein ältester Sohn ist zugegen. Der Ort heißt Tilleda, und hier vollzieht sich im März 1194 die letzte Versöhnung zwischen den Staufern und dem Welfenherzog. Im Übrigen hat es der Kaiser eilig.

Spätestens seit dem überraschenden Tod des sizilischen Königs Tancred und seines ältesten Sohnes Roger zeichnen sich im Süden Entwicklungen ab, die schleunigst ausgenutzt sein wollen. Die sind viel wichtiger als der alte Mann dort und sein Sohn, der rasch noch mit der rheinischen Pfalzgrafschaft belehnt wird und sich mit dem Versprechen revanchiert, dafür an des Kaisers nächster Italienfahrt teilzunehmen. So mag denn der zahnlose alte Löwe kaiserlicher Huld für seinen Lebensrest sicher sein.

Mühsam hinkt Heinrich davon. In diesem Staufer/Welfen-Treffen zu Tilleda sind sich wieder einmal – wie einst bei Konrad III. und dem jungen Löwen Heinrich – zwei Zeitalter begegnet, ein verbrauchtes, ausgedientes und das neue, junge, bei dem man noch nicht recht weiß, was dabei herauskommen wird, etwas außerordentlich Gutes oder außerordentlich Böses, etwas Außerordentliches auf jeden Fall. Dafür bürgt schon dieser außerordentliche Heinrich VI., der hier die neue Zeit vertritt so wie damals zur Zeit Konrads III. Heinrich der Löwe, der sich jetzt unter Schmerzen durch den Frühling dieses Jahres 1194 hinüber in sein Braunschweig schleppt. Heinrich ist endgültig an seiner letzten Station angelangt.

## *Der Herzog stirbt*

»Darüber, was du berichtest, dass Herzog Heinrich von Braunschweig dich belästigt, sagen wir, dass wir durchaus glauben, dass er zu seinen alten und stets geübten Gewohnheiten zurückgekehrt ist …« Noch im Dezember 1194 schreibt Heinrich VI. diese Bemerkung an Herzog Bernhard von Sachsen. Allen Jubeltönen von Tilleda zum Trotz bleibt für ihn der alte Herzog der unverbesserliche Querkopf und Störenfried. Doch Barbarossas Sohn irrt sich. Für Heinrich den Löwen sind die Jahre der Kämpfe vorbei.

»Da ging ein neues Licht auf, ein holder Friede lächelte …«, besingt Arnold von Lübeck die allererste Zeit nach der Aussöhnung zwischen den Staufern und Heinrich. In den Städten werden die Tore nachts nicht mehr ganz so ängstlich geschlossen. Über die Straßen rumpeln wieder die Wagenkolonnen der Kaufleute. In Kirchen und Klöstern vergisst man allmählich die Zeit, in der plündernde Soldateska auch vor Altar und Messgerät nicht haltgemacht hat. Inmitten dieser friedlichen Szenerie spielt der einst mächtigste Fürst des Reichs die Rolle des liebevoll besorgten Landesvaters. Seine Hauptsorge gilt der Ausrüstung seines Sohnes für die bevorstehende Italienfahrt. Im Mai 1194 ist es so weit.

Ein zweites Mal überschreitet Heinrich VI. die Alpen, bricht unverhofft in das sizilische Normannenreich ein und setzt nach Sizilien über. Am Weihnachtstag 1194 lässt er sich zum König krönen. Und als ihm dann am Tag darauf ein Sohn geboren wird, feiert er das freudige Ereignis auf seine Weise und rechnet mit Siziliens widerspenstigem Normannenadel so grausam ab, dass selbst diese hartgesottene Zeit erschauert.

Heinrich der Löwe macht weniger von sich reden. Seine Töchter sind jenseits der Grenzen verheiratet. Von seinen Söhnen befinden sich Otto und Wilhelm als Geiseln in kaiserlicher Gefangenschaft. Der älteste schließlich, nun Pfalzgraf vom Rhein, hat sich nach der Rückkehr von der Italienfahrt nicht lange in Braunschweig aufgehalten und zieht gleich in die neue Heimat weiter. Heinrich bleibt allein zurück. Braunschweigs Geistliche sind jetzt der Kreis, in dem sich der alte Löwe am wohlsten fühlt. Die Arbeit am ›Lucidarius‹ wird fortgeführt oder fängt vielleicht sogar jetzt erst an. Inzwischen rotiert aber das Weltgeschehen in wirbelnden Spiralen, und Heinrich VI. steht in seinem Mittelpunkt.

In Sizilien regiert nominell Kaiserin Konstanze. Die Macht haben allerdings ausgesuchte Reichsministeriale in allen Schlüsselstellungen des Normannenreichs. Aber auch die Lombardei ist dem Kaiser sicher, ebenso Mittelitalien, und schon richtet sich sein Blick nach Byzanz. Wie wäre es, diese beiden Imperien miteinander zu vereinen? Ein Staufer-Weltreich zeichnet sich ab. Auch ein neuer Kreuzzug wird erwogen. Dann aber verlässt Barbarossas Sohn ebenso rasant die Szene, wie er aufgetreten war, und erliegt in Messina dem Feind, dem er sechs Jahre zuvor knapp entkommen war.

Am 28. September 1197 stirbt er am Fieber. Ihm folgt mit seinem Sohn Friedrich II. der seltsamste und fähigste aller Staufer auf den Königsthron. Barbarossas Enkel hat nun schon die Wahl zwischen Norden und Süden als Zentrum des Reichs. Er wählt den Süden. Auf Sizilien residiert er mit nahezu orientalischem Prunk und kann mit den Menschen im Norden nicht viel anfangen. Friedrich II. liest viel, schreibt selbst, entwickelt Staatstheorien. Zugleich fällt ihm das Verdienst zu, als erster europäischer Monarch abendländische Scheuklappen abgestreift zu haben und dem Nachbarn im Orient als gleichberechtigtem Partner gegenübergetreten zu sein. Später wird man Friedrich II. den ersten modernen Herrscher nennen. Sicher ist er der letzte bedeutende Staufer.

Der Kaiser stirbt 1250. Sein einziger legitimer Sohn Konrad IV. überlebt ihn um nur vier Jahre. In Sizilien schwingt sich währenddessen einer seiner zahllosen Bastarde, Manfred, zum König auf, unterliegt aber 1266 dem Rivalen Karl von Anjou. Die in Italien immer noch starke staufische Partei hofft danach auf Konrads IV. Sohn, auch Konradin genannt, einen Jungen von ähnlich strahlend-knabenhafter Blauäugigkeit wie Urahn Barbarossa. Wie ein neuer Barbarossa wird er denn auch 1268 in Italien empfangen. Doch ist der junge Mann kein zweiter Rotbart. Auch er unterliegt dem bärbeißigen Franzosen Karl von Anjou und wird in einem sehr üblen und ungerechten Prozess zum Tode verurteilt. Im Oktober 1268 besteigt Konradin das schwarz verhängte Schafott auf dem Marktplatz von Neapel: »Ich verzeihe euch, Herr Henker«, sollen dabei seine Worte gewesen sein, eine allerletzte wunderhübsche Staufer-Geste.

Der letzte Staufer ist tot.

Im Reich wütet die kaiserlose, die schreckliche Zeit, das Interregnum ohne Herr und Ordnung. Als sich seine Rauchwolken wieder verziehen, findet sich aber keine andere ähnlich mächtige Sippe, die das Erbe der Staufer antreten könnte. Dafür gibt es ein Reich aus fast vierhundert Kleinstaaten und staatenähnlichen Gebilden. Deutschland ist auf immer zersplittert, und auch das gehört zu Wesen und Nachlass der Staufer, dieser ehrgeizigsten, begabtesten Familie, die je das Reich regiert hat.

Die Bahn der Welfen verläuft anders. Sie ziehen einen geruhsameren Weg durch die deutsche Geschichte, und nur einmal kommt es zum melodramatischen Aufschwung, als sich 1198 Heinrichs des Löwen Sohn Otto zum Gegenkandidaten der antistaufischen Partei aufstellen lässt. Otto wird sogar zum König gewählt und zum Kaiser gekrönt. Doch bleibt »ein Welfe auf dem Kaiserthron« nur ein Zwischenspiel. Dem Barbarossa-Enkel Friedrich II. ist Kaiser Otto IV. nicht gewachsen. Und als sich dann 1235 Welfen und Staufer zum zigsten Mal endgültig versöhnen und dem Löwenenkel Otto, auch »Otto das Kind« genannt, einem Sohn Wilhelms, der braunschweigisch-lüneburgische Besitz als Herzogtum und Reichslehen zugesprochen wird, hat alles wieder zum rechten Maß gefunden.

Endgültig ist der Norden Heimat dieser Familie aus Schwaben geworden, die sich im Lauf der Jahrhunderte auseinanderzweigt und wiederfindet, bis sie sich schließlich um zwei Zentren gruppiert, um Braunschweig-Lüneburg und um Hannover. Dort wird dem Welfenherzog 1692 die Kurfürstenwürde zugesprochen, und auch die enge Bindung an England besteht weiterhin. 1714 besteigt ein Welfe als George I. den britischen Thron. Daheim in Hannover nennen sich aber die Welfen seit 1814 sogar Könige und sind eine immerhin erste Macht auf deutschem Boden. Dabei sollen sie denn auch wieder auf eine den Staufern gar nicht so unähnliche Gegenmacht stoßen, die Hohenzollern, die 1866 dem welfischen Königtum zu Hannover ein Ende bereiten.

Aber auch hier wieder Versöhnung, als 1913 ein Welfe, Herzog Ernst August von Braunschweig und Lüneburg, Viktoria Luise, die einzige Tochter des Hohenzollern Wilhelm II., heiratet. Von 1918 an war das aber sowieso reichlich belanglos. Die Monarchie hatte als politische Macht ausgespielt, der Konflikt Herrscherhaus-Welfen wurde zur Historie, und wenn heute noch bei einem Welfen Heinrichs Hau-drauf-Mentalität durchbricht, so findet sich das höchstens in ein paar Boulevardschlagzeilen gespiegelt, nicht mehr in den Annalen der Weltgeschichte.

Vielleicht hätte 1195, im letzten Lebensjahr des Löwen, nicht einmal Prophetie dazugehört, den Welfen einen solchen Weg durch die Jahrhunderte vorauszusagen. Herzog Heinrich dürfte sich um 1194/95 allerdings kaum noch für irgendwelche Prophezeiungen interessiert haben. Die bei Bothfelde verletzte Hüfte will nicht mehr heilen. Nur mühsam schleppt sich der alte Mann durch seine Burg. Er schläft miserabel und sieht so schlecht, dass er Vorleser beschäftigen muss. Denn Lesen, Ironie in sich, ist die letzte große Leidenschaft dieses sein Leben lang ganz unintellektuellen Mannes. Heinrich ist wählerisch. Nur aus ganz bestimmten Texten lässt er sich vorlesen. Seine Lieblingslektüre werden dabei Sagen und alte Chroniken. Daraus muss ihm vorgetragen werden, wieder und wieder, wenn er nachts schlaflos wie meist daliegt. So lebt er seinem Tod entgegen.

Friede ist um diesen Mann, hinter dem ein volles, reiches Leben liegt. Er kann sich trotz allem sagen, dass er all seine Möglichkeiten ausgeschöpft und das Geschick seines Hauses zu einer Höhe emporgerissen hat wie kein Welfe vor ihm. Für ihn selbst, das schon, blieb wenig. Doch was er geschaffen hat, wird überraschend dauerhaft sein.

Im Osten kommt zwar für rund drei Jahrzehnte die Kolonisation zum Stillstand, wird dann aber wieder aufgenommen. In »seinen« Städten, in Lübeck vor allem, behauptet sich der unter dem Löwen gewonnene Bürgerstolz, und die Hanse wird als eigentliches Erbe des »Bürgerfürsten« Heinrich entstehen. Um Heinrich entspinnt sich dabei kein Kyffhäuser-Mythos. Die Realität ist ihm Denkmal genug.

Von seiner Lagerstatt aus kann er durch das hohe Fenster sehen, was bis heute auf den Schöpfer all seiner Leistungen verweist, auf den Löwen und den Dom. Er hat für einen kostbaren Bodenbelag gesorgt, für Buntglas in den Fenstern, für ein Bleidach und für wertvolle Innenausstattung. Lässt er sich in das Innere führen, kann er den riesigen Bau wie sein eigenes Museum durchschreiten. Dort liegt sein Schwert, dort hängen erbeutete Fahnen. Dort wurde jene vergoldete Silberkrone aufgestellt, die ihm der Sultan von Ikonium verehrt hatte. Dort stehen die farbigen Marmorsäulen, die Heinrich aus dem Heiligen Land mitbrachte. Und dort sieht man schließlich das Siegel mit den beiden Geparden, die gleichfalls an das glänzendste Unternehmen seiner Laufbahn erinnern. Eine Reminiszenz ans Morgenland sind auch die Priestergewänder. Sie wurden aus orientalischen Seidenstoffen geschneidert, und Heinrich sitzt dabei, wenn sie bestickt werden. So überwacht der Herzog die Ausschmückung des eigenen Grabmals. Bald schon soll es ihn aufnehmen.

Noch in der Fastenzeit 1195 hat sich der Herzog oft unten in der Stadt gezeigt. Doch in der Nacht zum Ostersonntag geht es ihm plötzlich sehr schlecht. Heinrich ist jetzt ein schwer kranker Mann, sein Ableben nur noch eine Frage der Zeit. Ein halbes Jahr zieht sich hin. Man weiß nicht recht, woran der Herzog eigentlich leidet. Es ist wohl so, dass der alte Körper einfach keinen Widerstand mehr leistet. Und barsch weist Heinrich alle

Mittelchen der Ärzte zurück, die sowieso, das weiß er, nicht mehr helfen.

Der Sommer ist schwül. Immer wieder gehen Gewitter auf Braunschweig nieder, und in der Nacht des 24. Juli schlägt ein Blitz in den Dom ein. Das Dachgestühl fängt Feuer, und die Flammen greifen auf die Burg über. Die Bewohner packt Panik. Schreiend laufen sie zum Herzog, zerren an seiner Bettstatt, wollen ihn forttragen, retten. Er selbst bleibt ganz ruhig und starrt unbewegt in das Flammenmeer hinaus. Dann beendet ein heftiger Regenguss die kleine Katastrophe.

Um den ersten August verschlechtert sich Heinrichs Zustand. Boten reiten zum Rhein, um den Sohn ans Sterbelager zu holen. Am 6. August 1195 verstirbt Herzog Heinrich der Löwe aus dem Haus der Welfen in seiner Burg Dankwarderode. Die Stederburger Chronik hält als seine letzten Worte fest: »Gott sei mir Sünder gnädig!«

Auf Sizilien atmet Kaiser Heinrich VI. auf. Für die Staufer ist das Kapitel »Löwe« abgeschlossen. In Braunschweig gibt man sich jedoch so betroffen, als sei mit diesem Ableben nie zu rechnen gewesen, und beim Leichenbegängnis wird ein Pomp entfaltet, als sei er auf der Höhe seiner Macht verstorben, noch immer Herr zweier Herzogtümer und Erster Fürst des Reichs. Man trägt ihn zum Dom hinüber. Dort bettet man ihn neben seine Frau Mathilde, die sechs Jahre vor ihm gestorben war. Arnold von Lübeck notiert lakonisch: »Zur selben Zeit starb der berühmte Herzog Heinrich in Braunschweig. Er hat durch alle Arbeit, die er unter der Sonne gehabt hat, nichts erreicht als ein recht sehenswertes Grab ...«

## Die Spur des Löwen

»Ehrfurchtsvoll standen wir vor den Resten des Herzogs …«

*Prof. Eugen Fischer über die Graböffnung im Jahr 1935*

»Ich persönlich erschien um 12.30 Uhr und sah den Klumpatsch …«

*Archäologe Hermann Hofmeister in seinem Tagebuch zum gleichen Anlass*

Braunschweig, Heinrichs Lieblingsstadt, die ihm von allen Städten am meisten verdankt, ist heute noch eine »Löwenstadt«, bis hin zu Löwenwall und Löwenapotheke, und nichts, nicht einmal alle massiven Wiederaufbausünden des 20. Jahrhunderts, haben seine Spur ganz löschen können. In Bardowick hingegen, der Stadt, die am meisten unter ihm gelitten hat, deutet nur noch der gewaltige Dom an, was einmal Bardowick gewesen ist: *vestigio leonis!* Danach kann man dann nach Lübeck weiterfahren, seine wichtigste Stadt, und von Lübeck aus hinüber ins Ratzeburger Land.

Die Landschaft dort – tiefgrüne Wälder, sanft geschwungene Hügelketten, Felder im sattesten Gelb – mag auch schon so ähnlich ausgesehen haben, als noch Heinrich durch sein Herzogtum galoppiert war. Denn so vergangen scheint seine Zeit, und so nah kann sie wieder sein, wenn man auf ihre Zeichen zu achten beginnt. Im Dom von Königslutter zum Beispiel, wo man an den Gräbern Lothars III., Richenzas und Heinrichs des Stolzen steht, mit denen fürs deutsche Kaisertum eine ganz neue Zeit hätte beginnen können, fort von Saliern und Staufern, fort vom Süden. In Goslar kann man immer noch zur Pfalz hinaufsteigen, wohin Barbarossa zu Festen und Hoftagen gebeten hatte. Auch Heinrich hatte sich hier eingestellt und zu spüren bekommen, dass er doch eben nur Zweiter im Reich war. Dann ritt er wieder nach Braunschweig zurück und arbeitete noch härter, verbissener an der eigenen Macht.

Aber die historische Realität verblasst neben den Farben der Sagenwelt, die sich um ihn rankte. Und da beschäftigte die Nachwelt nichts mehr als Orientfahrt und Löwe.

Vom Zeitpunkt an, da das Löwen-Standbild errichtet wurde, gehörten Legenden zu seiner Geschichte. Schon wurde erzählt, diesen Löwen hätte es wirklich als treuen Gefährten seines Herrn gegeben, und als Heinrich im Dom aufgebahrt lag, wollte auch sein bester Freund nicht länger leben und starb hingestreckt über Heinrichs Gruft. Die Herzogin aber, in der Sage noch am Leben, setzte ihm mit dem Bronzelöwen das unvergängliche Denkmal.

Die Orientfahrt wurde der andere Mythos um Heinrich und aus dem Pilger Heinrich der Kreuzritter, dem alles zustieß, was einem solchen Herrn im Morgenland zustoßen konnte. Er hatte gegen die Ungläubigen gekämpft und war in Gefangenschaft geraten, jedoch wieder in Gnaden entlassen worden, mit einem Löwen als Geschenk. In anderer Version hatte Heinrich den Löwen vor einem Drachen gerettet, worauf das brave Tier an seiner Seite bis nach Braunschweig getrottet war.

All das verdichtete sich zur eigentlichen Sage von Heinrich dem Löwen, die im 13. Jahrhundert ein unbekannt gebliebener Dichter aus Niederdeutschland zusammenfasst. Mit einem Traum hebt sie an. Dort erhält der Herzog Weisung, zum Heiligen Grab zu ziehen. Geträumt, getan: Der Herzog weckt sein Weib und überrascht es mit der Nachricht, gleich morgen nach Palästina abzureisen. Zuvor treffen die beiden aber ein Abkommen. Sieben Jahre soll die Herzogin auf seine Rückkunft warten. Dann steht ihr eine neue Vermählung frei. Auch wird ein goldener Ring zerbrochen, von dem die Eheleute jeweils eine Hälfte an sich nehmen. Heinrich zieht also ins Morgenland und hat über Langeweile nicht zu klagen. Er wird im Kampf mit einem orientalischen Fürsten verwundet, gerät in seine

Gefangenschaft, muss als Sklave schuften, gewinnt dabei das Herz der gütigen Fürstin und kommt mit ihrer Hilfe frei. Bevor er aber endgültig heimkehren kann, wird er noch Zeuge eines Kampfs zwischen dem Löwen und einem Lindwurm, wobei er den Lindwurm tötet, den Löwen aber mit sich nimmt. Währenddessen sind die sieben Jahre um, und in Braunschweig erwägt die Herzogin eine neue Heirat. Prompt stellt sich ein Engel ein, der den Herzog samt Löwen durch die Lüfte trägt und beide sanft bei Braunschweig absetzt. Dort ist die Hochzeit schon für den nächsten Tag angesetzt. Der Herzog eilt in seine Burg, wird jedoch von keinem wiedererkannt. Er hockt in der Küche. Niemand beachtet ihn. Da verfällt er auf eine List. Unter dem Vorwand, auf das Wohl der Braut trinken zu wollen, dringt er in den Festsaal ein. Als er aber den Becher zurückreicht, sieht die Herzogin auf seinem Grund den halben Ring. Happy End, ein wieder glücklich vereintes Paar, und der Löwe wird zum treuen Kameraden seines Herrn.

Diese Sage wird ungeheuer populär, nicht nur in Deutschland, sondern auch in dänischer, schwedischer, böhmischer, niederländischer Version. In der dänischen Fassung ist es aber ein besonders kluger Löwe, der seine Wertschätzung für Heinrich in wohlgesetzte Worte zu fassen weiß: »Wellkomen, hartug Hendrik, myn edelig herre aff Brunszuig …« Ein Löwe mit Manieren und Geografiekenntnissen, wie man sieht.

Man vertont die Sage. Man setzt sie in Bilder um. Noch im 19. Jahrhundert kursiert eine Prosafassung. Und auch auf die Bühne wird sie gebracht. Ein ›Triumph Henrici Leonis‹ schmückte 1585 den festlichen Aufzug zur Feier einer herzoglichen Hochzeit, und als in Hannover 1689 das neue Opernhaus eröffnet wurde, stand als erste Premiere ›Henrico Leone‹, ein Werk der Herren Steffani und Hortensio, auf dem Programm.

Der historische Heinrich indessen war offenbar kein Stoff für Dichter. Jenseits der Volkssage findet sich über ihn keine einzige dichterische Darstellung von Rang, sieht man von dem um 1300 entstandenen höfischen Versepos ›Reinfried von Braunschweig‹ ab, das sich wieder nur mit den Sagenmotiven beschäftigt. Und auch Chronisten und Historiker haben es mit dem Phänomen Heinrich schwer gehabt. Das gilt schon für Urteile und Darstellungen aus dem 12. Jahrhundert. Mit Helmold von Bosau und Arnold von Lübeck hat Heinrich zwei erste zeitgenössische Biografen, die bei aller Bewunderung Distanz wahren. Den liebenswertesten Heinrich bringt dagegen die Chronik Gerhard von Stederburgs. Die von den Staufern beeinflusste Geschichtsschreibung gibt sich begreiflicherweise bissiger. Hier findet sich jede Form gezielten Rufmords, der in Giselbert von Mons' Wort vom Herzog als bösestem und grausamstem aller Menschen gipfelt.

Jenseits der Grenzen macht Heinrichs Reichtum den stärksten Eindruck, und Robert de Monte, ein normannischer Chronist, gibt hierfür die genauesten Daten, wenn er von vierzig Städten und siebenundsechzig Burgen spricht. Auch niederländische Chronisten unterstreichen diesen Aspekt, während sich der Italiener Acerbus Morena auf eine karge Beschreibung von Heinrichs Äußerem beschränkt. In England, könnte man meinen, würde Heinrich besonders günstig beurteilt. Das Gegenteil ist der Fall. Außerhalb des Reichs wird er nur noch in Dänemark ähnlich scharf verurteilt, und Gervasius von Canterbury stellt ihn gar als ein abschreckendes Beispiel für junge Fürsten dar, vergleichbar einem Nero oder Domitian.

Auch hier spielt Politik mit. Diese Autoren, allesamt den Plantagenets nicht wohlgesonnen, wollten in Wahrheit im Löwen Schwiegervater Heinrich II. treffen. Ähnliche Parteilichkeit bestimmt auch die Haltung dänischer Chronisten. Sie verübeln Heinrich die jahrzehntelange Konkurrenz im Slawenland. So fällt denn Saxo Grammaticus in seinen ›Gesta Danorum‹ das böseste Urteil über den Löwen. Er sei geldgierig, feige und treulos gewesen.

Dann gerät das Bild des Herzogs allmählich in Vergessenheit. Erst die Renaissance bringt auch Heinrich eine Wiedergeburt. Man beschäftigt sich wieder mit ihm und entdeckt individuellere Züge. Der Löwe ist erneut interessant geworden. Und noch interessanter wird er in der Zeit der Gegenreformation. Nun hält er wechselnd als Repräsentant bestimmter Verhaltensweisen und Entwicklungen her, und jede Zeit schafft sich somit »ihren« Heinrich als Leit- oder Schreckfigur.

In der Gegenreformation des 16. Jahrhunderts wird er zur

Leitfigur jener, die seine Neigung zum Papsttum als vorbildlich hinstellen. Über ein Jahrhundert später, um 1700, beschäftigt der Löwe einen ganz anderen Mann, den Philosophen Gottfried Wilhelm Leibniz, Freund von Hannovers Kurfürstin Sophie, einer Welfin also, die Leibniz zu einer Geschichte ihres Hauses animiert. Dort kommt gleich zu Beginn die Sprache auf Heinrich den Löwen, und Leibniz nimmt für ihn Partei, wenn er auf Barbarossas Eifersucht verweist. Noch schärfer gehen Historiker der Aufklärung mit Kaiser Rotbart ins Gericht. Der berühmte »Streit ums Mittelalter« zeichnet sich ab.

Mit dem 19. Jahrhundert kommen Romantik und aufblühender Nationalismus. Das gesamte, schon fast im Dämmer des Vergessens versunkene Mittelalter wird wieder zur ungemein interessanten Epoche, und der Welfe erscheint jetzt als eine ihrer großen Gestalten, Schlüsselfigur in guter wie böser Hinsicht. Der alte »Hie Welf, hie Waibling«-Schlachtruf wird wieder in Deutschland gehört, als ein neues Deutsches Reich heraufdämmert und groß- oder kleindeutsche Lösung zur Diskussion stehen, also ein Deutschland plus Österreich im Sinn des alten »Reichs«, eben das Groß-Deutschland, oder nur das Deutschland nördlich der österreichischen Alpen, ein Klein-Deutschland. Vor diesem Hintergrund vollzieht sich auch der Streit um den Löwen.

Erscheint er einem strikt nationalen Historiker wie Heinrich von Sybel als Gegengewicht zur antinationalen Stauferpolitik, so bemängeln andere gerade den fehlenden Patriotismus in Heinrichs Verhalten, der keinen Blick für den gesamtdeutschen Reichsgedanken gehabt hätte, sondern an norddeutsch-provinzieller Scholle festgeklebt wäre. Doch wie auch immer: Eines bestimmt bis weit ins 20. Jahrhundert das Heinrich-Bild und seine wechselnden Bewertungen. Der Welfe wird immer nur in seiner Beziehung zum Bild der Staufer gesehen. Dass Heinrich eine originale Leistung vorzuweisen hatte, wurde nur am Rande zur Kenntnis genommen. Und in diesem Zusammenhang ist es fast tragisch, dass sich die erste entschiedene Aufwertung des Löwen unter fatalem Vorzeichen vollzog, als sich der Nationalsozialismus den Löwenmythos einzuverleiben versuchte.

Aus dem Welfen wurde nun ein Parteigenosse im Geiste auf

der Suche nach mehr deutschem Lebensraum, und auf NS-Schulungsabenden wurde von einem Schwert geschwafelt, das er irgendwo im Osten in den Boden gerammt haben soll, da so weit einmal das Deutsche Reich gehen solle (vielleicht, meinten schon damals skeptische Zuhörer, stecke es ja irgendwo an der Oder/Neiße-Grenze, was historisch sogar einigermaßen logisch gewesen wäre, da Heinrichs Ostland-Fahrten nie sehr viel weiter geführt haben). Stramm linientreue Historiker rühmten wiederum im Zeichen des NS-Kirchenkampfs, dank Heinrich sei die Elbe kein »Pfaffenstrom« geworden wie der Rhein, und die SS subventionierte die Herausgabe von Heinrichs Urkunden, Hitler stellte sich am Löwengrab ein, durch den zur »nationalen Weihestätte« gekürten Dom hallte frisch-frech ›Lützows wilde, verwegene Jagd‹. Es war schon eine mehr als unheimliche Gesellschaft, in die der Welfenherzog siebenhundertfünfzig Jahre nach seinem Tod geraten war.

Mehr gruselig als wissenschaftlich scheint es auch bei seiner mutmaßlich von Heinrich Himmler initiierten Graböffnung zugegangen zu sein. Bereits zwei Mal war Heinrichs Grab angeblich geöffnet worden. Die erste gesicherte bleibt aber die Öffnung im Sommer 1935, und wie das ablief, wird sehr unterschiedlich überliefert. Sicher nicht ganz so feierlich wie in den Worten Eugen Fischers, des von Berlin eigens herbeigeeilten Direktors des dortigen Kaiser-Wilhelm-Instituts, der mit den anderen Ausgräbern »ehrfurchtsvoll« vor den Gebeinen des Herzogs gestanden haben will. Ein anwesender Geistlicher meint hingegen beobachtet zu haben, wie damals Landesarchäologe Hermann Hofmeister, den Hut auf dem Kopf, die qualmende Zigarre im Mund, eher bedeppert als ergriffen auf den »Klumpatsch« im Grab gestarrt hatte. Ähnlich pragmatisch formuliert es dieser in seinem Tagebuch. Überhaupt stand die Kirche diesem Eingriff in ihre Belange eher ablehnend gegenüber, und das mag denn auch ein Grund gewesen sein, warum zu NS-Zeiten diese Graböffnung nie sonderlich hochgespielt wurde. 1935 schien es den Nazis offenbar noch nicht so opportun, sich allzu heftig mit der Kirche anzulegen.

Mit der Graböffnung beginnt auch der bis heute nicht abgeschlossene Streit, ob damals nun wirklich Heinrichs Gebeine gefunden worden sind. Mit der Regelmäßigkeit eines Ungeheuers von Loch Ness taucht diese Frage im Braunschweiger Raum immer wieder auf, bis man schließlich den Stoßseufzer kaum noch unterdrücken kann, man kümmere sich lieber um den Heinrich seiner Lebzeiten als um den Bruch in seinem Oberschenkel, der entweder auf den Unfall von Bothfelde oder eine angeborene Verkümmerung schließen lässt. Lebendige Geschichte ist schließlich interessanter als alles tote Gebein.

Schauen wir also auf diese Geschichte! Schauen wir sachlich-kritisch auf die Lebensstationen dieses erstaunlichen Mannes, der Teil der Geschichte ist und ihr nicht uninteressantester dazu:

Ein kleiner Junge wird über Nacht sächsischer Herzog. Träumen nachzuhängen bleibt ihm keine Zeit. Er kann nur bestehen oder untergehen. Er besteht. Der Junge, älter geworden, lernt, dass man zupacken muss, wenn man etwas erreichen will. Er packt zu und erreicht viel. Die große Chance, selber Kaiser zu sein wie der Großvater, geht vorbei. Die andere große Chance kommt, Aussöhnung mit dem Kaiserhaus. Heinrich nutzt sie und versucht auf diese Weise die verlorene erste Chance wieder wettzumachen. Darüber wird er ein Herzog ganz neuer Art. Auf seine Art ist auch er ein Kaiser, wenn auch einer im Schatten.

An dieser Stelle ist es mehr als Gedankenspielerei, sich einen tatsächlichen Kaiser Heinrich vorzustellen. Dass dann seine Politik stärker nach Nord und Ost ausgerichtet gewesen wäre als bei Barbarossa, darf man annehmen. Dass er den Süden so beiseitegeschoben hätte wie der Staufer den Osten, scheint kaum vorstellbar. Auch Heinrich hätte Italienpolitik betreiben müssen. Ob er dabei mehr und anderes erreicht hätte als Barbarossa, wissen wir nicht. Denkbar ist es.

Denkbar ist allerdings auch, dass die kaiserliche Position bei Heinrich Züge hemmungsloser Tyrannei freigelegt hätte, die im Bild des Herzogs gerade noch neutralisiert waren. Welche Züge der Herzog trägt, wissen wir. Er hat vielleicht nicht allzu viel Fantasie, aber einen ausgezeichneten Spürsinn für Zeitströmungen. Damit schafft er sein eigenes Reich, dessen Vorzüge und Schwächen auch die seinen sind. Man muss sie hinnehmen, wie man Heinrich hinnehmen muss.

Barbarossa kann und darf ihn nicht hinnehmen. Heinrich steht im Widerspruch zu allem, was Barbarossas Rang ausmacht. Der Kaiser begreift das recht früh. Der Löwe begreift es zu spät. Und von den beiden Prinzipien Barbarossa und Heinrich scheint das des Staufers über das des Welfen triumphiert zu haben.

Und dennoch …

Mit dem Sturz des Löwen hat sich Barbarossa nicht nur einen Gefallen getan. Denn auch der gestürzte Heinrich bleibt der große Spielverderber. Gerade sein Sturz macht ihn vollends dazu. Denn er hat ja nicht beweisen können, dass sein Weg der »richtige« war, so wie ihm nicht bewiesen werden kann, dass sein Weg der falsche gewesen wäre. Die langfristige Erprobung von Heinrichs Welfenstaat konnte nicht stattfinden. So kann dieser Mann nun nach Belieben als »reaktionär« oder »progressiv«, als engstirnig oder weitdenkend gelten, als Pragmatiker einer schon im Vergehen begriffenen Gegenwart oder als Konstrukteur einer Zukunft, die noch nicht begonnen hatte. Nach Belieben muss sich aber nun auch Barbarossa in entsprechende Kategorien einstufen lassen. Er hatte Heinrich nur unterwerfen können. Er hat ihn niemals endgültig besiegt. Heinrich der Löwe bleibt ein immerwährendes Ärgernis. Das hält ihn lebendig.

# Anhang

## Zeittafel

| | |
|---|---|
| um 800 | Die ersten Welfen in der Grafschaft Argengau am Bodensee. |
| 1055 | Welf IV., Sohn des Grafen von Este und der Tochter Welfs II., übernimmt das deutsche Welfenerbe und wird als Welf I. Herzog von Bayern. |
| 1079 | Kaiser Heinrich IV. ernennt Friedrich (I.) von Staufen zum Herzog von Schwaben. |
| um 1122/23 | Friedrich, der spätere »Barbarossa«, wird geboren. |
| 1125 | Heinrich V. stirbt; Lothar (III.) von Supplinburg wird Nachfolger; Lothars Tochter Gertrud heiratet den Welfen Heinrich den Stolzen; Beginn der Kämpfe zwischen Welfen und Staufern/»Waiblingern«. |
| 1126 | Heinrich der Stolze wird Herzog von Bayern. |
| um 1129 | Heinrich (der Löwe) als Sohn Gertruds und Heinrichs des Stolzen auf der Ravensburg geboren. |
| 1137 | Kaiser Lothar III. stirbt; Heinrich der Stolze wird Herzog von Sachsen und kandidiert für die Königswahl. |
| 1138 | Wahl des Staufers Konrad (III.) zum König; Heinrich dem Stolzen werden Bayern und Sachsen aberkannt. |

| | |
|---|---|
| 1139 | Heinrich der Stolze stirbt in Quedlinburg; unter der Vormundschaft von Lothars Witwe Richenza wird sein Sohn Heinrich sein Nachfolger. |
| 1141 | Richenza stirbt. |
| 1142 | Friede in Frankfurt: Heinrich wird Sachsen zuerkannt; seine Mutter Gertrud heiratet Heinrich »Jasomirgott« von Babenberg, Markgraf von Österreich, der Herzog von Bayern wird. |
| 1143 | Gertrud stirbt bei Wien. |
| 1145 | Heinrich gewinnt die Grafschaft Stade. |
| 1147 | Heinrich erhebt erstmals Anspruch auf Bayern; Konrad III. bricht zum 2. Kreuzzug auf; »Wendenkreuzzug« unter Teilnahme Heinrichs. |
| um 1150 | Heirat Heinrichs mit Clementia von Zähringen. |
| 1152 | Tod Konrads III.; Wahl seines Neffen Friedrich »Barbarossa« zum Nachfolger. |
| 1154 | Italienzug Barbarossas in Begleitung Heinrichs. |
| 1155 | Barbarossa von Papst Hadrian IV. in Rom zum Kaiser gekrönt. |
| 1156 | Heinrich wird das Herzogtum Bayern zugesprochen. |
| 1157 | Reichstag von Besançon: erster Streit zwischen Kaiser und Papst. |

| | |
|---|---|
| 1158 | Gründung Münchens. |
| 1159 | Neugründung Lübecks; Schisma mit Alexander III. und Viktor IV. als Gegenpäpsten. |
| 1160 | Heinrich und Waldemar I. bekriegen die Obotriten; Versuch eines neuartigen Verwaltungssystems im eroberten Mecklenburg. |
| 1162 | Zerstörung Mailands durch Barbarossa; Scheidung Heinrichs von Clementia. |
| 1164 | Heinrich besiegt in Mecklenburg Fürst Niklots Söhne Pribislav und Wratislav; »Großer Wendenaufstand«; Anfang der Kolonisation Mecklenburgs; Tod Papst Viktors IV.; Paschalis III. wird neuer Gegenpapst. |
| 1165 | »Würzburger Schwur«; Heinrich verlobt sich mit Mathilde, einer Tochter König Heinrichs II. |
| 1166 | 4. Italienzug Barbarossas (ohne Heinrich); in Sachsen Fürstenverschwörung gegen Heinrich; der Braunschweiger Löwe wird errichtet. |
| 1167 | Allgemeiner Fürstenkrieg gegen Heinrich in Sachsen; Vernichtung des deutschen Heeres vor Rom durch eine Fieberseuche. |
| 1168 | Rückkehr Barbarossas nach Deutschland und seine Parteinahme für Heinrich; Heinrich auf der Höhe seiner Macht; Heirat mit Mathilde. |
| 1172 | Pilgerfahrt Heinrichs nach Palästina. |
| ab 1173 | Bau des Braunschweiger Doms. |
| 1174 | 5. Italienfahrt Barbarossas (ohne Heinrich). |

| | |
|---|---|
| 1176 | Begegnung Heinrichs mit Barbarossa in Chiavenna und Verweigerung der Unterstützung beim Italienzug; Barbarossa unterliegt den Mailändern bei Legnano. |
| 1177 | Friede von Venedig zwischen Barbarossa und Alexander III. |
| 1178 | Reichstag in Speyer: Klage Heinrichs gegen Philipp von Köln. |
| 1179 | Prozess gegen Heinrich in Abwesenheit des Herzogs bei Reichstagen in Worms, Magdeburg und Kayna; Umwandlung des Landrechtprozesses in ein Lehensverfahren mit dem Kaiser als Ankläger. |
| 1180 | Reichstag in Würzburg: Heinrich wird in Abwesenheit schuldig gesprochen, Sachsen beim anschließenden Reichstag in Gelnhausen aufgeteilt (»Gelnhäuser Urteil«); entsprechende Maßnahmen für Bayern bei Reichstagen in Regensburg und Altenburg; Reichskrieg gegen Heinrich. |
| 1181 | Heinrich erklärt seine Niederlage; in Erfurt versöhnt er sich mit Barbarossa. |
| 1182–1185 | Heinrich mit seiner Familie in der Verbannung. |
| 1184 | Mainzer Hoffest. |
| 1185 | Heinrich kehrt als »Herzog von Braunschweig« aus der Verbannung zurück. |
| 1188 | Auf dem Mainzer Reichstag wird der 3. Kreuzzug beschlossen; letzte Begegnung Barbarossas mit Heinrich in Goslar. |

1189 Aufbruch Barbarossas zum 3. Kreuzzug; Heinrich geht in erneute Verbannung, kehrt schon im Herbst zurück.

1190 Barbarossa stirbt in Kleinasien.

1191 Beginn einer Fürstenverschwörung gegen Heinrich VI.

1192 Zusammenbruch der Verschwörung nach der Gefangennahme des englischen Königs Richard Löwenherz.

1193 Heinrichs ältester Sohn heiratet heimlich Agnes, die Kusine des Kaisers.

1194 Heinrich versöhnt sich in Tilleda mit Heinrich VI.

1195 Heinrich der Löwe erkrankt schwer im Frühjahr und stirbt am 6. August in Braunschweig.

## Ahnentafel Heinrichs des Löwen

Heinrich der Schwarze/Heinrich IX.
(Herzog von Bayern)
∞
Wulfhilde von Sachsen

Lothar von Supplinburg/Lothar III.
(röm.-dt. Kaiser 1133–1137)
∞
Richenza von Northeim

Heinrich der Stolze ∞ Gertrud von Supplinburg

Clementia ∞ **Heinrich der Löwe** ∞ Mathilde von England

Gertrud
Heinrich († früh)
Richenza († früh)

Richenza/Mathilde
Heinrich V., Pfalzgraf bei Rhein
Lothar
Otto IV. (röm.-dt. Kaiser 1198–1218)
Wilhelm, Herzog von Lüneburg

# Ausgewählte Literatur


*Allgemeine Geschichtswerke*

Cartellieri, Alexander: Das Zeitalter Friedrich Barbarossas, Aalen 1972
Chalybauus, R.: Geschichte Dithmarschens, Kiel 1888
Hampe, Karl: Das Hochmittelalter, Heidelberg 1963
Hampe, Karl: Deutsche Kaisergeschichte in der Zeit der Salier und Staufer, Heidelberg 1963
Jastrow, Ignaz/Winter, Georg: Deutsche Geschichte im Zeitalter der Hohenstaufen, Stuttgart 1897/1901

*Chroniken, Dokumente und Dokumentationen*

Albert von Stade: Die Chronik des Albert von Stade (übers. Franz Wachter), Leipzig 1890
Arnold von Lübeck: Geschichte des Abtes Arnold von Lübeck (übers. J. C. M. Laurent), Berlin 1867
Behne, Walter/Jensen, Gustav: Heinrich der Löwe und das Reich (Textsammlung), Frankfurt/Main 1937
Braunschweigische Reimchronik (in: Sächsische Weltchronik, Hrsg. Ludwig Weiland), Hannover 1877
Genealogia Welforum. Eine alte Genealogie der Welfen und des Mönchs von Weingarten (übers. Georg Grandauer), Leipzig 1882
Gerhard von Stederburg: Die Chronik von Stederburg (übers. Eduard Winkelmann), Leipzig 1941
Helmold von Bosau: Chronik der Slawen (übers. J. C. M. Laurent), Berlin 1852
Heydel, Johannes: Das Itinerar Heinrichs des Löwen, Greifswald 1929
Hüttebräuker, Lotte: Das Erbe Heinrichs des Löwen (Kartenwerk), 1927
Jordan, Karl: Die Urkunden Heinrichs des Löwen, Weimar 1949
Otto von Freising/Rahewin: Die Taten Friedrichs (übers. Adolf Schmidt), Darmstadt 1974
Otto Morena: Geschichtswerk des Otto Morena und seiner Fortsetzer über die Taten Friedrichs in der Lombardei (Hrsg. Ferdinand Güterbock), Berlin 1930
Otto von St. Blasien: Die Chronik des Otto von St. Blasien (übers. Horst Kohl), Leipzig 1881
Rasche, Willi: Heinrich der Löwe im Spiegel ausländischer Quellen des Mittelalters (in: Braunschweigisches Jahrbuch), Braunschweig 1953

*Biografien und biografische Studien*

Biegel, Gerd: Heinrich der Löwe. Braunschweig 1995
Cardini, Franco: Friedrich I. Barbarossa. Kaiser des Abendlandes, Graz 1990
Ficker, Julius: Rainald von Dassel, Köln 1850
Gronen, Editha: Die Machtpolitik Heinrichs des Löwen und sein Gegensatz zum Kaisertum, Berlin 1919
Güterbock, Ferdinand: Barbarossa und Heinrich der Löwe (in: Vergangenheit und Gegenwart), Leipzig 1933
Hampe, Karl: Heinrich der Löwe (in: Velhagen und Klasings Monatshefte), 1926
Hampe, Karl: Zum 800. Geburtstag Heinrichs des Löwen (in: Braunschweigisches Magazin), Braunschweig 1929
Hoeck, Wilhelm: Zur Geschichte Heinrichs des Löwen und des Schutzheiligen seines Domes St. Thomas, Braunschweig 1867
Hohnstein, O.: Heinrich der Löwe, Braunschweig 1881
Jacobs, Hans Haimar: Heinrich der Löwe, Lübeck 1933
Jordan, Karl: Heinrich der Löwe, München 1996
Pernoud, Regine: Königin der Troubadoure. Eleonore von Aquitanien, Düsseldorf 1966
Philippson, Martin: Heinrich der Löwe, Leipzig 1918
Wahl, Rudolph: Barbarossa, München 1976

*Geschichte der Welfen und Staufer*

Breuers, Dieter: Die glühende Krone. Die Staufer und ihre Zeit, Bergisch-Gladbach 2004
Engels, Odilo: Die Staufer, Stuttgart 1972
Jundt, Pierre: Die Hohenstaufen, Lausanne 1969

*Wirtschafts- und Verwaltungsgeschichte*

Brandt, Ahasver von: Wieder einmal: Die Gotland-Urkunden Heinrichs des Löwen (in: Hansische Geschichtsblätter), Köln 1956
Eckhardt, K. A.: Heinrich der Löwe an Werra und Oberweser, Marburg 1958
Ficker, Julius: Vom Reichsfürstenstande, Innsbruck 1861
Ficker, Julius: Vom Heerschilde, Innsbruck 1862
Haendle, Otto: Die Dienstmannen Heinrichs des Löwen, Stuttgart 1930
Hildebrand, Ruth: Der sächsische »Staat« Heinrichs des Löwen, Berlin 1937/Vaduz 1965
Lubenow, Herwig: Die welfischen Ministerialen in Sachsen, Kiel 1964
Meyer, H.: Bürgerfreiheit und Herrschergewalt unter Heinrich dem Löwen (in: Historische Zeitschrift), München 1933

Weiland, Ludwig: Das sächsische Herzogtum unter Lothar und Heinrich dem Löwen, Greifswald 1866

*Stadtgeschichte*

Bärmann, Johannes: Die Städtegründungen Heinrichs des Löwen, Köln 1961
Baumann, Franz Ludwig: Zur Geschichte des Lechrains und der Stadt München (in: Archivalische Zeitschrift), München 1902
Bornitz, F.: Heinrich der Löwe als Städtegründer und Städteförderer, Berlin 1922
Diestelkamp, Bernd: Welfische Stadtgründungen und Stadtrechte des 12. Jahrhunderts (in: Zeitschrift der Savigny-Stiftung für Rechtsgeschichte), Weimar 1964
Grassmann, Antjekathrin (Hrsg.): Lübeckische Geschichte, Lübeck 1997
Harttun, Julius: Das Erzstift Bremen und Heinrich der Löwe (in: Historische Zeitschrift), München 1875
Keyser, Erich: Die Erteilung des Stadtrechts an Stade durch Heinrich den Löwen (in: Stader Jahrbuch), Stade 1954
Meier, P. J.: Die Münz- und Städtepolitik Heinrichs des Löwen (in: Niedersächsisches Jahrbuch), Hildesheim 1925
Rietschel, Siegfried: Die Städtepolitik Heinrichs des Löwen (in: Historische Zeitschrift), München 1908
Riezler, Siegmund: Studien zur ältesten Geschichte Münchens, München 1907
Roloff, E. A.: Tausendjähriges Braunschweig, Braunschweig 1939
Schambach, Karl: Die Erwerbung der Grafschaften Stade und Dithmarschen durch Heinrich den Löwen (in: Niedersächsisches Jahrbuch), Hannover 1942
Schwarzwälder, Herbert: Geschichte der Freien Hansestadt Bremen (I), Bremen 1975
Timme, Fritz: Brunswiks ältere Anfänge bis zur Stadtbildung (in: Niedersächsisches Jahrbuch für Landesgeschichte), Hildesheim 1963
Wohltmann, Hans: Heinrichs des Löwen und seiner Erben Kampf um die Grafschaft Stade (in: Stader Archiv), Stade 1940

*Kunst- und Kulturgeschichte*

Baumann, Winfried: Die Sage von Heinrich dem Löwen bei den Slawen, München 1975
Berndt, Friedrich: Der Dom zu Braunschweig, München 1973
Habicht, V. C.: Die Kunst unter Heinrich dem Löwen (in: Niedersachsen. Monatsschrift für Kultur und Heimatpflege), Hannover 1934
Heinemann, O. von: Die Burg Dankwarderode, Braunschweig 1880
Hoppe, Karl: Die Sage von Heinrich dem Löwen, Bremen 1952

Jansen, Franz: Die Helmarshausener Buchmalerei zur Zeit Heinrichs des Löwen, Hildesheim 1933
Jordan, Karl/Gosebruch, Martin: 800 Jahre Braunschweiger Burglöwe, Braunschweig 1967
Philippi, F.: Heinrich der Löwe als Beförderer von Kunst und Wissenschaft (in: Historische Zeitschrift), München 1923
Steigerwald, Frank: Das Grabmal Heinrichs des Löwen und Mathildes im Dom zu Braunschweig, Braunschweig 1972
Schulz, H. A.: Burg Dankwarderode zu Braunschweig, Braunschweig 1959
Winter, Ludwig: Die Burg Dankwarderode zu Braunschweig, Braunschweig 1883

*Ostpolitik und Kolonisationsgeschichte*

Ernst, H.: Die Kolonisation in Ostdeutschland, Langenberg 1888
Giesebrecht, L.: Wendische Geschichte aus den Jahren 780–1182, Berlin 1843
Jordan, Karl: Die Bistumsgründungen Heinrichs des Löwen, Leipzig 1939
Jordan, Karl: Heinrich der Löwe und die ostdeutsche Kolonisation (in: Deutsches Archiv für Landes- und Volksforschung), Leipzig 1938
Ludat, Herbert: Die Slawen und das Mittelalter (in: Die Welt als Geschichte), Stuttgart 1952
Schulze, E. O.: Niederländische Siedlungen in den Marschen an der unteren Weser und Elbe im 12. und 13. Jahrhundert, Breslau 1889
Voigt, Franz: Heinrich der Löwe, Waldemar I. von Dänemark und der deutsche Osten (in: Vergangenheit und Gegenwart), Leipzig 1937
Wendt, G.: Die Germanisierung der Länder östlich der Elbe, Liegnitz 1884/89

*Der Prozess gegen Heinrich den Löwen*

Biereye, W.: Die Wendeneinfälle der Jahre 1178, 1179, 1180 und die Herausforderung Heinrichs des Löwen zum Zweikampf durch Markgraf Dietrich von Landsberg (in: Historische Zeitschrift), München 1916
Ficker, Julius: Über das Verfahren gegen Heinrich den Löwen nach dem Bericht der Gelnhäuser Urkunde (in: Forschung zur deutschen Geschichte), Göttingen 1871
Freytag, Hans Joachim: Der Nordosten des Reiches nach dem Sturz Heinrichs des Löwen (in: Deutsches Archiv für Erforschung des Mittelalters), Köln 1969
Güterbock, Ferdinand: Der Prozess Heinrichs des Löwen, Berlin 1909
Haller, Johannes: Der Sturz Heinrichs des Löwen (in: Archiv für Urkundenforschung), Leipzig 1911

Hampe, Karl: Heinrichs des Löwen Sturz in politisch-historischer Beleuchtung (in: Historische Zeitschrift), München 1912

Mitteis, Heinrich: Politische Prozesse des frühen Mittelalters in Deutschland und Frankreich, Heidelberg 1927

Poole, Augustin Lane: Die Welfen in der Verbannung (in: Geschichte des Mittelalters), 1938

Schäfer, Dietrich: Die Verurteilung Heinrichs des Löwen (in: Historische Zeitschrift), München 1896

Weiland, Ludwig: Die Reichsheerfahrt von Heinrich V. bis Heinrich VI. nach ihrer staatsrechtlichen Seite – Anhang: Der Prozess gegen Heinrich den Löwen (in: Forschung zur deutschen Geschichte), Göttingen 1867

## Bildnachweis

Nr. 1 Ravensburg: akg-images/Bildarchiv Steffens
Nr. 2 Imervard-Kreuz: akg-images/Erich Lessing
Nr. 3 Tragaltar: ullstein bild – ullstein bild
Nr. 4 Karte »Das Reich zur Zeit Heinrichs des Löwen«: dtv-Atlas Weltgeschichte, S. 164
Nr. 5 Cappenberger Barbarossa-Kopf: akg-images
Nr. 6 Urkunde: Wolfenbüttel, Niedersächsisches Staatsarchiv, 1 Urk 2
Nr. 7 Braunschweiger Löwe: akg-images
Nr. 8 Braunschweig/Burgplatz: akg-images
Nr. 9 Burg Dankwarderode Holzschnitt: ullstein bild – histopics
Nr. 10 Burg Dankwarderode heute: akg-images/Bildarchiv Steffens
Nr. 11 Kölner Königsschrein: akg-images/Erich Lessing
Nr. 12 Seite aus dem Evangeliar Heinrichs des Löwen: ullsteinbild – AKG Pressebild
Nr. 13 Sächsische Weltchronik: Sächsische Weltchronik, Staats- und Universitätsbibliothek Bremen, *msa 0033*, fol. 88v.
Nr. 14 Siegel: akg-images
Nr. 15 Allegorie: akg-images
Nr. 16 Heinrich der Löwe vor Barbarossa: akg-images/Schadach
Nr. 17 Heinrich der Löwe: Stadtarchiv Braunschweig
Nr. 18 Heinrich vor Bardowick: akg-images
Nr. 19 Heinrich der Löwe: akg-images
Nr. 20 Welfenwappen: akg-images
Nr. 21 Grabmal: akg-images

# Personen- und Sachregister

**L**

**S**